AF191215

Auch aus Steinen,
die einem in den Weg gelegt werden,
kann man Schönes bauen.
_____

J. W. von Goethe

Yvonne Simmert

MiTTENDRiN – aussortiert ?

Die (schulische) Inklusion
unseres hörgeschädigten Kindes

Bibliografische Information der Deutschen Nationalbibliothek:

Die Deutsche Nationalbibliothek verzeichnet diese Publikation in der Deutschen National-
bibliografie; detaillierte bibliografische Daten sind im Internet über http://dnb.dnb.de
abrufbar.

© 2015, Yvonne Simmert

Herstellung und Verlag: BoD – Books on Demand, Norderstedt

ISBN: 9-783848-204625

Inhaltsverzeichnis

Inhaltsverzeichnis

Alles hat seine Zeit

„Ein jegliches hat seine Zeit,
und alles Vorhaben unter dem Himmel hat seine Stunde:
[...]
weinen hat seine Zeit
lachen hat seine Zeit
klagen hat seine Zeit
tanzen hat seine Zeit
[...]
herzen hat seine Zeit
aufhören zu herzen hat seine Zeit
suchen hat seine Zeit
verlieren hat seine Zeit
behalten hat seine Zeit
wegwerfen hat seine Zeit
[...]
schweigen hat seine Zeit
reden hat seine Zeit,
lieben hat seine Zeit,
hassen hat seine Zeit,
Streit hat seine Zeit,
Friede hat seine Zeit.
[...]“

Prediger 3, 1-8

*(Text nach der Übersetzung Martin Luthers in der revidierten Fassung
von 1984)*

Unser zweites Kind ist schwerhörig in eine normalhörende Familie geboren worden. Wie sieht das Leben eines Schwerhörigen aus? Was wird er später einmal können und wo wird er an seine Grenzen stoßen? Was können oder müssen wir für ihn tun? Und wann? Tausende Fragen, die uns gerade in den ersten Monaten und Jahren beschäftigten. Wir kannten damals niemanden mit Hörproblemen. Wen konnten wir also fragen? In dieser Zeit habe ich viel gelesen, am meisten geholfen haben autobiografische Bücher. In den darin beschriebenen Erfahrungen, Ängsten und Freuden der Betroffenen haben wir unsere eigenen Gefühle wiedergefunden. Damit wurden zwar teilweise auch unsere Befürchtungen bestätigt, aber sie gaben gleichzeitig eine bestimmte Gewissheit, die uns auf das vorbereitet haben, was auf uns zukommen sollte. Sie ließen Wege erkennen und machten Ziele sichtbar. Das wiederum hat uns Hoffnung und Kraft gegeben.

Deshalb war der Gedanke selbst, ein Buch zu schreiben und auch unsere Erfahrungen schriftlich festzuhalten, schon vor einigen Jahren geboren. Damals war die Motivation die Erkenntnis darüber, dass jedes Jahr viele schwerhörige Kinder zur Welt kommen und das Unverständnis darüber, dass scheinbar jeder gerade in den Anfängen seinen Weg allein suchen und gehen muss. Dabei wäre es soviel einfacher, wenn man von und mit den Erfahrungen anderer die Herausforderung in Angriff nehmen könnte. Ich wollte Eltern, die die Diagnose erhalten haben, Mut machen. Wie so oft im Leben kam es anders. Ich bekam ein lukratives Jobangebot und bin eher wieder arbeiten gegangen als gedacht. Da blieb keine Zeit mehr für die Verwirklichung des Gedankens.

Nun, viele Jahre später, wurde ich innerhalb kürzester Zeit gleich dreimal gefragt, ob ich schon einmal daran gedacht hätte, über unsere Erlebnisse in einem Buch zu berichten. Ja, hatte ich und vielleicht war gerade jetzt der richtige Moment dazu, den Gedanken wieder aufzugreifen? Da wir uns in den letzten Jahren bei der Durchsetzung der Interessen unseres Sohnes nicht immer Freunde gemacht haben, beschlichen mich aber gleichzeitig Zweifel. Die Befürchtung, dass sich vielleicht einige Personen durch das Buch angegriffen fühlen könnten, drängte sich auf. Genau das wollte ich nicht! Das ist auch der Grund, warum wir in dem Buch alles weitestgehend anonymisiert, letztendlich auf jegliche Fotos verzichtet und auch die Namen unserer Kinder geändert haben. Wir weisen ausdrücklich darauf hin, dass die folgenden Darstellungen die subjektiven Betrachtungen von uns Eltern sind. Sie stellen keine Wertungen der Arbeit der Einzelnen dar! Wir achten die Meinungen aller Beteiligten, auch wenn diese sich oft gar nicht oder nur minimal mit unserer Einstellung deckten und wir daraus unsere entsprechenden Konsequenzen gezogen haben. Um Nachsicht bitte ich bei der Beschreibung von technischen Details. Ich bin mir ziemlich sicher, dort als Laie nicht immer die Formulierungen getroffen zu haben, die sich der Fachmann gewünscht hätte. Ich bin kein Experte – und möchte diesbezüglich auch keiner sein – sondern gebe das Wissen nur so an, wie wir es in Bezug auf unser Kind verstanden haben. Deshalb betrachten Sie diese Beschreibungen bitte lediglich als laienhafte Hintergrundinformationen.

Morag Clark hat einmal gesagt: „*A deaf child has special needs, but these are not for something different, but for more of normality*" – *Hörgeschädigte Kinder haben besondere Bedürfnisse, sie brauchen aber nicht etwas Spezielles, sondern mehr vom Normalen.* Diese Normalität wollten wir auch für Rafael. Was für uns selbstverständlich ist, war und ist für andere undenkbar. Wir wollten, dass er seine Kindheit im Kindergarten und in der Grundschule im Heimatort verbringt, lernt sich in die hörende Welt zu integrieren und Hörende gleichzeitig die Chance bekommen zu erfahren mit Schwerhörigen umzugehen. Andere Personen waren der Meinung, dass Rafaels beste Förderung darin bestand, ihn von den normalen Kindern zu separieren. Einerseits, weil er dort nicht genug gefördert wäre, andererseits weil er die Normalen behindern könnte. Diese beiden Welten prallten im Alltag immer wieder aufeinander. So stellte die folgende Situation schon in Rafaels noch jungem Leben einen großen Erfolg für uns dar: „Diese Zuckertüte ist für Rafael", sagt Paul, als er seinem kleinen Bruder die Zuckertüte auf der Bühne überreicht und ihn somit als Schüler der ersten Klasse in unserem Dorf willkommen heißt. Wer von uns allen in diesem Moment am glücklichsten ist, lässt sich kaum sagen. Rafael strahlt von seiner Zuckertüte zu seinem großen Bruder und wieder zurück. Eine Zuckertüte mit einem richtigen kleinen Traktor drauf! So wie er es sich gewünscht hatte. Und Paul? Er ist unendlich erleichtert, dass er in dem Programm für die Schulanfänger durch alle Textpassagen erfolgreich hindurchgekommen ist, denn die Aufregung bei den Viertklässlern war groß. Was nur wir Eltern wissen, gleichzeitig erfüllt sich hier auch ein Herzenswunsch für ihn. Er wollte so gern, dass Rafael auch in „seine" Schule geht. Paul wusste, wie viel Spaß Rafael mit seinen Freunden immer im Kindergarten hatte und wünschte ihm, dass sie weiterhin zusammen spielen und lernen können. Und wir Eltern? Meine Hand ruht in der meines Mannes und er drückt sie ganz fest. Nach allem, was die letzten Jahre, besonders aber die letzten Monate hinter uns lag, war es alles andere als selbstverständlich, dass wir genau den Moment jetzt miterleben durften. Die Erleichterung war groß: Rafael ist mitten unter seinen Freunden, er ist einer von ihnen.

Es war nicht leicht bis hierher und es wird gewiss in Zukunft nicht leichter werden. Aber er ist ein Kämpfer und besitzt eine unglaubliche Lebensfreude. Gemeinsam haben wir schon viele schwere Momente in seinem Leben gemeistert.

Worte können nicht ausdrücken die Freude über neues Leben.
(Hermann Hesse)

---

7 ½ Jahre vorher

Es war ein sommerlicher Frühlingstag, an dem es unser zweites Kind plötzlich eilig hatte, das Licht der Welt zu erblicken. Ein unbeschreiblicher Augenblick, wenn der erste Schrei des eigenen Kindes in die Stille dringt. Die Zeit scheint still zu stehen, während wir dieses kleine Bündel Leben betrachten: Die Augen noch zu, die kleine Nase, der Mund, aus dem das zarte Schreien dringt, erste zaghafte Bewegungen, fünf Finger, fünf Zehen, alles so vollkommen – ein kleines Wunder namens Rafael.

Am nächsten Tag erfuhren wir, dass seit Kurzem das Neugeborenen-Screening an einigen Klinken angeboten wird. Unsere gehörte dazu und so wurde bei Rafael ein Hörtest, der sogenannte OAE-Test, durchgeführt. Ergebnis: negativ. Was bedeutete das? Wir sollten uns keine Sorgen machen. Eine andere Schwester wurde hinzugezogen, die schon etwas mehr Erfahrung im Umgang mit dem noch neuen Verfahren hatte. Ergebnis: negativ. Und jetzt? Das Gerät sollte über Nacht nochmals geladen und der Test am kommenden Tag erneut durchgeführt werden. Beunruhigte uns das? Nein. Warum eigentlich nicht? Wir waren überglücklich, dass die Schwangerschaft diesmal ohne vorzeitige Wehen, wochenlanges Liegen und andere Komplikationen abgelaufen war. Außerdem hatten wir so gehofft, dass unserem zweiten Kind nicht per Kaiserschnitt auf die Welt geholfen werden musste und auch dieser Wunsch hatte sich erfüllt. Mit etwas Abstand betrachtet war es aber eher die damalige Erleichterung, dass wir ein scheinbar gesundes Kind bekommen hatten. Dieses Selbstverständnis wurde uns nämlich im fünften Schwangerschaftsmonat jäh genommen: Es war damals zwei Wochen vor Weihnachten. Routinemäßig stand die Feindiagnostik im Kalender, die wir gemeinsam wahrnahmen. Im Vorfeld erklärte uns die Ärztin, dass sie uns darauf aufmerksam machen müsse, dass diese Untersuchung dazu dient, Krankheiten bei dem Kind vorzeitig zu erkennen. Überrascht sahen wir uns an. Sind wir nicht hier, um uns sozusagen bestätigen zu lassen, dass unser Kind gesund ist? Unter der neuen Betrachtung wollte ich von der Untersuchung Abstand nehmen. Mit den Worten, dass wir sie bei unserem großen Kind auch haben durchführen lassen und bei ihm schließlich alles in Ordnung war, hat mich mein Mann überzeugt. Eine Stunde später verließen wir verunsichert die Klinik. Bei der Untersuchung hatte sich eine sehr hohe Wahrscheinlichkeit gezeigt, dass unser Kind mit dem Down-Syndrom geboren werden könnte. Auch wenn unser Sohn nun in dieser Hinsicht gesund auf die Welt gekommen war, hatten wir doch in der verbliebenen Zeit der Schwangerschaft gelernt, die Ruhe zu bewahren und optimistisch nach vorn zu schauen. Nicht zuletzt, weil wir genau das unserem Paul schuldig waren – sich unbeschwert und gemeinsam auf das Geschwisterchen freuen, was da in Mamas Bauch wuchs.

Einen Tag später wurde der OAE-Test erneut wiederholt. Negativ. Auch hierfür wurden mögliche Ursachen genannt, wie z. B. noch verbliebenes Fruchtwasser in den Gehörgängen. Deshalb wurden wir zur Wiedervorstellung in drei Wochen in die Klinik gebeten.

Die Geburt unseres ersten Kindes lag lediglich zwei Jahre zurück. Deshalb waren wir uns relativ schnell sicher, dass die Tests die Wahrheit sprachen und Rafael wirklich nicht (richtig) hörte. Während wir bei Paul förmlich durch die Räume schwebten, um ihn ja nicht zu erschrecken oder ihn zu wecken, merkte ich, dass wir uns beide bei Rafael anders verhielten. Erst waren wir ähnlich behutsam leise. Schnell ließ diese Achtsamkeit nach, und wir verursachten zunehmend Geräusche in einer Lautstärke, die für ein Umfeld mit einem Neugeborenen eher untypisch sind. Das steigerte sich, bis im Nebenraum „versehentlich" etwas laut krachte oder die Tür des Zimmers plauzte. Keine Reaktion bei Rafael. Nicht einmal, als wir eines Tages den Fernseher erst langsam immer lauter machten, stumm schalteten und dann mit voller Lautstärke wieder zurückholten. Rafael schlummerte selig weiter.

Die Gewissheit wuchs und mit ihr drängten sich mir immer wieder die Worte „Sie hört Musik nur, wenn sie laut ist" in meinen Kopf. Woher? „... Musik, nur wenn sie laut ist ..." Da fiel es mir wieder ein: Ein Song von Herbert Grönemeyer. Dazu passte der Artikel, den ich vor vielen Jahren in einer Jugendzeitschrift über ein junges Mädchen gelesen hatte und der nun vor meinem inneren Auge wieder Gestalt annahm. Darin ging es um ein gehörloses Mädchen, dass Musik nur über die Vibration der Bässe wahrnehmen konnte. Ihre Lieblingsband waren die New Kids On The Block. Wie konnte sie, ohne die Musik zu hören, sagen, welche Songs ihr am besten gefielen? Ich erinnerte mich, wie sehr mich das damals beeindruckt hatte. Immer noch die Melodie im Kopf suchte ich nach dem Text von Herbert Grönemeyers Lied „Musik, nur wenn sie laut ist" heraus:

Sie sitzt den ganzen Tag auf ihrer Fensterbank
lässt ihre Beine baumeln zur Musik.
Der Lärm aus ihrem Zimmer macht alle Nachbarn krank,
sie ist beseelt, lächelt vergnügt.
Sie weiß nicht, dass der Schnee lautlos auf die Erde fällt,
merkt nichts vom Klopfen an der Wand.

Sie mag Musik nur, wenn sie laut ist,
das ist alles, was sie hört,
sie mag Musik nur, wenn sie laut ist,
wenn sie ihr in den Magen fährt.
Sie mag Musik nur, wenn sie laut ist,
wenn der Boden unter den Füßen bebt,
dann vergisst sie, dass sie taub ist.

Der Mann ihrer Träume muss ein Bassmann sein
das Kitzeln im Bauch macht sie verrückt,
ihr Mund scheint vor lauter Glück still zu schrei'n
ihr Blick ist der Welt entrückt
ihre Hände wissen nicht, mit wem sie reden sollen
es ist niemand da, der mit ihr spricht.

Sie mag Musik nur, wenn sie laut ist,
das ist alles was sie hört,
sie mag Musik nur, wenn sie laut ist,
wenn sie ihr in den Magen fährt.
Sie mag Musik nur, wenn sie laut ist,
wenn der Boden unter den Füßen bebt,
dann vergisst sie, dass sie taub ist.

(Herbert Grönemeyer)

Glück ist es, wenn sich das, was du denkst, sagst und tust, in Harmonie befindet. (Mahatma Gandhi)

Wie sollte es nun weitergehen?

„... dann vergisst sie, dass sie taub ist ..."
Vergessen, dass er taub ist? Nein, das ging nicht. Immer wieder kreisten die Gedanken. Als wir den erneuten Termin in der Klinik hatten, wurde das Ergebnis, was wir erwartet hatten, bestätigt. Eigentlich war es uns klar, dass nichts anderes herauskommen würde, aber die Hoffnung war trotzdem geblieben. Als ich kurz danach bei einer Freundin ankam, musste ich nichts mehr sagen. Dazu kannte sie mich zu gut. Sie nahm mich in den Arm und ihre Worte „Ach komm, alles wird gut!" sollten Trost sein und Hoffnung geben. In mir lösten sie aber eher etwas anderes aus. Alles wird gut? Was sollte hier gut werden? Unser Kind hört nicht! Er kann uns nicht verstehen! Und wir? Werden wir ihn je verstehen? Was bedeutet es für ihn? Für unsere Familie? Gebärden? Wer kann das schon. Wir können es lernen, aber was ist mit der ganzen Familie, den Freunden? Sie können nicht alle die Gebärden lernen. Rafael wäre perspektivisch isoliert in seinem eigenen Umfeld.

„Alles wird gut." Die Worte verfolgten mich genauso wie die vielen Fragen zur Zukunft. Was ist denn eigentlich „gut" und was brauchen wir um „glücklich" zu sein? Wenn wir ehrlich sind, ist das gar nicht so viel. Wir hatten uns, unsere kleine Familie und das war doch schon viel wert. Irgendwann in den ersten Wochen beschlossen wir, nicht mehr über die möglichen Wenn's und Aber nachzudenken, sondern hoffnungsvoll nach vorn zu schauen und Schritt für Schritt vorwärts zu gehen.

Viel Zeit zum Überlegen blieb in den folgenden Wochen ohnehin nicht, weil ein Termin den nächsten jagte. Etwas befremdlich war dabei, dass bei der Vielzahl der Untersuchungen auch solche dazugehörten, die wir nicht durchführen lassen wollten. Zum Beispiel einen Genetik-Test. Wir haben uns dessen Notwendigkeit erklären lassen. Es ging lediglich darum zu erfahren, warum Rafael schwerhörig ist. Kann sich diese Erkenntnis auf die Therapie auswirken? Nein, wir würden nur vielleicht erfahren, warum es bei ihm so ist und wie hoch die Wahrscheinlichkeit bei weiteren Kindern von uns wäre, dass auch sie schwerhörig sein könnten. Dass wir uns auf dieser Grundlage gegen diesen Test entschieden haben, sorgte gerade bei der Ärztin aus der Genetik für völliges Unverständnis.

Unsere Erklärung, dass Rafael jetzt schon mit seinen wenigen Wochen genug Untersuchungen durchlebt hatte, wir ihm nicht noch mehr zumuten wollten, änderte daran ebenso wenig etwas wie unser Argument, dass das Ergebnis ihm für die weitere Behandlung nichts nützt. Ungläubig sagte sie, dass wir es doch aber wissen müssen, warum Rafael nichts hört und wie es bei weiteren Kindern bei uns wäre oder auch für Rafael später, wenn er eigene Kinder haben möchte. Müssen wir das? Warum? Rafael ist schwerhörig - okay. Ein geklärtes Warum hilft weder ihm noch uns. Konzentrieren wir uns lieber auf die wichtigen Dinge. Unsere Entscheidung, weitere Kinder zu bekommen, würde dieser Test auch nicht beeinflussen. Erstens rechnet er nur Wahrscheinlichkeiten aus und zweitens sortieren wir ein Kind nicht wegen einer möglichen Behinderung aus. Schließlich könnte es auch z. B. mit einem Herzfehler auf die Welt kommen oder gar gesund sein und später einen Unfall mit Folgeschäden haben. Was Rafaels eigenen Kinderwunsch betrifft, so soll er als erwachsener Mensch selbst entscheiden dürfen, ob seine Gene seine Entscheidungen beeinflussen sollen. Falls ja, kann er die Tests, die künftig sicher noch genauer und aussagekräftiger sind, immer noch durchführen lassen. Die Ärztin hat uns nicht verstanden.

Etwas tun sollen oder müssen, was uns völlig widerstrebte? Es war neu für uns, dass uns andere nicht nur erklären wollten, was für unser Kind gut ist und was nicht, sondern es auch noch entscheiden wollten. Eigenartig fanden wir es damals. Heute wissen wir, dass oft Menschen, die das Kind mit der Behinderung nicht kennen, meinen entscheiden zu können, was das einzig Richtig für es ist.

Es kam der Tag, an dem wir die Ergebnisse aller Untersuchungen, die mittlerweile an der Universitätsklinik durchgeführt wurden, erfahren sollten. Angespannt warteten wir auf die Ärztin. Leise flüsterte mein Mann in den Raum: „Kann sie jetzt nicht einfach reinkommen und sagen, dass alles in Ordnung ist?" Ja, das wäre schön! Aber das tat sie nicht. Im Gegenteil. Kurz und knapp bekamen wir den tatsächlichen Hörverlust unseres Kindes mitgeteilt, die Adressen der Frühförderung für Schwerhörige und von drei Pädakustikern sowie einen Termin für die

Sprechstunde in der Uniklinik, die ab jetzt aller halben Jahre für uns stattfinden sollte. Das war alles? Ja. Zwar waren wir froh, nun endlich etwas Gewissheit zu haben, um handeln zu können und trotzdem fühlten wir uns in diesem Moment völlig allein gelassen mit unseren Sorgen um unser Kind.

Wir entschieden uns schließlich für einen der angebotenen Akustiker, meldeten Rafael bei der Frühförderung an und rasch war unser Terminkalender gut gefüllt.

Beim Akustiker erhielten wir als erstes eine Broschüre, in der auch auf die Grenzen der Technik und die Möglichkeit der Gebärden hingewiesen wurde. Mein Magen verkrampfte sich wieder einmal, als ich unser Kind vor meinem inneren Auge einsam und allein sitzen sah, weil keiner mit ihm gebärden konnte. Umso glücklicher waren wir, als Rafael mit seinen Hörgeräten, die er mit knapp vier Monaten bekam, gut zurechtzukommen schien. Er schaute neugierig auf alles, was er hörte und war auch plötzlich mit normal zuklappenden Türen nicht mehr einverstanden. Mit strahlenden, weit aufgerissenen Augen staunte er über Paul, der natürlich auch merkte, dass Rafael jetzt ganz anders auf ihn reagierte und lieferte nun für seinen Bruder begeistert eine Show nach der anderen ab. Ich selbst genoss es zum Beispiel, wie Rafael nach und nach lernte, dass mit „Rafael" er selbst gemeint ist, wie auch er scheinbar mehr Spaß an allem hatte. Bis dahin war er ein sehr ruhiges Kind. Solange er seine Umgebung nur sehen konnte, war er zufrieden. Lautstark hatte er bis dahin im Kinder- oder Stubenwagen protestiert, wenn er uns nicht mehr sah und damit den Kontakt zu uns verloren hatte. Denn Geräusche, die ihm beruhigend vermitteln konnten, dass wir noch in seiner Nähe sind, hatte er nicht gehört. Auch das änderte sich mit den Hörgeräten und diesbezüglich entspannte sich unser Alltag zusehends.

Es war eine Freude zu erleben, wie Rafael seine neue Welt entdeckte. Mittlerweile war er auch so alt, dass er weniger schlief. In Pauls Augen trotzdem oft noch zu lange. So manches Mal habe ich ihn dabei ertappt, wie er neben seinem schlafenden Bruder stand, um zu schauen, ob er wirklich noch schläft. Nach der eingehenden Kontrolle von Paul war das dann natürlich nicht mehr der Fall.

Nun war ich mir auch ziemlich sicher, dass Rafael schon vor der Geburt nichts gehört hat. War ich in der Schwangerschaft noch der Meinung, dass da ein ausgeglichenes Kind heranwächst, das sich durch nichts aus der Ruhe bringen lässt, erkannte ich jetzt, dass er auf Geräusche und Stimmen gar nicht reagieren konnte, weil er sie nicht vernommen hatte.

Aber das war Vergangenheit, jetzt begann sein neues Leben – sein Leben mit Ohren!

Alltag mit Hörgeräten

Nach diesem ersten sehr aufregenden Halbjahr in Rafaels Leben kehrte etwas Ruhe in den Alltag ein. Natürlich stand in den letzten Monaten die Sorge und Ungewissheit öfters im Vordergrund. In dieser Zeit haben wir auch erfahren, wer unsere wahren Freunde waren. Von ihnen haben wir Verständnis erfahren, sie haben uns zugehört und mit uns gehofft. Leider haben wir auch andere Erlebnisse zu verarbeiten gehabt. Selbst innerhalb der Familie mussten wir lernen, mit Sätzen wie „Das Kind hört doch, guck, er hat reagiert" oder „Jetzt übertreibt mal nicht, das wächst sich schon noch aus" umzugehen. Am bittersten waren jedoch Äußerungen wie „Ihr wollt doch nur Aufmerksamkeit". Somit galt es nicht nur mit der Situation an sich klarzukommen, die Balance zwischen Sorge um das eine Kind und der Lebensfreude mit der Familie zu finden, sondern solchen negativen Äußerungen gegenüber möglichst gelassen entgegenzutreten.

Mit Rafaels „neuen Ohren" begann die nächste Herausforderung. Anfangs mit bloßer Freude, zunehmend aber mit einem gewissen Druck beobachtete ich, wie er hörte, reagierte, was er versuchte zu imitieren ... Ich musste aufpassen, uns nicht die Leichtigkeit und den Spaß am Hören zu nehmen. Übrigens eine Herausforderung, die uns bis heute und auch sicher noch in Zukunft begleiten wird, denn Rafael wurde und wird immer daran gemessen, was er kann. Einfach als Kind gesehen zu werden, als Individuum mit seinen ganz persönlichen Stärken und Schwächen – dieses Recht wurde ihm scheinbar mit der Diagnose aberkannt. Seine Leistungen werden am Niveau Normalhörender gemessen. Eine Erfahrung, die uns auch immer wieder andere Eltern bestätigen: unsere hörgeschädigten Kinder stehen dadurch ihr Leben lang zusätzlich unter einem enormen Druck, um den Anforderungen und Erwartungen gerecht werden zu können.

Damals waren es die wöchentlichen Termine in der Frühförderung für Schwerhörige, die mich aus genau dem Grund belastet haben, dass Rafael und damit auch uns sozusagen die Luft für eine spielerische Entwicklung genommen wurde. Zumindest empfanden wir es damals so. Obwohl Rafael eines der jüngsten Kinder war, wurde immer wieder darauf hingewiesen, dass keine Zeit verloren werden darf, jede Woche zählt – was prinzipiell auch stimmt. Das Verhältnis zwischen natürlicher Mutter-Kind-Beziehung und Mutter als Co-Therapeut musste ich immer wieder ausbalancieren. Hinzu kam, dass ich irgendwie das Gefühl hatte, dass uns die Frühförderung nicht weiterbringt. Es wurde allerdings genauestens beobachtet, welche Fortschritte erreicht wurden. Bei jedem Termin wurde ich gefragt, was ich in der vergangenen Woche mit dem Kind geübt und beobachtet habe. Statt Rechenschaft über mein Handeln abzulegen, gingen meine Erwartungen an die Frühförderung allerdings in eine andere Richtung. Ich wollte Fragen beantwortet bekommen, die sich uns im Alltag mit einem hörgeschädigten Kind stellten, ich wollte lernen, wie ich mein Kind am besten fördern kann und wie seine Entwicklung einzuschätzen ist. Da dies nicht ansatzweise geschah, wurde ich immer frustrierter, wenn der Termin bei der Frühförderung anstand. Anderthalb Stunden Hinfahrt, anderthalb Stunden Rückfahrt und dazwischen sollte ich mich rechtfertigen. Mussten wir uns das weiterhin antun und vor allem wofür? Als wir von einer Logopädin hörten, die auf die Therapie von hörgeschädigten Kindern spezialisiert ist, war unser Interesse geweckt. Wir wollten uns ihre Arbeit einmal anschauen, um wenigstens einen Vergleich zu haben. Leider war es damals noch nicht möglich, beides - Logopädie und Frühförderung - wahrzunehmen, so dass wir uns für eine Therapievariante entscheiden mussten. Wir wechselten nach reiflichen Überlegungen und dem Gefühl, nichts verlieren zu können, zur Logopädin: Die richtige Entscheidung, wie sich schnell herausstellen sollte.

Bei einer der ersten Sitzung fiel der Logopädin auf, was auch mich seit einigen Wochen beschäftigte: Rafaels Reaktionen auf Höreindrücke hatten nachgelassen. Ihre Schlussfolgerung war, dass seine Hörgeräte nicht (mehr) ausreichen. Er brauchte stärkere. Auch konnte sie uns mit den Fragen, die wir zum Alltag mit Rafael hatten, weiterhelfen. Sie war selbst Mutter einer schwerhörigen Tochter. Sie konnte also unsere Ängste, Sorgen aber auch die Freuden ganz anders nachempfinden und uns unterstützen.

Der Pessimist sieht in jeder Chance eine Bedrohung - der Optimist in jeder Bedrohung eine Chance. (Weisheit aus China)

Gemeinsam stark für unsere Kinder

Aufgrund des Engagements unserer damaligen Logopädin wurde auch der Grundstein für unsere Selbsthilfegruppe gelegt.

Im Herbst 2005 haben unsere Logopädin und die Akustikerin einen Elternabend organisiert, auf dem wir Eltern uns das erste Mal begegnet sind. Wir merkten schnell, dass uns alle die gleichen Themen bewegten und beschäftigten, dass bis jetzt jeder für sich gekämpft hat und wir gemeinsam viel stärker sein können, weil jeder etwas anderes weiß und wir somit einen großen Pool an Informationen besitzen. Außerdem war es für alle interessant zu erfahren, wie andere Eltern mit gleichen oder ähnlichen Problemen im Alltag umgehen und sie lösen. Schnell war der Entschluss gefasst, dass dies keine einmalige Veranstaltung bleiben sollte. So gab mir jeder, der Interesse an weiteren Treffen hatte, seine Kontaktdaten und ich organisierte die folgenden Zusammenkünfte.

Im ersten Jahr unseres Bestehens haben nur wir Eltern uns regelmäßig getroffen. In dieser Zeit gab es zwei Begebenheiten, die mir ganz besonders in Erinnerung geblieben sind und an die ich noch heute oft zurückdenke.

Zu einem Treffen hatten wir uns aus einer anderen Selbsthilfegruppe Eltern eingeladen, deren Kinder schon in die Schule gingen - die meisten davon bereits in die weiterführenden Schulen. Wir fragten sie nun nach Ihren Erfahrungen und baten sie um Ratschläge den Kindergartenalltag betreffend. Sie standen uns Rede und Antwort und gaben uns so manchen hilfreichen Tipp mit auf den Weg. Zum Ende des Gespräches bedankte sich die eine Mutter für die Einladung und den angestrebten Erfahrungsaustausch. Sie bekräftigte uns in unserem Weg und bereitete uns darauf vor, dass die Zukunft noch „interessanter" werden wird und viele „Überraschungen" für uns bereit hält. Sinngemäß sagte sie: „Ihr meint jetzt im Kindergarten schon Probleme zu haben. Dies ist jedoch noch nichts verglichen mit dem, was auf euch zukommt, wenn eure Kinder erst einmal in die Schule gehen." Kurze Zeit beherrschte Stille den Raum. Dann stürmten unzählige Fragen auf die Frau ein. Denn wir waren stolz auf das, was wir jetzt im Kindergartenalltag bewältigten und meinten viel vollbracht zu haben. Es grenzte etwas an unser damaliges Vorstellungsvermögen, dass es noch wesentlich größere Schwierigkeiten geben könnte. Es war im Endeffekt ein Satz, an den ich mich noch oft erinnern sollte! Geduldig beantwortete sie noch all unsere Fragen, erzählte von Beispielen aus dem Schulalltag, die für uns so absurd klangen. Konnte es so etwas wirklich geben? Hier in Sachsen? Mittlerweile haben wir unsere eigenen Erfahrungen gemacht und die traurige Antwort – selbst einige Jahre später – lautet „ja".

Die zweite Begebenheit erlebte ich in einer Zeit, wo vieles nicht lief, eigentlich die Kraft für ein Treffen fehlte, mein Mann und ich aber trotzdem aufgebrochen sind, weil uns vielleicht gerade in der aktuellen Situation auch der ein oder andere Elternteil mit ähnlichen Erfahrungen weiterhelfen konnte. Also setzte ich alles daran, mit Hilfe von make-up und Co. meinem Gesicht wenigstens den Anschein zu verleihen, dass es mir gut geht. Als wir beim Treffen ankamen, wurde ich dann sogar von zwei anderen Müttern mit den Worten „Hallo, gut siehst du aus" begrüßt. Es entlockte mir ein Lächeln, mein Mann warf mir einen vielsagenden Blick zu und ich beglückwünschte mich innerlich, dass sich der Aufwand vor dem Spiegel gelohnt hatte. Wir waren schon eine Weile in die Gespräche vertieft, als mich die Tochter unserer Logopädin ansprach. Sie ist selbst CI-Trägerin und war, wenn es ihr Alltag zuließ, bei den Treffen dabei und hat uns an Ihren Erfahrungen teilhaben lassen. Sinngemäß sagte sie und ohne jegliche Einleitung: „Was ist bei euch passiert? Dir geht´s doch richtig bescheiden!" Das saß. Genau ins Schwarze getroffen. Die Begrüßung der anderen hatte mich doch gerade noch darin bestätigt, dass meine Fassade gut „gebaut" war. Doch jetzt? Die Worte trafen mich so unvermittelt, dass sie die Mauer um mich herum zum Einsturz brachte. Es klingt vielleicht absurd, aber noch heute bin ich von ihren Worten fasziniert. Sie haben mir das gezeigt, was ich bis dahin immer nur gehört hatte: Menschen, bei denen ein Sinn nur eingeschränkt funktioniert, nehmen Dinge auf einer anderen Ebene viel intensiver war – sie haben viel feinere „Antennen". Wie wahr! Eine Fähigkeit, die wir auch bei unserem Sohn später noch öfters erleben durften.

Die größten Ereignisse - das sind nicht unsre lautesten, sondern unsre stillsten Stunden. (Friedrich Nietzsche)

Als Kind mit Hörgeräten in einen normalen Kindergarten?

In meinem beruflichen Leben vor Rafael war ich selbstständig. Als ich einige Zeit nach der Diagnose erkannte, wie viel Zeit die neue Situation benötigte, entschieden wir uns, dass ich die Selbstständigkeit aufgebe und mich vorerst voll und ganz um die Entwicklung der Kinder im Allgemeinen und die von Rafael im Besonderen kümmere. Als Rafael knapp zwei Jahre alt war, bekam ich ein Jobangebot, dass ich nicht ausschlagen wollte, weil sich damit Beruf und Familie gut miteinander vereinbaren ließen. Gleichzeitig bedeutete es, dass er sofort in eine Kindereinrichtung gehen musste und die regelmäßigen Termine neu koordiniert werden müssten. Letzteres war das kleinere Problem. Doch wo so schnell einen Platz in einer Kindereinrichtung finden? Angemeldet war er für das neue Schuljahr in dem Kindergarten, den auch Paul besuchte. Bis dahin war es aber noch ein paar Wochen. Worüber wir uns damals überhaupt keinen Kopf gemacht haben, ist der zweite Teil der heute zu der Fragestellung gehört „eine Kindereinrichtung, die auch unser Kind nimmt". Deshalb ist es gar nicht hoch genug einzuschätzen, dass Pauls Kindergarten uns angeboten hat, Rafael für die Tage, an denen ich arbeiten war, als Gastkind vorübergehend zu betreuen, bis er zu Beginn des neuen Schuljahres offiziell aufgenommen werden konnte. Schon das Angebot allein war für uns damals ein großes Glück, mit den Erfahrungen von heute gleicht es einem Hauptgewinn. Auch das Rafael Hörgeräte trug, war kein Problem. Er war eins von vielen Kindern. In dieser Zeit hat er unwahrscheinlich viel gelernt. Allein für das Selbstverständnis, mit dem Rafael aufgenommen wurde, gebührt der Einrichtung noch heute unser Dank und unsere Hochachtung! Oft erkennen wir den Wert des Augenblicks erst, wenn er vorüber ist.

Umso härter traf uns die Nachricht, dass beide Kinder die Einrichtung verlassen müssen, weil sie „Fremdgemeindekinder" waren und der Bedarf in der eigenen Gemeinde des Kindergartens bestand. Wie jede Medaille, hatte aber auch dieser Einschnitt seine zwei Seiten. Einerseits bedauerten wir sehr, diese familiäre Einrichtung verlassen zu müssen. Andererseits lag der künftige Kindergarten in unserer Gemeinde, das bedeutete beide Kinder würden ab sofort mit den Kindern zusammen den Tag verbringen, die wahrscheinlich später mit ihnen auch einmal die Schulbank drücken würden. Wie groß sich dies als Vorteil insbesondere für Rafael erweisen sollte, würden wir später noch erfahren.

Am schwersten lernt man im Leben, welche Brücken man benutzen und welche man abbrechen soll! (unbekannt)

Rafaels Voraussetzungen für ein Cochlea Implantat

Erst einmal stand noch eine weitere wichtige Entscheidung an: CI – ja oder nein? Wenn Hörgeräte nicht mehr ausreichen, um einen Menschen am hörenden Leben, besonders an der Sprache, teilhaben zu lassen, gibt es - abhängig von der Art der Schwerhörigkeit - weitere Möglichkeiten. Rafaels Chance auf die hörende Welt war ein sogenanntes Cochlea Implantat (CI). Das ist eine Innenohrprothese, die neben dem Sprachprozessor aus einem Implantat besteht. Während der Sprachprozessor wie ein Hörgerät hinter dem Ohr sitzt, überträgt eine Magnetspule die mit dem Sprachprozessor wahrgenommenen akustischen Signale auf das Implantat. Dieses wird bei einer Operation in ein angelegtes Knochenbett unter der Kopfhaut eingesetzt. Die Elektroden des Implantates werden in der Hörschnecke (Cochlea) platziert.

Da diese Operation nicht nur wie jeder Eingriff Risiken barg, sondern bei den damaligen Operationsmethoden auch das restliche noch verbliebene Hörvermögen endgültig verloren ging, waren wir froh, uns nicht mit dieser Entscheidung auseinandersetzen zu müssen. Bisher genügte Rafael die Anpassung leistungsfähigerer Hörgeräte. Trotz aller technischen Fortschritte gab es aber auch hier Grenzen. Hatten wir diese erreicht und welche Optionen gab es für die Zukunft?

Um den Antworten etwas näher zu kommen, konnten wir auch in diesem Fall zahlreiche Fragen in der Selbsthilfegruppe besprechen. Viele Kinder hatten in dem letzten Jahr bereits ihr CI bekommen. Rafael gehörte bis jetzt nicht zu den möglichen Kandidaten, da sein Hörverlust noch nicht groß genug war. Mit knapp 4 Monaten hatte er seine ersten Hörgeräte bekommen und damit auch gut angefangen zu hören. Allerdings haben weder die ersten noch die weiteren Hörgeräte ausgereicht, um altersgerecht Sprache zu erwerben. Nach jeder Neuversorgung ist es immer erst aufwärts gegangen, bis wir wieder an dem Punkt ankamen, wo es stagnierte und sein Sprachverständnis rückläufig war. Besonders das letzte Jahr haben uns die seine Grenzen diesbezüglich zu schaffen gemacht. Rafael wurde damals von unserer Logopädin nach der AVT (Auditiv-Verbale-Therapie) therapiert. Sie war schon bei vielen Kindern sehr erfolgreich und auch wir wollten diesen Weg mit Rafael gern weitergehen. Allerdings reichte sein aktueller Hörstatus dafür nicht mehr aus. Würden CIs die Situation ändern? Vielleicht. Zumindest stellte es eine Möglichkeit dar.

Wir haben uns mit dieser Entscheidung schwer getan, letztendlich das CI aber als einzige Chance gesehen, um Rafael weiterhin lautsprachlich in seiner normalhörenden Welt teilhaben zu lassen. Wir wurden darauf vorbereitet, dass sowohl das Hören- als auch das Sprechen lernen mit CI viel Geduld erfordert, wir aber sicher davon profitieren werden, dass Rafael schon über Hörerfahrung verfügt und ein sehr gut konditioniertes Kind ist.

So folgte unser erster Krankenhausaufenthalt. Rafael war wie immer gut gelaunt und verfolgte interessiert, was da so alles um ihn herum passierte. Die CI-Voruntersuchung wurde unter Vollnarkose durchgeführt. Im Vorfeld bekam er Tropfen, die müde machen sollten. Kurz nachdem er sie eingenommen hatte, wurde er komisch, schien die Kontrolle über seine Muskeln zu verlieren. Also legte ich ihn in sein Bettchen. Dort fing er an zu kichern und zu lachen. Anfangs war es lustig, nach und nach aber eher beängstigend. Als er von einer Krankenschwester abgeholt wurde, war es ein Gefühl, was wahrscheinlich nur Eltern nachempfinden können, die es selbst schon erlebt haben: Bis zum Fahrstuhl durfte ich ihn begleiten, dann musste ich ihn sich selbst überlassen. So hilflos wie er dort lag, schutzlos und ohne uns Eltern an seiner Seite. Ich hatte das Gefühl ihn im Stich zu lassen. Mit diesem Gefühl allein zurückgeblieben, begann das Warten. Unendlich langes Warten. Die Minuten krochen grausam langsam voran und aus den Minuten wurden Stunden. Es war eine gefühlte Ewigkeit, bis sich die Tür auftat und mein Kind zurückgebracht wurde. Die Krankenschwester entschuldigte sich, dass sie mich doch nicht in den Aufwachraum an seine Seite holen konnten. Das ist Krankenhausalltag und dafür hatte ich natürlich trotz der quälend langen Zeit Verständnis. Mit der Vorstellung, dass nun erst einmal das Schlimmste überstanden sei, kuschelte ich mich zu meinem Kind, um ihm zu signalisieren: „Du bist nicht mehr allein." Zu dem Zeitpunkt schlief er noch tief und fest. Nach und nach schien er zu sich zu kommen. Ich hatte die Vorstellung, dass er einfach langsam aufwachen würde, aber mit dieser Erwartung lag ich deutlich daneben. Dieser Prozess wurde vielmehr zur Prozedur. Er schlug wild um sich, schrie und tobte. Nichts konnte ihn beruhigen. Er lag noch in dem großen Bett und ich hatte alle Hände voll damit zu tun, seinen Körper soweit zu schützen, dass er nicht aus dem Bett fiel oder sich selbst verletzte. Meine beiden Arme und Beine waren dabei kaum ausreichend. Anfangs dachte ich, dass es sicher bald vorüber ist und hielt tapfer durch. Irgendwann nach einer gefühlt unendlich langen Zeit, war ich klitschnass geschwitzt und mit den Kräften so ziemlich am Ende. Es war unvorstellbar, was der kleine Kerl für eine Energie hatte. Und er schrie und schrie und war schon ganz heiser. Irgendwann rief ich doch eine Schwester zu Hilfe, was man denn machen könne, um ihn zu beruhigen. Leider nichts. Es waren die Auswirkungen der unplanmäßig sehr langen Narkose. Das musste raus und jeder Mensch, jedes Kind reagierte anders - Rafael eben extrem heftig. Besorgt war man nur, dass er durch das viele Schreien die verödeten Stellen im Hals verletzen könnte. Das blieb Gott sei Dank aus. Aber der Rest wird mir in lebhafter Erinnerung bleiben. Als mein Mann und Paul kamen, hatten wir diese Phase überstanden. Tief und fest schlief er und am nächsten Morgen hat er wieder gelacht wie eh und je - sein sonniges Gemüt schien unerschütterlich.

Nach der CI-Voruntersuchung hat man uns gesagt, dass organisch nichts vorliegt, was gegen ein Implantat spricht. Blieb noch die Frage, für welche Implantat-Firma wir uns entscheiden. Zwei standen zur Auswahl und beide hatten ihre Vor- und Nachteile. Am Ende haben wir Rafael die Muster-Sprachprozessoren ausprobieren lassen. Damit war es offensichtlich: Der Prozessor der einen Firma wollte selbst in der Kindervariante partout nicht auf seinem Ohr halten. Er hat immer wieder den anderen gegriffen. Damit war eine weitere Entscheidung gefallen.

Lasst uns immer in den großen Traum des Lebens kleine bunte Träume weben. (Jean Paul)

Rafaels erste CI-Operation

Zwischen Hoffnung auf baldige Verbesserung und nahezu völliger Erschöpfung in der aktuellen Situation schwankten unsere Gefühle hin und her. Rafael befand sich mit seinen nunmehr 2 ½ Jahren in einer typischen kindlichen Trotzphase. Die ist für Eltern immer herausfordernd und bedarf viel Konsequenz. So hatten wir das auch schon bei unserem großen Kind gut bewältigt. Aber jetzt bei Rafael war es anders. Akustisch schien er mittlerweile nichts mehr aufzunehmen. Zwar hatten wir noch die gebärdenunterstützte Kommunikation, aber wir hatten das Gefühl ihn nicht mehr ausreichend zu erreichen. So sehr wir anfangs gehofft hatten kein CI zu benötigen, so konnten wir es nun nicht erwarten, dass es endlich losging.

Ursprünglich sollte die OP maximal drei Wochen nach der Voruntersuchung stattfinden. Der Termin, den man uns dann gab, lag zehn Wochen später. Zehn Wochen! Hier konnte es sich doch nur um einen Irrtum handeln. Ein Anruf in der Klinik bestätigte allerdings: der Termin ist korrekt und ein früherer wäre nicht möglich, obwohl mir der Arzt zwei Tage vorher noch etwas anderes gesagt hatte. Der Verzweiflung nahe, bot ich der Frau von der Klinik an, dem Herrn Doktor unser Kind übers Wochenende mitzugeben - dann wäre er sicher bereit, uns den nächstmöglichen OP-Termin zu reservieren. Noch erschrocken, es ausgesprochen zu haben, war ich überrascht, dass es wirkte: wir durften vier Wochen später wieder in der Klinik einziehen.

Bei der Operation verlief die Narkose besser, auch war sie viel kürzer als bei der Voruntersuchung und diesmal konnte ich bereits im Aufwachraum an Rafaels Seite sein. Die Implantation selbst verlief laut Aussage der Ärzte komplikationslos und mittels einer Röntgenaufnahme wurde hinterher festgestellt, dass die Elektrode gut lag – nicht optimal, aber gut. Zuversicht machte sich breit. Jetzt mussten wir nur noch die Wochen bis zur Erstanpassung überstehen. Rafael hörte bis dahin nur noch auf einem Ohr mit einem Hörgerät und was da noch ankam, war zweifelhaft. Aber wir hatten in der Vergangenheit schon viel bewältigt, so würden wir auch diese Zeit meistern.

Alles, was die Seele und das Herz durcheinander schüttelt, ist echtes Glück. (Arthur Schnitzler)

Hören mit CI

Rafael erhielt mit 2 ½ Jahren die Erstanpassung seines Sprachprozessors im nahegelegenen CI-Zentrum. Er hat sowohl bei der Einstellung als auch in den Therapien sehr gut mitgearbeitet. Uns wurde bestätigt, dass seine gute Konditionierung bei der Anpassung eine große Hilfe ist, und er auch von seiner bisherigen Hörerfahrung profitieren wird.

Von Anfang an hat das CI-Zentrum klar deren Ziel der Erstanpassung des CIs kommuniziert und das hieß: Akzeptanz des Sprachprozessors und damit der neuen Höreindrücke.

Gespannt warteten wir auf Rafaels Reaktionen während der Erstanpassungswoche. Schon nach einem Tag konnten wir an ihm positive Veränderungen feststellen: Er wurde leiser und reagierte auf Ansprache aus unmittelbarer Nähe. In den Therapiestunden bewältigte er Spiele, die er mit Hörgeräten nicht umsetzen konnte. Zu Hause begann er uns zunehmend verständlicher mit Mama, Papa, Oma und Opa anzusprechen und seine Gesten zu kommentieren. Ausgegangen von der Zielsetzung, den Sprachprozessor lediglich zu akzeptieren, befanden wir uns nun scheinbar auf der Überholspur.

Eine Woche nach der Erstanpassung ließen die Hörreaktionen allerdings nach. Auch wurde Rafael wieder zunehmend lauter. Wir haben seinen Sprachprozessor daraufhin lauter gestellt. Trotzdem war bis zum nächsten Termin im CI-Zentrum nichts mehr von den ersten Erfolgen zu spüren.

Aufgrund dieser Verschlechterung hat das CI-Zentrum kürzere Abstände zur Einstellungsüberprüfung mit uns vereinbart. Zeitweise haben wir uns in 14-tägigem Abstand getroffen. Um zwischen den Terminen auf die spontanen Veränderungen reagieren zu können, haben wir drei Programme mit je drei Lautstärke-Varianten mit nach Hause bekommen. Bevor wir die Programmeinstellung veränderten, haben wir erst telefonisch Rücksprache mit unserem Ansprechpartner im CI-Zentrum gehalten. Leider hat Rafael trotzdem keine beständigen Fortschritte erzielt. Auch der Kindergarten, mit dem wir ein Mal wöchentlich über Rafaels Entwicklung sprachen, konnte in den letzten Wochen und besonders im Vergleich zu seinem Verhalten vor der OP keine positiven Veränderungen beobachten.

Bei den Schilderungen von Rafaels Verhalten bekamen wir vom CI-Zentrum aber immer häufiger zur Antwort „das geht eigentlich gar nicht", „das können wir uns nicht erklären", „wir vermuten", „wir versuchen", „wir probieren" – und dabei ist sein Hörverhalten in den letzten Monaten nicht nur tendenziell schlechter geworden, sondern bis auf das Niveau vor der Operation gesunken. Rafael reagierte nicht auf Ansprache – weder aus unmittelbarer Nähe noch auf sehr lautes Zurufen. Selbst wenn ein Hubschrauber über ihm flog, wir ihn darauf aufmerksam machten, und er ein Geräusch suchte, weil er aus seiner Zeit mit Hörgeräten wusste, dass zu einem Hubschrauber ein Geräusch gehörte, fand er keins. Für eine nicht ausreichende Versorgung sprach auch, dass Rafael sein CI nach dem Schlafen im Kindergarten nicht mehr verlangte, teilweise sogar ablehnte und auch nicht wahrnahm, wenn es ausgeschaltet war. Etwas, was er bereits mit einem Jahr mit seinen Hörgeräten umgesetzt bzw. bemerkt hat.

Dass wir viel Geduld bräuchten und sich jedes Kind anders entwickelte, hatte man uns gesagt. Wir haben keine Wunder erwartet, aber doch, dass tendenziell wenigstens minimale Fortschritte erkennbar sind. Uns war ebenso klar, dass es bis zur richtigen Einstellung vieler kleiner Schritte bedurfte – nicht umsonst betrug die Reha-Maßnahme drei Jahre. Zunehmend waren wir verunsichert. Als Eltern der Selbsthilfegruppe, deren Kinder vom gleichen CI-Zentrum betreut wurden, ebenfalls von Ungereimtheiten erzählten, bröckelte das Vertrauen.
Es waren darüber hinaus z. B. folgende sinngemäße Äußerungen, die uns haben nachdenklich werden lassen:

Wir:	Rafael reagiert nicht einmal mehr auf das Anschalten des Staubsaugers – bei einer Entfernung von 1-2 m.
CI-Z:	Das ist ganz normal. Der Staubsauger ist auch ein zu gleichmäßiges Geräusch. Das kann Rafael noch gar nicht hören.
Wir:	Gleichmäßig? Es herrschte Stille im Raum, und dann habe ich den Staubsauger angeschaltet.
CI-Z:	Es ist trotzdem ein gleichmäßiges Geräusch.

[...]

Wir:	Uns ist aufgefallen, dass Rafael nach jeder Einstellung gut reagiert und dann immer nachlässt.
CI-Z:	Das geht eigentlich gar nicht. Das kann ich mir auch nicht erklären.
Wir:	Da wir seit der Anpassung der Hörgeräte ein Tagebuch über die Entwicklung führen, in das wir auch die Beobachtungen z. B. von den Erzieherinnen oder den Großeltern eintragen, sind es unserer Meinung nicht nur subjektive Eindrücke, die wir schildern.

[...]

Wir:	Rafael wird zunehmend aggressiver. Auch die Erzieherinnen des Kindergartens haben uns jetzt darauf angesprochen.
CI-Z:	Das ist ja eher ein Zeichen, dass es ihm vielleicht doch zu laut ist. Wir brauchen wahrscheinlich Geduld und Rafael Zeit, um sich an das Hören zu gewöhnen.
Wir:	Warum reagiert er dann aber immer nach den Einstellungen erst einmal besser?
CI-Z:	Das ist das, was ich mir auch nicht erklären kann.

[...]

Um die Ursache für Rafaels schlechte Reaktionen zu finden, wurde u. a. eine Psychologin hinzugezogen. Generell standen wir solchen Gesprächen offen gegenüber und waren gerade in dieser Situation für jede Hilfe dankbar. Ich empfand es allerdings als haarsträubend, welchen Verlauf das Gespräch genommen hat. Als Mutter habe ich mich überhaupt nicht mehr ernst genommen gefühlt. Selbst nachdem ich die getroffenen Vermutungen im Gespräch nachvollziehbar widerlegen konnte, wurde zunehmend darauf bestanden, dass genau diese trotzdem die Gründe für Rafaels Verhalten sind, und wir sie nur nicht sehen oder akzeptieren wollen. Angesprochene Ursachen waren u. a.:
- Probleme zwischen uns Eltern, die am Kind ausgelassen werden,
- das Kind wird übertherapiert (durch uns Eltern),
- wir behandeln unser Kind wahrscheinlich nicht mehr wie ein Kind,
- wir überfordern unser Kind,
- wir sollten unser Kind mal wieder wie einen 3-Jährigen behandeln – wenigstens eine Zeit lang.

[...]

Am nächsten Tag hatte ich noch eine Therapiestunde bei der gleichen Psychologin. Sie schlug vor, dass ich mit meinem Kind eine normale Situation (Kinder spielerisch fördern) schaffen sollte, und sie wollte sich dazu Notizen machen. Aus meiner Sicht war das die einzige Möglichkeit zu zeigen, dass meine Rechtfertigungen vom Vortag der Realität entsprachen. Die Auswertung sah folgendermaßen aus:

- gut durchdachter Aufbau des Spieles,
- einfache, für Rafael sofort nachvollziehbare Struktur,
- immer wiederkehrende, gleiche Reizwörter genutzt,
- Rafael hatte jederzeit die Chance, das Spiel selbst mitzubestimmen,
- Hör- und Sprechreize wurden gegeben,
- spielerische Anforderungen, die aber kontinuierlich gesteigert wurden,
- bei Anzeichen von Überforderung, angemessen zurückgegangen,
- Pausen gemacht,
- Die zwei Spielvarianten, die Sie miteinander verknüpft haben, fand ich ganz genial. Da habe ich noch was von Ihnen gelernt!

[...]

Nach diesen letzten Worten war ich davon ausgegangen, dass die Therapeutin nun erkannt hatte, dass ihre Anschuldigungen vom Vortag nicht korrekt waren. Das war leider ein Irrtum.

Normalerweise wären wir von den umfangreichen Richtungen, in die die Unterstellungen gingen, schon erschüttert gewesen. Dass aber auch andere Eltern von der Psychologin mit diesen Argumenten als Begründung für einen nur mäßigen Erfolg ihrer Kinder beim Hören mit CIs konfrontiert wurden, machte uns stutzig. Hatten wir alle Beziehungsprobleme, von denen wir selbst nicht wussten? Ließen wir sie alle an unseren Kindern aus? Waren wir alles übermotivierte Eltern?

Wer kämpft kann verlieren, wer nicht kämpft hat schon verloren.
(Berthold Brecht)

Es muss sich etwas ändern und zwar schnell

Offen zugeben, dass man keine Antworten auf zwingende Fragen hatte und dann die Lösung in den Fehlern anderer suchte, konnte kaum der Weg sein, der unser Kind weiterbrachte. Da wir nicht gewillt waren, diesen Zustand künftig zu tragen, entschieden wir uns, Rafael in einem anderen CI-Zentrum vorzustellen, um eine Zweitmeinung zu erhalten. Mitten in einer laufenden Reha-Maßnahme war das allerdings nicht so ohne weiteres möglich – zumindest erklärte man uns das. Dennoch setzten wir uns mit der Krankenkasse in Verbindung um eine Lösung zu finden. Wir vertrauten darauf, dass auch die Krankenkasse ein Interesse daran haben würde, dass Rafaels finanzierte Therapien Verbesserungen nach sich ziehen, sofern dies im möglichen Rahmen liegt. Deshalb verfassten wir folgenden Brief:

Rafael trägt sein CI- jetzt seit 3 ½ Monaten, und es haben nach der Erstanpassung viele teilweise. kurzfristige Termine im 14-tägigen Abstand stattgefunden: Im Vergleich mit der Situation vor der Operation / Erstanpassung und seinem aktuellen Verhalten müssen wir leider feststellen, dass er sich auf dem gleichen Niveau bewegt. Hinzu kommt, dass er aufgrund seines fortgeschrittenen Alters und den damit verbunden Anforderungen an sich selbst, zunehmend unzufriedener mit sich und seiner Umwelt wird. Dies hat uns sowohl die Psychologin des CI-Zentrums als auch die Kinderärztin bestätigt – seine Aggressionen z. B. kommen vom Nicht-Hören und den damit verbundenen Grenzen, an die er ständig stößt. Dies führe vermehrt zu Konflikten im Alltag: u. a. im Kindergarten. Probleme, die es nach unseren Erkenntnissen nicht unbedingt in dieser Intensität geben müsste.

Als Eltern von Rafael tragen wir unserem Sohn gegenüber eine Verantwortung: Unsere Aufgabe ist es, ihm einen Weg in ein möglichst normales Leben zu ebnen – d. h. im Rahmen seiner Behinderung uns alle zur Verfügung stehenden technischen Hilfsmittel und therapeutische Maßnahmen zu nutzen. Wir haben uns in den vergangenen drei Jahren intensiv mit dem Thema Schwerhörigkeit beschäftigt, Kontakt zu betroffenen Menschen

(Erwachsenen wie auch Kindern und deren Eltern) sowie Fachleuten ge-
sucht, gefunden und sehr viel dabei gelernt. Darüber hinaus haben wir
Sachbücher und Erfahrungsberichte gelesen. Wir sind uns mittlerweile
sicher, dass Rafael nach über drei Monaten mit CI weiter sein könnte und
müsste (ohne uns dabei an „Überfliegern" zu orientieren, sondern eher an
Minimal-Anforderungen). Seit dem Tag, an dem Rafael seine ersten Hörge-
räte bekam, führen wir ein Tagebuch. Dieses hilft uns, unsere subjektiven
Eindrücke relativiert zu schildern. Das wird bei jedem Akustiker- oder The-
rapiebesuch benötigt.

Von der Krankenkasse bekamen wir aufgrund unserer Schilderungen verhältnismäßig schnell die Zusage uns eine Zweitmeinung einholen zu können. Gleichzeitig stimmte sie einem eventuell bevorstehenden Wechsel in ein anderes CI-Zentrum zu.

In der Klinik, für die wir uns für die Zweitmeinung entschieden hatten, wurde als erstes ein Tonaudiogramm erstellt, das Rafaels aktuelles Hörvermögen in den unterschiedlichen Frequenzbereichen zeigte. Das war schon der erste Unterschied, der uns auffiel, denn seit der Erstanpassung wurde bisher kein weiteres angefertigt. Das Ergebnis war ernüchternd – keine messbaren Reaktionen mit CI! Zu Beginn unseres Termins hat sich der Techniker die CI-Einstellungen vom bisherigen CI-Zentrum angeschaut. Trotz seines überaus loyalen Verhaltens gegenüber diesem äußerte er dann doch, dass Rafael mit den vorliegenden Einstellungen eigentlich gar nichts hören könne. Außerdem wunderte er sich darüber, dass die Korrekturen in den Einstellungen so unmerklich waren, dass sie bei Rafael keine wirklichen Veränderungen bewirken konnten. Als nächstes nahm der Techniker selbst eine Neuanpassung vor. Rafael hat bei der Überprüfung der bisherigen Einstellung zum Teil keine oder unsichere Reaktionen gezeigt. Beim Vortasten in höhere „Lautstärken" zeigte Rafael zunehmend sicherere Reaktionen. Bei weiterer Verstärkung hatte er richtig Spaß am Hören. Auch schien er sich nicht groß konzentrieren bzw. anstrengen zu müssen, um zu hören. So habe ich es bei ihm noch nicht erlebt. Ergänzend muss man erwähnen, dass Rafael mit Fieber angereist, sein Mittagsschlaf überfällig war und er sich in einer völlig neuen Umgebung befand. Mit anderen Worten nicht gerade die besten Voraussetzungen für einen erfolgreichen Tag. Umso überraschender fiel das Fazit aus: Der Techniker lobte Rafaels Mitarbeit mit den Worten „Mit dem Kind kann man richtig viel erarbeiten." Die Überprüfung ergab, dass der MCL seiner bisherigen Einstellung an der Stelle lag, wo bei der neuen Einstellung die Schwelle liegt. MCL (englisch: Maximum Comfort Level) ist die Reizstärke, bei der Rafael das Hören noch als angenehm empfindet. Die Schwelle (= THR, englisch: Treshold) dagegen beschreibt die unterste Reizschwelle, bei der er gerade noch etwas hört. Das hieß letztendlich, dass er mit der bisherigen Einstellung nicht hören konnte. Zugegebenermaßen hatten wir uns notgedrungen mit den ganzen technischen Begriffen in letzter Zeit beschäftigt. Dennoch war ich dem Techniker überaus dankbar, dass er mir die Situation auch mit ganz einfachen Worten anschaulich erklären konnte. Simpel auf den Punkt gebracht hieß das: dort wo Rafael erst anfangen konnte Akustisches wahrzunehmen, hörten sein CI auf, etwas durchzulassen. Richtig angepasst könnte ihm ein dickes Rohr zur Verfügung stehen, durch das die Höreindrücke fließen, bei ihm war es aktuell nur ein Röhrchen, durch das statt eines Flusses nur ein Rinnsaal tropfte.

Allerdings wies er darauf hin, dass es schon ungewöhnlich sei, wie viel elektrische Ladung Rafael benötigt, um den Hörnerv soweit zu stimulieren, damit für ihn ein Höreindruck entsteht. Damit bestätigte der Techniker zwar die „Bauchschmerzen" der Einstellerin in unserem bisherigen CI-Zentrum, war aber auch der Auffassung, dass Rafael eine Möglichkeit gegeben werden muss, mit dem CI zu hören. Dem Problem mit den hohen notwendigen Ladungen galt es sich künftig trotzdem zu widmen und dessen Entwicklung im Auge zu behalten.

Sollte das wirklich zutreffen, dass Rafael nun (etwas) hört, konnten wir zuversichtlich in die Zukunft schauen. Wir waren gespannt auf seine Hör- und Sprachentwicklung mit der neuen Einstellung und wurden nicht enttäuscht. Er hatte richtig Spaß am Hören, am Entdecken der Geräusche und der Sprache in seiner Umgebung. Seine ganze Verhaltensweise änderte sich in den darauffolgenden Tagen – er war viel ausgeglichener, aufnahmefähiger und (selbst)sicherer. Er kommunizierte mit uns, übernahm zunehmend sowohl Sprachmelodie als auch -rhythmus. Er differenzierte leise, laute, hohe und tiefe Töne. Beim Imitieren von unserer Stimme versuchte er sogar zu flüstern. Tag für Tag ging es ein kleines Stückchen voran. In der Folge ließen auch seine Aggressionen nach, was sich vor allem im Kindergarten sehr positiv auswirkte. Die schönste Erfahrung aber für ihn selbst war wahrscheinlich, dass er sich plötzlich auf Toilette pullern hörte. Er war so fasziniert davon, dass er nun endlich keine Windeln mehr wollte und war so innerhalb kürzester Zeit trocken.

Mit diesen Erfolgen beantragten wir den Wechsel in eine andere Reha-Einrichtung, die zwar für uns einen erhöhten zeitlichen und finanziellen Aufwand bedeutete, den wir aber gern bereit waren zu tragen, um Rafael zu helfen und von seinem CI profitieren zu lassen.

Unsere Kinder sind schwerhörig – na und, es sind trotzdem glückliche Kinder! (Elternkreis „Kleines Ohr")

Geteiltes Leid ist halbes Leid – geteilte Freude ist doppelte Freude!

Die Treffen unserer Selbsthilfegruppe waren nunmehr ein fester Bestandteil im Alltag mehrerer Familien geworden und wir hatten unserer Gruppe einen Namen gegeben. Regelmäßig berichteten wir über die Arbeit unserer Selbsthilfegruppe oder über Erfahrungen in der Zeitschrift „Schnecke". Der folgende Artikel (Auszug) wurde 01/2008 veröffentlicht:

[...]

Mittlerweile sind wir eine Gruppe von über zehn Familien: mit einem oder zwei hörgeschädigten Kindern und bis zu vier Geschwistern. Wir Eltern sind in den meisten Fällen normalhörend. Es gehören aber auch Hörgeräte- und CI-Träger, sowie gehörlose Eltern zu unserer Selbsthilfegruppe. Zwei unserer Kinder werden dieses Jahr eingeschult und da immer neue Familien dazukommen, ist das jüngste zur Zeit ein halbes Jahr alt. Anfänglich trugen fast alle Kinder noch Hörgeräte. Mittlerweile sind sehr viele mit einem oder zwei CIs versorgt. Ein Kind trägt erfolgreich ein BAHA-Gerät.

Wir treffen uns seit 2005 monatlich, anfangs nur wir Eltern an unserem „Elternstammtisch" in Dresden. 2006 haben wir einmal im Vierteljahr mit unseren Kindern etwas unternommen, damit sie sich kennen lernen. Hintergrund war vor allem, dass mittlerweile fast alle Kinder einen Regelkindergarten besucht haben und durch diese Familienzusammenkünfte gleichgestellte Kinder treffen konnten. Dies ist bei den Kindern sehr gut angekommen, aber auch bei den hörenden Geschwistern, die ja im Alltag durch ihre hörgeschädigten Geschwister ebenfalls eine besondere Rolle spielen. Deshalb haben wir 2007 fast jeden Monat etwas mit unseren Kindern unternommen: gemeinsame Faschingsfeier, Wandern in der Sächsischen Schweiz, Grillen auf der Minigolfanlage, Sommerfest auf dem Waldspielplatz, Weihnachtsfeier u. v. m. Auch für 2008 haben wir uns viel vorgenommen und fahren zum ersten Mal ein Wochenende mit unseren Familien weg. Näheres steht in unserem Veranstaltungskalender. Wer dabei sein möchte, ist herzlich eingeladen und kann gern Kontakt zu uns aufnehmen.

Unsere ersten Treffen dienten dazu, uns gegenseitig kennen zulernen und alle Informationen auszutauschen, die jeder in Erfahrung gebracht hat: zum Beispiel welche Therapien werden angeboten und genutzt, welche Erfahrungen wurden bei verschiedenen Akustikern gemacht, welche Fachleute gibt es deutschlandweit, auf welche Nachteilsausgleiche hat man Anspruch und wie können sie angewandt werden. Oft haben wir auch über ganz alltägliche Sachen gesprochen, mit denen wir durch unsere Kinder konfrontiert wurden: dazu zählten Geschwisterproblematik, Kindergarten- und (mittlerweile) Schulwahl. Später wurde das Thema CI immer präsenter. Es wurden Erfahrungen über das Für und Wider sowie die verschiedenen Hersteller weitergegeben, sich über Therapien ausgetauscht, Unsicherheiten diskutiert, bei Enttäuschungen Mut gemacht und sich über jedes noch so kleine Erfolgserlebnis in der Gruppe gefreut. Ein Vorteil dabei ist, dass sich die Familien für unterschiedliche CI-Reha-Einrichtungen entschieden haben: Berlin (Charité), Berlin-Brandenburg, Halberstadt, Hannover und Köln.

Unser Ziel ist zum einen, unseren Kindern regelmäßigen Kontakt zu „ihresgleichen" zu ermöglichen und zum anderen, neuen Familien von Anfang an mit unseren Erfahrungen zur Seite zu stehen. Jeder von uns hat nach der Diagnose an der Klinik lediglich eine Hörgeräteverordnung und einen Kontakt zur Frühförderung erhalten. Mit allen Fragen rund um die Diagnose standen fast alle allein da. Diese anfangs scheinbar hoffnungslose Situation muss doch nicht jeder aufs Neue durchleben, wenn es genug Eltern gibt, die einst selbst gern jemandem ihre Fragen gestellt hätten und jetzt bereits erfahren haben, dass Schwerhörigkeit nicht das Ende aller Zukunftsträume bedeutet, sondern durchaus viele Chancen zu einem normalen Leben bietet. Es ist ein langer und harter Weg, aber der Kampf lohnt sich - das zeigen uns die zunehmenden Fortschritte und Erfolge, die wir mit unseren Kindern erleben. Man darf nur nie den Mut verlieren und muss auf der Suche nach den richtigen Partnern für sein Kind (Therapeuten, Akustikern, Technikern, Kindergarten, Menschen im direkten Umfeld...) engagiert und hartnäckig sein. Wir möchten an dieser Stelle den Menschen im Leben unserer Kinder danken, die uns unterstützen, an unsere Kinder (und uns Eltern) glauben, und zu jedem Erfolg beigetragen haben.

Ein weiterer Bestandteil unserer Arbeit war, dass wir eine eigene Bibliothek aufgebaut haben. Unsere Kinder sind alle unterschiedlich alt. Dadurch wiederholen sich Themen in regelmäßigen Abständen oder es werden zur Förderung Materialien gebraucht, die sich in der Vergangenheit bereits bewährt haben.

Da dies einen hohen Kostenfaktor in den einzelnen Familien darstellt, die Dinge aber nur kurzzeitig benötigt werden, sind wir auf die Idee gekommen, eine Selbsthilfegruppe-eigene Bibliothek aufzubauen. In diese haben wir zunehmend auch Fachbücher aufgenommen. Ein weiterer Vorteil der Bibliothek war, dass zwischen den Mitgliedern ein noch intensiverer Kontakt und Erfahrungsaustausch stattfand.

Je älter die Kinder wurden, desto mehr gestalteten wir die Inhalte der Treffen nach ihren Bedürfnissen. Märchen gehören in jedem Kindergarten zum Alltag. So entstand der Gedanke eine Freizeit durchzuführen, in der wir ihnen die Märchen auf ganz individuelle Weise näher bringen konnten. Auch darüber berichteten wir im Anschluss in der Zeitschrift Schnecke (November 2008, Auszug):

märchenhaft für unsere Kinder - erholsam für uns Eltern -

Die Familien unserer Selbsthilfegruppe unternehmen monatlich etwas zusammen. Diesmal hatten wir uns etwas ganz besonderes für unsere Kinder ausgedacht: eine Märchenwoche. Jeden Tag stand ein anderes Märchen der Gebrüder Grimm im Mittelpunkt. Geleitet wurde die Freizeit von einer gelernten Kindergärtnerin, die alles ganz liebevoll und umfangreich für die Kinder vorbereitet hatte.

Passend zu jedem Märchen haben wir gemeinsam gesungen, gebastelt, Theater gespielt, Rätsel geraten, Memory gespielt, Schneewittchens Tisch gedeckt, Frau Holles Brote gebacken und Äpfel gepflückt ... Oft haben wir auch die Sonnenstrahlen genutzt, um mit den Kindern ein Stück wandern oder in den hauseigenen Märchenwald zu gehen oder auf dem Spielplatz zu toben. Höhepunkt war die Nachtwanderung am Schneewittchentag: Mit den selbstgebastelten Laternen sind die sieben Zwerge mit ihrem Schneewittchen, der bösen Königin, dem Jäger und dem Prinzen singend durch die Nacht spaziert. Anschließend sind alle Märchenfiguren in einen tiefen Schlaf gefallen, so dass wir Mütter und Väter hatten Zeit, uns gemütlich zusammenzusetzen. Auch diesmal hatten wir – wie bei fast jeder unserer letzten Veranstaltung – wieder eine neue Familie dabei: „Unser Sohn hat seit einem Jahr Hörgeräte und wir sind froh, endlich jemanden gefunden zu haben, mit dem man sich austauschen, neue Informationen bekommen und die vielen Fragen stellen kann. Diese Tage waren so erlebnisreich und trotzdem konnte ich auch mal richtig abschalten. Wir werden ab jetzt öfters dabei sein."

Als wir zum Abschluss das selbstgebackene Pfefferkuchenhaus von Hänsel und Gretel aufgenascht haben, fragten die Kinder schon, wann wir wiederkommen! Bei der Planung unserer monatlichen Veranstaltungen für 2009 haben wir uns wieder die eine oder andere Überraschung für die Kinder und Familien einfallen lassen. [...]

Damit das Mögliche entsteht, muss immer wieder das Unmögliche versucht werden. (Hermann Hesse)

Sprachheilschule – sechs Wochen und einen großen Schritt nach vorn

Manchmal sind es die Umwege, die uns eigentlich zum Ziel führen. Sechs Wochen verbrachten wir wegen unseres großen Kindes in einer Sprachheilklinik. Unerwartet war dieser Aufenthalt aber auch für Rafael eine gute Erfahrung. Deshalb berichteten wir auch darüber in der Zeitschrift Schnecke (Auszug, veröffentlicht im November 2008):

Unser Sohn Paul (6, normalhörend) kommt dieses Jahr in die Schule und ist Stotterer. Wir haben in den letzten drei Jahren alles versucht, was in unserer Macht stand, um sein Sprechen wieder flüssig werden zu lassen – mit etwas Erfolg. Als „letzte Chance", um vor der Schule noch einen großen Schritt in dieser Beziehung zu erreichen, empfahl uns unsere Kinderärztin eine 6-wöchige Reha in einer Sprachheilklinik. Klang gut, aber was mache ich mit Rafael in dieser Zeit? Er ist unser zweiter Sohn, 3 Jahre alt, von Geburt an schwerhörig, mit vier Monaten mit Hörgeräten beidseits versorgt und seit einem Jahr CI-Träger links. Er braucht neben allem, was wir zu Hause für und mit ihm arbeiten, regelmäßig professionelle (Sprach)-Therapien. Also rief ich in der Klink an und erkundigte mich, welche Möglichkeiten es für Rafael gab. Zu meiner Überraschung sagte man mir, dass Vorschulkinder ab einem Alter von 4 Jahren aufgenommen werden. Obwohl Rafael zum Reha-Beginn erst 3 ¾ Jahre alt sein würde, gab uns die Klinik grünes Licht. Zum Thema Schwerhörigkeit zeigten sie sich unerwartet offen und interessiert.

Also beantragten wir für beide Kinder die Reha bei der Rentenversicherung - und wurden abgelehnt. Der Grund: „...medizinisch nicht notwendig...". Ich griff zum Telefon und berichtete der Verwaltung der Klinik davon. Sie half mir schnell und unkompliziert bei dem Widerspruchsverfahren - welche Formulieren und Fakten genau hinein müssen, damit die Reha doch noch genehmigt wird. Im Januar bekamen wir dann den Bescheid, dass beide Kinder fahren dürfen.

Im Februar ging es dann voller Spannung, Vorfreude und Hoffnung auf ins Erzgebirge. Das Haus, in dem wir gewohnt haben, lag ca. 20 min. vom Therapiezentrum entfernt. Hier wohnten wir 15 Muttis oder Vatis mit unse-

ren Kindern (Therapie- und Begleitkinder). Schnell haben wir uns alle kennen gelernt. Besonders die Kinder fanden die „Atmosphäre Großfamilie" klasse. Gemeinsam haben wir die ersten drei Tage (Diagnostik und Wochenende) unsere Freizeit verbracht und kleine Ausflüge unternommen. Die Vorfreude auf die „Schule" stieg. Am Montag war es endlich soweit. Kurz vor acht Uhr standen die Kleinbusse auf dem Hof und die Kinder stürmten sie. Pünktlich um acht rollten sie vom Hof. So langsam fiel die Spannung von uns Eltern ab und wir befanden uns alle in der für uns ungewohnten Situation, dass wir jetzt bis um drei, wenn unsere Kinder wieder kommen würden, Zeit ganz für uns allein hatten. Genutzt haben wir diese ganz unterschiedlich: gemütlich einen zweiten Kaffee trinken, sich aufs Zimmer zurückziehen, die Fitnessgeräte betätigen, eine Massage in der Physiotherapie des Hauses genießen, mal in aller Ruhe bummeln gehen oder einen Waldspazierung unternehmen... Außerdem hat das Personal im Haus Grünhain alles dafür getan, damit wir Eltern mal richtig abschalten und die Zeit wirklich genießen und Kraft für den Alltag sammeln konnten.

Egal, wie wir auch die sieben Stunden Freizeit verbracht haben, kurz vor drei fieberten wir alle der Rückkehr unserer Kinder entgegen. Es gab keinen Tag, an dem sie nicht voller Begeisterung und neuer Eindrücke „nach Hause" kamen. Sie verbrachten ihre Therapietage in Gruppen von fünf bis sechs Kindern. Auf dem Therapieplan standen Übungen zur Wahrnehmung und Konzentration, Psychomotorik sowie die Vorschule. Die Logopädie und Ergotherapie fanden als Einzeltherapien statt. Ein Mal in der Woche gingen die Kinder zum heilpädagogischen Reiten, in die Sauna und erlebten Entspannungstherapie. Dabei wurde die ganze Zeit in der Übungssprache, der sogenannten Bärensprache gesprochen. Schnell hatten die Kinder gelernt vor allem langsam zu sprechen. In praktischen Übungen wurde das Erlernte angewandt.

So war es für mich völlig überraschend, dass z. B. Paul nach bereits einer Woche bei unserem Wochenendausflug sein Essen in der Gaststätte unbedingt allein bestellen wollte; und er hat es geschafft – stotterfrei und ohne die sonst spürbare Anspannung. Dass damit auch sein Selbstbewusstsein immens gestärkt wurde, muss ich sicher nicht betonen. Bei Rafael zeigten sich nach zwei Wochen erste deutliche Fortschritte: Er schaffte es immer öfter über längere Zeit am Tisch zu sitzen und einer Beschäftigung oder einem Spiel zu folgen. Durch die verbesserte Wahrnehmungs- und Konzentrationsfähigkeit hatte er nun viel bessere Voraussetzungen, um seinen Wortschatz zu erweitern. Deutlich spürbar ist dies an seinem stark gewachsenen Sprachverständnis. Auch beim aktiven Wortschatz ist er voran gekommen: Er spricht jetzt Zwei-Wort-Sätze und verwendet dabei wesentlich mehr Vokabeln als vorher. Dank der Kieler Lautgebärde ist es möglich, ihm neue Worte besser beizubringen. Außerdem ist er in seiner Aussprache verständlicher geworden.

Damit wir zu Hause an die Therapie anknüpfen können, hatten wir mehrmals die Möglichkeit in den Therapien zu hospitieren, haben an Elternworkshops teilgenommen und täglich mit unseren Kindern Hausaufgaben erledigt. Ergänzend fanden wöchentlich Gespräche mit der Therapieleiterin sowie ein umfangreiches Abschlussgespräch mit ihr, der betreuenden Logopädin und der Klinikleitung statt. Außerdem haben die Kinder einen Ordner mitbekommen, in dem alles eingeheftet ist, was sie während der Therapien erarbeitet, gelernt und gebastelt haben.

Mittlerweile hat uns der Alltag wieder. Unsere Familie, Freunde und die Erzieherinnen im Kindergarten sind von den Fortschritten unserer beiden begeistert. Was aber das Wichtigste ist, Paul und Rafael können jetzt wesentlich besser mit Kindern kommunizieren. In unser Familienleben hat diese positive Entwicklung viel Entspannung, aber auch neue Hoffnung und Zuversicht und damit wieder mehr Lebensqualität gebracht. Ein riesengroßes Dankeschön an alle, die dazu beigetragen haben!

Rafael bekommt sein zweites CI

Rafael hatte gerade seinen vierten Geburtstag gefeiert, als ich wieder einmal gespannt eine BERA abwartete. Das ist vereinfacht ausgedrückt ein Verfahren zur Feststellung des vorhandenen Hörvermögens, bei dem die Messungen am Hirnstamm durchgeführt werden. Trotz der Erfolge durch die Therapien lag sein Hör- und Sprachverstehen deutlich hinter den Erwartungen. Bisher ausgestattet mit einem CI und mit einem Hörgerät, was er seit der Anpassung des ersten CIs nicht mehr trug, gab es noch Handlungsspielraum. Dieser bestand in der Versorgung des zweiten Ohres mit einem CI. Bei einer BERA wird über die messbaren Potentiale der Hörverlust definiert. Dieser war bei Rafael in der Vergangenheit leider nicht groß genug für die Indikation eines zweiten CIs. Heute, da die Hürden für eine CI-Verordnung sich deutlich verringert haben, ist es kaum noch nachzuvollziehen. Damals war es aber so, dass man am Anfang der bilateralen (beidseitigen) Versorgung stand. Um überhaupt ein CI zu bekommen, musste man eine Schwerhörigkeit ab 100 dB nachweisen, am besten keine messbaren Potentiale besitzen. Rafaels Messwerte lagen aber bisher immer deutlich darunter. Dass ihm dies beim Verstehen im Alltag nicht ausreichend genützt hat war unerheblich. Um ein zweites CI zu rechtfertigen, mussten mindestens die gleichen Voraussetzungen erfüllt sein wie für das erste.

So schaute ich nun erwartungsvoll auf den Arzt. Das Lächeln in seinem Gesicht weckte Hoffnung. Er holte tief Luft und entschuldigte sich vorab für die Worte, die er dann wählte: Herzlichen Glückwunsch, Ihr Kind ist ertaubt. Dass wir uns über diese Worte einmal freuen würden, war noch vor wenigen Jahren undenkbar. Doch jetzt war sie da - die Freude darüber, dass er nun endlich und wahrscheinlich sehr schnell sein zweites CI genehmigt bekommen würde. Wir klammerten unsere Hoffnungen daran, dass damit ein besseres Verstehen der Sprache für Rafael möglich wird.

Wir erklärten beiden Kindern, was in den folgenden Wochen passieren und auf uns als Familie zukommen würde. Unser betreuendes CI-Zentrum und auch die implantierende Klinik lagen ungefähr 300 km entfernt und Rafael würde nach der Operation mindestens zehn Tage im Krankenhaus bleiben müssen. Paul stellte außerdem die Frage, ob denn Rafael mit dem zweiten CI sprechen lernen würde. Wir bejahten. Vom ersten CI profitierte er nicht so wie erhofft, aber wir hatten auch schon von anderen gehört, dass selten beide Seiten gleich gut funktionieren und es „gute" und „schlechte" Ohren gibt. Sein schlechtes Ohr hatte er nun schon hinter sich, es konnte also nur besser werden. Wenigstens hofften wir das und vermittelten diesen Optimismus auch unseren Kindern. Bei der Frage, wann Rafael denn sprechen könne, zögerten wir. Wir wollten nicht zuviel versprechen, damit er hinterher nicht enttäuscht ist. Also nannten wir Rafaels Schulanfang als wahrscheinlichen Zeitpunkt. Bis dahin waren noch zwei Jahre Zeit – das sollte doch zu schaffen sein.

Diesmal war mein Mann mit im Krankenhaus, da die bisherigen Rehas und Voruntersuchungen schon zu reichlichen Fehltagen bei mir auf Arbeit geführt hatten. Am Tag der Operation bin ich mit Paul aber trotzdem hingefahren. Als der Arzt kam und sagte, einer von uns dürfte jetzt zu ihm, ließ mein Mann mich gehen. Der Arzt führte mich auf die Intensivstation und da lag unser kleiner Rafael schlafend, und irgendwie sah er geschafft aus. Er war ganz blass und schien immer weißer zu werden. Oder kam mir das nur so vor? Plötzlich piepten die Geräte neben mir, Ärzte kamen ins Zimmer gehuscht, eine Schwester nahm mich behutsam zu Seite und ehe ich begriff, was gerade passiert war, waren alle wieder draußen, sein Gesicht hatte wieder Farbe und die Schwester meinte, ich könnte jetzt wieder zu ihm ans Bett – ihm geht es gut, er kämpft nur mit starker Übelkeit. Und wie er kämpfte! Tapfer hielt er einen Spuckbeutel in der Hand und übergab sich regelmäßig. Wirklich wach wurde er dabei nicht. Es waren gefühlte Stunden, die vergingen, bis ich ihn auf Station begleiten durfte, wo mein Mann und Paul schon Spuren in den Fußboden gelaufen hatten. Mir dagegen war jegliches Zeitgefühl verloren gegangen, aber es muss wirklich lange gedauert haben, eh wir wieder als Familie vereint waren.

Wenig später kam der Arzt ins Zimmer, setzte sich und sein Gesichtsausdruck ließ nichts Gutes ahnen. Sehr einfühlsam berichtete er uns, dass Rafael die Operation an sich gut überstanden hatte und auch die Übelkeit bald nachlassen würde. Es folgte eine Erklärung, dass während der Operation schon Messungen durchgeführt werden, die Aufschluss darüber geben, inwieweit mit der Lage der Elektroden später ein Hörerfolg eintreten kann. Sehr vielversprechend waren diese Werte in Rafaels Fall nicht, aber der Professor habe nichts unversucht gelassen und jetzt könnten wir nur abwarten, wie die Erstanpassung verläuft. Ich spürte, wie sich eine kalte Hand um mein Herz legte. Leere, einfach nur Leere, die ich für den Moment fühlte. Und nun? Nach dieser kurzen Schockstarre schienen die Gedanken gleichzeitig loszuströmen, um sich in mein Bewusstsein zu drängen. Alle möglichen Szenarien liefen in Sekundenschnelle durch meinen Kopf. Stopp! Nicht hier und nicht jetzt – wehrte ich mich gegen das plötzliche Chaos in meinem Hirn. Außerdem galt es, sich vorerst dem Nächstliegenden zu widmen. Es war auch ein langer und anstrengender Tag für Paul und so verabschiedeten wir uns in die Pension. Dort kochten, spielten und kuschelten wir uns durch einen unserer Paul-Mama-Abende. Als er schlief, wanderten meine Gedanken aber sofort ins Krankenhaus. Immer wieder kreisten sie um eine mögliche Zukunft für Rafael – und auch für uns, wogen Aussichten und Eventualitäten ab. Während Resignation und Mut in mir stritten, kämpfte mein Mann aus ganz anderen Gründen mit seinen Gefühlen, ob die Operation wirklich die richtige Entscheidung gewesen ist. Rafael wurde langsam wach und kämpfte nach wie vor mit starker Übelkeit. Jedes Mal, wenn mein Mann sich ihm näherte oder ihm helfen wollte, schob er ihn mit dem bisschen Kraft, die er noch hatte, entschieden weg.

So quälte uns beide – wenn auch aus unterschiedlichen Gründen – die gleiche Frage in dieser Nacht: Hatten wir das Richtige getan? Unsere Hoffnungen zerfielen mit den Worten des Arztes wie eine Pusteblume im Wind. Waren die Leiden dieser OP notwendig? Hatten wir Paul zuviel versprochen? Würde Rafael vielleicht nie wie andere CI-Kinder hören und sprechen können? Und es folgten noch weitere scheinbar endlose Nächte, die wir zwischen Hoffen und Bangen verbrachten.

Spuren im Sand

[...] Besorgt fragte ich den Herrn: "Herr, als ich anfing, dir nachzufolgen,
da hast du mir versprochen, auf allen Wegen bei mir zu sein.
Aber jetzt entdecke ich, dass in den schwersten Zeiten meines Lebens
nur eine Spur im Sand zu sehen ist.
Warum hast du mich allein gelassen, als ich dich am meisten brauchte?"
Da antwortete er: "Mein liebes Kind, ich liebe dich und werde dich nie allein
lassen,
erst recht nicht in Nöten und Schwierigkeiten. Dort, wo du nur eine Spur
gesehen hast,
da habe ich dich getragen."

Margaret Fishback Powers

_____

Die Erstanpassung seines zweiten CIs und die Reha-Jahre

„Ente", sagte Rafael, als er das Bild von dem Tier sah und der Techniker dazu „Ente" vorgesprochen hatte. Ebenso scheinbar einfach folgten „Auto" und „Ball". Eine Gänsehaut lief mir über den Rücken. Hatte Rafael das wirklich gerade gesagt? Der Technik schien ebenso überrascht, schüttelte verhalten lächelnd den Kopf und probierte es noch mit drei weiteren Bildkarten. Rafael sprach auch diese erkennbar verständlich nach. Ich merkte, wie mir die Tränen in die Augen stiegen. In dem Moment drehte sich Rafael zu mir um, strahlte und drückte mich ganz fest. Der Techniker sah mich über den Kopf meines Kindes hinweg ungläubig an. Seine Worte „Dafür küsse ich dem Professor persönlich die Füße" zeigen, dass diese Szene nicht so normal ist wie sie im ersten Moment wirkt und für uns bis vor wenigen Augenblicken noch unvorstellbar war. Denn weder für uns Eltern noch für die Techniker und Ärzte war dies so zu erwarten gewesen. Wie sehr dieses Erlebnis auch Rafael mit seinen vier Jahren bewegte, wurde mir bewusst, als er nach der Anpassung stolz mit seinem für ihn übergroßen CI-Koffer den Gang entlang ging, innehielt, sich noch einmal zu dem Techniker umdrehte, mitsamt dem Koffer auf ihn zu rannte und ihn stürmisch umarmte. Das ist eines der Bilder, die ich ganz fest im Herzen trage und an die ich mich oft erinnere – besonders in den Situationen, in denen wir wieder einmal an unsere Grenzen stoßen und glauben, in einer Sackgasse zu stecken.

Durch das zweite CI konnte auch auf der ersten Seite ein Erfolg verzeichnet werden. Von Anfang an benötigte Rafael bei dem linken Ohr reichlich Ladung, die bereits in dem ersten Jahr von allen Technikern, die das CI angepasst hatten, als bedenklich eingestuft wurde. Nach dem Zuschalten des zweiten CIs konnte relativ zeitnah erreicht werden, dass das erste Ohr deutlich weniger Ladung benötigte. Ebenso gelang es dem Techniker, dass Rafael innerhalb eines halben Jahres bereits mit beiden Ohren den größten Hörerfolg erzielte. Man erklärte uns, dass das in der kurzen Zeit nicht immer so ist.

Ebenfalls ungewöhnlich - aber durchaus in Ordnung - war, dass Rafael mit seinen CI s auch geschlafen hat. Schon die Hörgeräte hatte er, als er in dem Alter war, wo er es uns mitteilen konnte, zum Einschlafen behalten wollen. Wir haben sie dann später herausgenommen. Die CI s waren nun noch größer als die Hörgeräte. Trotzdem wollte er schon das eine am Anfang und auch jetzt das zweite im Bett nicht ablegen. Man hatte uns erklärt, dass bei einem CI alle Hörreize an das Gehirn weitergeleitet und verarbeitet werden. Eine Selektion wie bei uns Normalhörenden finde nicht statt. Unsere Befürchtung war, dass Rafael somit dauerhaft sprichwörtlich unter Strom stehen und keine Erholung finden würde. Eine Milderung hatten wir uns durch die Magnetspulen erhofft. Über diese ist der am Ohr getragene Sprachprozessor magnetisch mit dem Implantat im Kopfinneren verbunden. Die Magnetspulen stellen somit die Verbindung dar, die einen Höreindruck überhaupt erst ermöglicht. Wir sind davon ausgegangen, dass die Magnetspulen sich vom Kopf lösen, wenn Rafael sich im Schlaf dreht oder bewegt. Durch die unterbrochene Verbindung würden keine Reize mehr weitergeleitet werden. Es passierte auch tatsächlich, aber wir beobachteten, dass Rafael dann im Schlaf nach der Spule griff und sie wieder dorthin klickte, wo sie seiner Meinung nach hingehörte – auch in der Nacht. Deshalb fragten wir beim Techniker nach, ob wir unserem Kind die CIs nachts sozusagen zwangsweise abnehmen sollen. Im Endeffekt verneinte er. Es ist selten, dass sich ein hörgeschädigter Mensch nachts nicht von den Hörstrapazen am Tag erholen möchte, aber Rafael wäre nicht der Einzige, der „online" bleiben will. Er begründete es auch damit, dass wir ihn mit den CI s aus seiner leisen bzw. stillen Welt herausholen. Ihm muss man wiederum das Recht zugestehen, mit den CIs nun selbstbestimmt zu leben. Wenn er hören möchte, kann er sie tragen. Wenn er Ruhe will oder braucht, kann er sie abnehmen. Das leuchtete ein. So besprachen wir auch mit den Erzieherinnen des Kindergartens, dass Rafael beim Mittagsschlaf die CIs nicht abgenommen bekommt, sondern selbst entscheiden soll. Nachdem das so im Kindergarten praktiziert wurde, hat Rafael sich oft für wenigstens ein CI entschieden, mit dem Effekt, dass er eingeschlafen ist. Vorher war er immer unruhig, hat auch andere Kinder damit beim Schlafen gestört und ist erst spät eingeschlafen. Im Nachhinein ist es uns auch klar: die Zimmer wurden sehr verdunkelt. Ohne CIs waren die Augen der einzige Kontakt zur Umwelt. Da ihm die Dunkelheit Angst machte, hielt er die Augen offen und sich durch die

Bewegung wach bis er völlig erschöpft doch einschlief. Wie so oft im Leben ist alles ganz einfach, wenn man weiß, wie es geht.

In den kommenden Jahren folgten viele Reha-Wochen. Anfangs alle Vierteljahre, später dreimal jährlich fuhren wir von Montag bis Freitag mit den Hörkindern in den Urlaub. So jedenfalls nannten es die CI-Kinder. Mittlerweile kannten sich viele untereinander und freuten sich immer auf das Wiedersehen. Auch aus unserer Selbsthilfegruppe waren einige dabei. Natürlich waren die Therapien sehr anstrengend, gerade als sie noch kleiner waren. Da war mittwochs schon gefühlt Freitag und irgendwie galt es die Kinder noch die beiden verbleibenden Tage zu motivieren. Sie haben viel gelernt in diesen Wochen und auch davon profitiert, mal eine Auszeit aus dem Alltag zu erleben. Gestärkt durch die Zeit mit den anderen Hörkindern im CI-Zentrum haben sie sich dann wieder auf ihre Kindergartenfreunde in der Heimat gefreut.

Nicht nur die Kinder genossen den Kontakt zu anderen CI-Kindern und diskutierten, wer nun das schönste CI, die beste Farbe oder die tollsten Accessoires hatte. Auch wir Eltern nutzen die Gelegenheit, Erfahrungen auszutauschen. Wir redeten über Therapien, Kindergärten, Schwerbehindertenausweise, Nachteilsausgleiche, Technik sowie deren Zubehör, mögliche Schulen und den lästigen Papierkram. Von Jahr zu Jahr wurde das Netzwerk größer, von dem jeder Einzelne profitierte.

Gib jedem Tag die Chance, der beste deines Lebens zu werden.
(Mark Twain)

Rafaels Kindergartenzeit

Etwas, was wir in unseren Gesprächen immer wieder kommuniziert haben, war folgende Aussage: „Unser Kindergarten setzt im Rahmen der Integration weit mehr um als wir zu hoffen gewagt hatten. Es finden sowohl eine Gruppenintegration als auch gezielte (Einzel-)Förderungen statt."

Oft wurden wir dann gefragt: „Wie macht ihr das, damit es so funktioniert?" Diese Frage war nicht ganz so leicht zu beantworten. Gemeinsam haben wir gerade in der Selbsthilfegruppe versucht den Gründen nachzugehen. Bei unseren Gesprächen ist uns zum einen aufgefallen, dass es doch einige Unterschiede zwischen den Stadt- und Dorfkindergärten gab. Dies mag hauptsächlich darin begründet gewesen sein, dass die Einrichtungen in den ländlichen Regionen meist wesentlich kleiner sind als in den Städten und damit auch oft ein anderes Verhältnis zwischen Betreuerinnen und Kind bzw. Eltern besteht. Zum anderen fanden wir ganz entscheidend, wie viel Integrationsplätze jede Gruppe hat: je mehr, desto weniger konnte sich scheinbar um die einzelne Integration bemüht werden, da es auch selten zwei Kinder mit dem gleichen Integrationshintergrund waren. Hinzu kam, dass die Betreuerinnen unserer Einrichtung den direkten Kontakt zu uns gesucht haben und alles sehr genau wissen wollten. Gemeinsam haben wir dann eine Art „Eingewöhnung in die Integration eines schwerhörigen Kindes" für Erzieherinnen und Kinder durchgeführt. Eine Woche lang bin ich jeden zweiten Tag für je ein bis zwei Stunden mit in die Gruppe gegangen und habe mit den Kindern den Tageslauf erlebt. Dabei konnte ich zeigen, worauf bei Rafael geachtet werden sollte, wie die Kinder ihn ansprechen können etc. Die Kinder haben sehr schnell gelernt, dass Rafael nur versteht, wenn die anderen nicht schnattern in der Gruppenarbeit oder dass es besser ist Rafael anzuschauen beim Sprechen und langsam zu reden. Außerdem fand eine sehr enge Zusammenarbeit zwischen Kindergarten und Eltern statt. Besonders in der Anfangszeit, als Rafael in der ersten Phase des Spracherwerbes stand, war dies für alle Beteiligten sehr wichtig und effizient.

Die Hoffnungen, die mit der Erstanpassung des 2. CIs geweckt wurden, bestätigten sich auch im Alltag. Nach und nach entdeckte Rafael seine Umgebung neu. Im Kindergarten spürte man ebenfalls deutlich, dass sich etwas verändert hatte. Es ging aufwärts. Wie auch schon in der Zeit mit nur einem CI, versuchten wir im Alltag das Bestmöglichste für Rafael zu erreichen. Er ging zur Logopädie, in der Vorschulzeit kam die Frühförderung noch dazu und der Kindergarten arbeitete ebenfalls an bestimmten Themen. Anfangs waren es Farben, Formen, Jahreszeiten, später z. B. Märchen und unser Körper - um nur einige zu nennen. Da kam uns die Idee, die Kräfte zu bündeln. Wir fragten unsere Logopädin und später auch die Frühförderung, ob es möglich ist, das, was logopädisch trainiert wird, innerhalb des Themas des Kindergartens zu üben. Natürlich ging das und so wurden einzelne Buchstabenverbindungen, das Klatschen der Silben sowie all die anderen therapeutischen Übungen mit dem Wortschatz geübt, den Rafael auch aktuell im Kindergarten benötigte. Somit haben wir auch versucht, ein Maximum an Wiederholungen zu schaffen, um die neuen Wörter zu festigen.

Darüber hinaus hat die Kindergärtnerin sich die Zeit genommen, diese Themen auch mit Rafael im „kleinen Kreis" zu üben, wo sie es für ihn verständlich und mit einem Wortschatz, den er annähernd beherrschte, wiederholte. Oft dachte sie sich dazu kleine Spiele oder Basteleien aus, mit denen es anschaulicher für ihn war und gleichzeitig das Lernen auch viel Spaß machte. Genutzt hat sie dafür am Nachmittag die Zeit, wenn schon viele Kinder nach Hause gegangen waren. Somit waren auch gute akustische Rahmenbedingungen für Rafael gegeben. Öfters bin ich dazu gekommen und es war sehr schön zu sehen, dass Rafael nicht allein am Tisch lernte, womit er wieder eine „Extrawurst" erhalten hätte. Nein, es saßen immer noch mindestens ein, zwei andere Kinder mit dabei, die ebenso viel Freude daran hatten wie er.

Seit Rafael ein Jahr alt war, haben wir mit ihm ein Erlebnistagebuch geführt, so wie es Frau Schmid-Giovannini aus der Schweiz in der Auditiv-Verbalen-Therapie empfiehlt. Da Rafaels aktiver Wortschatz und seine Sprache dem Altersgerechten weit nachstanden, gelang es ihm mit Hilfe unseres Tagebuches im Kindergarten von seinen Erlebnissen am Wochenende zu berichten. Dabei konnten die Kinder sich das, was sie nicht verstanden, anhand der Bilder erklären. Umgedreht wollte er aber auch wie jeder Junge in dem Alter viel zu Hause aus dem Kindergarten erzählen. Gemeinsam überlegten wir mit der Kindergärtnerin, wie wir das bewerkstelligen können. Es war selbst für uns Eltern schwer, Rafael zu verstehen, wenn wir nicht wenigstens ein paar Hintergrundinformationen hatten. Anfangs arbeiteten wir mit einem Pendelheft. Jetzt hatten wir zwar die Informationen, aber ein Dialog kam trotzdem nicht zustande, weil Rafael oft nicht verstand, worauf ich ihn ansprach. Es waren ja auch unzählige Erlebnisse, die an einem Kindergartentag auf ihn eingeströmt waren und so war es für ihn schwer mit den paar Wörtern, die er vielleicht verstand, zu erkennen, welches ich denn meinte. Da es mit dem Tagebuch von uns für den Kindergarten gut funktionierte, wollten wir es auch umgedreht probieren. So bekamen wir regelmäßig ein Foto von einem Erlebnis mit nach Hause, was Rafael an diesem Tag im Kindergarten besonders bewegt hatte. Es waren nicht nur die schönen Ereignisse, sondern auch Auseinandersetzungen mit anderen Kindern oder Ähnliches. Ein paar Zeilen in einfachen Worten ergänzten das Foto. Das hat die Kommunikation wahnsinnig erleichtert und wir sind damit alle ein gutes Stück voran gekommen. Es war in unseren Augen ein großer Aufwand, den der Kindergarten betrieben hat und wir waren überaus dankbar, dass diese Vorgehensweise bis zum Schulbeginn nie in Frage gestellt wurde.

Auf die Kindergartenzeit schauen wir sehr gern zurück. Das Hand-in-Hand-Arbeiten war nicht nur erfolgreich für Rafael, sondern hat auch viel Spaß gemacht.

Der größte Erfolg, den ein Mensch je erreichen kann, besteht darin, nach seinen eigenen Vorstellungen leben zu können. (Christopher Morley)

Die Entscheidung: Regelschule oder Förderschule

Rafaels Vorschuljahr hatte begonnen und damit kam auf uns die schwere Entscheidung zu, welche Schule er künftig besuchen sollte. Am liebsten wäre es uns gewesen, wenn er gemeinsam mit seinen Kindergartenfreunden in die Schule hier im Ort gehen könnte. Aber würde er das schaffen oder würden wir ihn überfordern? Wenn er nicht hier geht, verliert er dann seine Freunde – verlernen sie den Umgang mit ihm? Fragen über Fragen und wir gingen auf die Suche nach Antworten.

Diese hofften wir unter anderem zu erhalten, wenn wir uns beide Schulen einmal näher ansahen. So baten wir sowohl in der Gehörlosenschule als auch in der Schule im Ort um einen Hospitationstermin. Nachdem wir unser Anliegen begründeten, gewährte man uns unseren ungewöhnlichen Wunsch auch an der Regelschule. Bei der Gehörlosenschule ist es eher gängige Praxis.

Als erstes besuchten wir die Außenklasse der Gehörlosenschule. Ungeduldig warteten wir auf das Pausenklingeln. Als sich die Tür des betreffenden Klassenzimmers öffnete, lief eine Lehrerin an uns vorbei, ohne uns zu beachten. Als sie zurückkam, sprachen wir sie freundlich an und erkundigten uns, ob wir hier richtig seien. Da fragte sie uns tatsächlich, ob wir wirklich dableiben wollten, es wäre besser, wir würden an einem anderen Tag wiederkommen. Entschuldigung, wir haben beide Urlaub genommen, um heute gemeinsam hier zu sein. Statt einzulenken, erklärte sie uns noch einmal, dass es heute ein sehr ungünstiger Tag sei. Sie müsse selbst erst mit den Kindern klarkommen. Im Moment sei das sehr schwierig. Da wir diesen Termin aber mit der Direktorin abgesprochen hatten, auch welchen Unterricht wir erleben sollten, um uns ein Bild zu verschaffen, blieben wir.

Als wir die Klasse betraten saßen da sechs Kinder, der Rest fehlte krankheitsbedingt. Jedes Kind hatte sein individuelles Handicap. Besonders beobachtet haben wir natürlich die Kinder mit CIs. Ein Kind ist uns dabei aufgefallen, bei dem wir uns einig waren, dass dies entsprechend seiner Entwicklung mit unserem Sohn vergleichbar ist. Statt der vereinbarten Deutschstunde erlebten wir eine Stunde Freiarbeit. Schade, aber das ließ sich nun nicht ändern. Im Einzelgespräch bekamen die Kinder die Aufgabe erklärt. Das CI-Kind wusste offensichtlich hinterher nicht, was es tun sollte, versuchte aber es herauszufinden. Nachdem die Hälfte der Unterrichtsstunde vergangen war, traute sie sich zur Lehrerin zu gehen und fragte nach. Diese wies sie ab. Das Kind schien hilflos und unglücklich. In der Pause sprach die Lehrerin uns an, deutete auf das Kind und sagte sinngemäß: Was will man da machen, es ist eben ein CI-Kind. Diese Aussage schockierte uns, insbesondere da wir uns noch vor dem Unterricht mit den Worten vorgestellt hatten, zu überlegen, ob unser Sohn, versorgt mit zwei CIs, diese Schule besuchen soll.

Ein anderes Kind hatte neben seinen Hörgeräten motorische Auffälligkeiten und hinkte somit in diesem Bereich der Klasse weit hinterher. Auch hier äußerte sich die Lehrerin uns gegenüber negativ über das Kind.

Wir waren davon ausgegangen, dass man an einer Förderschule die Kinder individuell entsprechend ihren Handicaps fördert statt darüber zu urteilen oder sie deswegen gar zu verurteilen. Dies war uns leider selbst auch schon im Bereich der Frühförderung passiert. Somit sind wir zu der Erkenntnis gekommen, dass es sich nicht um einen Einzelfall handelt, sondern bedauerlicherweise die Normalität zu sein scheint.

Als wir wieder draußen waren, schauten wir uns an und fassten übereinstimmend zusammen: Eigentlich schade. Theoretisch wäre die Schule eine gute Möglichkeit für Rafael seine Defizite aufzuarbeiten. Aber dazu scheint er hier keine Chance zu bekommen. Nach dem eben Erlebten waren wir uns einig, dass wir, solange es geht, verhindern werden, dass Rafael diese Schule besucht.

Um endgültig entscheiden zu können, schauten wir uns noch eine Deutschstunde in der Regelschule an. Hier wurde im Frontalunterricht gelehrt. Beim Erlernen eines neuen Buchstaben ging die Lehrerin individuell auf die einzelnen Kinder ein. Unser großer Sohn war zu diesem Zeitpunkt bereits Schüler an dieser Einrichtung gewesen, so dass wir mit der Schule schon vertraut waren. Dabei ist uns immer positiv aufgefallen, dass jedes Kind so genommen wurde wie es ist. Außerdem gab es noch weitere Integrationskinder mit verschiedenen Förderschwerpunkten. Die Entscheidung für oder gegen die Regelschule haben wir natürlich auch mit unserer Frühförderin und mit der Integrationslehrerin der Grundschule besprochen. Wir waren uns einig, dass es möglich ist, Rafael als Integrationskind in den Schulalltag zu schicken, aber immer gut beobachtet werden muss, wie lange es funktioniert.

Zur Integration an einer Regelschule gehört auch die Feststellung des Sonderpädagogischen Förderbedarfs. Hierzu mussten die Kinder sich ungefähr vier Stunden verschiedenen Tests in der Gehörlosenschule unterziehen und zeigen, was sie können. Das dazugehörige Auswertungsgespräch wurde von der Direktorin geführt. Sie wusste, dass wir uns für eine Regelschule entschieden hatten. In dem Gespräch formulierte sie, dass sie das nicht zulassen werde. Damals war ich noch unerfahren auf diesem Gebiet der schulischen Integration und so meinte ich, dass doch wir Eltern entscheiden können, wo unser Kind in die Schule geht. Nachdem ich ihr unsere Gründe dargelegt hatte, sagte sie, sie schreibe in den Bericht, dass wir Eltern ausdrücklich die Beschulung in der Regelschule wünschen und sie das nicht befürwortet. An mich gewandt erklärte sie, dass sie mir verspreche, dass es mein Kind nicht schafft und sie noch erleben werde, dass er die Gehörlosenschule besucht. Es war weniger das, was sie sagte, was mich frösteln ließ, als mehr der Ton, mit dem sie das sagte.

Es geschieht zu jeder Zeit etwas Unerwartetes; unter anderem ist auch deshalb das Leben so interessant. (Marie von Ebner-Eschbach)

Wenn ich groß bin, brauche ich meine Ohren nicht mehr!

Bei Kindern ist es oft so, dass sie uns mit ihren Fragen eiskalt erwischen und damit auch in Erklärungsnot bringen. An einen solchen Moment kann ich mich gut erinnern und noch heute läuft mir bei dem Gedanken an den Augenblick eine Gänsehaut über den Rücken.

„Mama, wenn ich in die Schule gehe, brauche ich meine Ohren nicht mehr." Mit Ohren meinte er damals seine CIs. Irritiert fragte ich nach dem Warum. Eine Erklärung in kindlicher Logik folgte: Wenn ich in die Schule gehe, bin ich groß. Große Kinder brauchen keine Ohren. Paul hat keine, Du nicht und Papa auch nicht. Erwartungsvoll schauten mich seine Augen an. Nun war es an mir, ihm diese Illusion so behutsam wie möglich zu nehmen. Wir sprachen vor allem über große Kinder mit CIs, die er kannte und über „Opas", die er im CI-Zentrum erlebt hatte. Hören ohne CI ist keine Frage des Alters. Lange haben wir an diesem Nachmittag auf der Couch gesessen, gekuschelt, gefragt, geantwortet, darüber nachgedacht und erneut gefragt und gespannt der Antwort gelauscht.

Dass er an diesem Abend glücklich und zufrieden eingeschlafen ist, glaube ich nicht. Ich hielt es aber auch für falsch, ihm nicht die Wahrheit zu sagen, sondern für besser, dass wir uns mit dem Thema auseinandersetzten.

Nicht Verpflichtung, sondern Freude und Liebe halten eine glückliche Familie zusammen. (Claudine Delville)

Die Entscheidung, Rafael und uns Zeit zu geben

Während der Reha-Zeit für sein zweites CI hat sich Rafael kontinuierlich weiterentwickelt. Er konnte mittlerweile mit seinen CIs ganz gut hören und war „in die Sprache gekommen". Gerade Letzteres verlief allerdings nicht wie erwartet. Also gingen wir zu einer Logopädin, der der Ruf vorauseilte, besonders schwere Fälle gern zu übernehmen. Na, da wären wir doch bei ihr genau richtig! Bereits nach den ersten Sitzungen diagnostizierte sie uns zusätzlich zur Hörschädigung einen Sprachfehler, der nicht unmittelbar die Folge der Schwerhörigkeit war. Keiner, der sich nicht therapieren ließe, aber dennoch viel Geduld bedurfte. Geduld hieß in unserem Fall aufgrund von Rafaels Alter, der Art des Sprachfehlers und der zusätzlichen Hörschädigung einen zeitlichen Rahmen bis wahrscheinlich nach der Pubertät. Vielleicht weniger, vielleicht mehr. Das klang nicht toll, war aber eine klare Aussage.

Nun galt es abzuwägen, ob er Zeit bekommen soll, um sprachlich aufzuholen und so vielleicht besser in der Schule vor allem mit den Buchstaben klarzukommen oder gleich in die Schule zu gehen und mithilfe der Buchstaben besser in die Sprache zu kommen. Da Rafael ohnehin ein junges und recht kleines Schulkind war, beschlossen wir, die Möglichkeit zu nutzen ihn ein Jahr zurückzustellen und uns in diesem Jahr ganz seiner sprachlichen Entwicklung zu widmen. Gleichzeitig wollten wir uns als Familie somit nach den vielen Jahren von Therapien, Rehas, Krankenhausaufenthalten etwas Zeit verschaffen, um vor dem nächsten großen Schritt durchatmen zu können und Rafael würden wir so noch ein Stück seiner Kindheit genießen lassen.

Damit war es uns als Familie in diesem Rückstellungsjahr gegönnt, den einen oder anderen Moment miteinander ohne Pflichtgefühl zu verbringen und zu genießen.

Seit dem ersten erfolgreichen Besuch in der Sprachheilschule waren wir jedes Jahr im Februar wieder dort. Gern wollten wir auch ein viertes Mal ihre Hilfe in Anspruch nehmen. Rafael hat davon bis jetzt jedes Jahr profitiert. Diesmal mussten wir allerdings alle Widerspruchsinstanzen durchlaufen. Als wir schon nicht mehr daran geglaubt hatten, erhielten wir doch noch einen positiven Bescheid. Leider war dies so kurz vor dem Schulanfang, dass er den Kindergartenabschied, das Zuckertütenfest und viele andere Dinge verpasst hätte, auf die sich die Schulanfänger schon das ganze Jahr gefreut hatten. Auch sind es diese Erlebnisse, die den Gemeinschaftssinn stärken. Aus unserer Sicht war es Bestandteil der jetzigen und künftigen Integration, dass Rafael dabei ist. So entschieden wir uns, nicht noch einmal in die Sprachheilschule zu fahren, sondern gönnten ihm die Normalität eines ABC-Schützen.

Deine Zukunft ist, wozu du sie machen willst. Zukunft heißt wollen.
(Dalai Lama)

Feststellung des sonderpädagogischen Förderbedarfs – zum Zweiten

Während des zweiten Vorschuljahres hat Rafael sich sprachlich kontinuierlich weiterentwickelt. Deshalb blieben wir auch bei unserer Entscheidung für die Regelschule. Das bedeutete allerdings, dass er das Verfahren zur Feststellung des sonderpädagogischen Förderbedarfs nochmals durchlaufen musste. Ich weiß nicht, ob es Zufall war, jedenfalls hatte Rafael die gleiche Diagnostiklehrerin wie im Vorjahr. Als sie mir Rafael nach allen Tests wiederbrachte, lächelte sie und meinte, dass er im Vergleich zum letzten Mal einen riesigen Sprung gemacht und alles gut geklappt hat. Jetzt warteten wir nur noch auf den Termin für das Auswertungsgespräch. Stattdessen erhielten wir jedoch die Information, dass zu Rafaels Beschulung noch keine Entscheidung getroffen werden könne. Dafür würde noch ein Gutachten der Schulpsychologin von der Bildungsagentur benötigt. Wie die Tests für die Feststellung des Förderbedarfes hat er auch diesen Termin allein bewältigt. Sprachlich kam die Psychologin gut mit ihm zurecht und befand eine Beschulung im Heimatort an der Regelschule für richtig.

Somit stand einer Einschulung in der Regelschule nichts mehr im Weg. Den Schulfeststellungsbescheid erhielten wir später mit der Post. Dass wir die Passage „Der Widerruf dieses Integrationsbescheides wird vorbehalten." einfach hingenommen haben, sollten wir später noch bereuen. Zu diesem Zeitpunkt klang es für uns plausibel.

In dem zweiten Vorschuljahr lag bei der Frühförderung ein Schwerpunkt auf dem Erlernen der ersten Buchstaben und dem Zusammenziehen von Silben. Wir hatten uns das Ziel gesetzt, dass Rafael mit der Einschulung die Grundfertigkeiten des Lesens beherrschen sollte. Das ist uns leider nicht gelungen. Aber er kannte am Ende seiner Kindergartenzeit schon viele Buchstaben und konnte diese auch zu einzelnen Silben zusammenziehen.

So langsam wurde es ernst. Kurz vor den Sommerferien fand in der

Grundschule das erste Gespräch mit der Leiterin der Beratungslehrerinnen der Gehörlosenschule statt. Bedauerlicherweise setzte sich hier fort, was wir schon an Erfahrungen mit der Gehörlosenschule gesammelt hatten. Sie hatte unsere Direktorin angerufen, um ihr zu sagen, ob die Schule denn überhaupt wüsste, was für ein Kind sie sich mit Rafael „antun" würden. Unsere Direktorin, die schon in vielen Situationen wie ein Fels in der Brandung gestanden hatte, hat wohl nur erwidert, dass dies zu entscheiden die Sache der Schule sei und sie nicht das erste Jahr Direktorin wäre. Also fand ein Gespräch statt, in dem auf die Besonderheiten eines hörgeschädigten Kindes hingewiesen wurde. Prinzipiell fanden wir das eine gute Sache, da Rafael das erste Kind mit CIs war, was in diese Schule gehen würde. Leider wurde aber auch hier keine Gelegenheit ausgelassen, darauf hinzuweisen wie schlecht unser Kind doch sei. Wir Eltern durften bei dem Gespräch anwesend sein. Zu diesem Zeitpunkt waren wir noch der Meinung, dass wir den einen Termin schon schaffen würden. Wir wussten um die Unterstützung der Schule und deren Engagement – was brauchten wir mehr?

Wer keinen Mut zum Träumen hat, hat auch keine Kraft zum Kämpfen.
(Weisheit aus Afrika)

Ein Integrationshelfer für die 1. Klasse

Bei einem unserer Treffen der Selbsthilfegruppe sprach ein Vater davon, in Erwägung zu ziehen, für seine Tochter einen Integrationshelfer zu beantragen. Ich war überrascht. Dass es so etwas gibt, wussten wir, aber doch nur für köperbehinderte Kinder. Oder? Der Vater berichtete uns, dass es mittlerweile auch Integrationshelfer für Kommunikation gibt. Unser Interesse war geweckt und voller Vorfreude durchsuchte ich das Internet nach Informationen, gesetzlichen Festlegungen, Anträgen, zuständigen Behörden etc. Vereinzelt stieß ich auch auf die gesuchten Informationen, allerdings traf keine einzige auf Sachsen zu. Das irritierte mich. Somit beschloss ich es auf dem „altmodischen" Weg zu probieren und mich telefonisch durchzufragen. Wer selbst auf diesem Terrain schon Erfahrungen gesammelt hat, wird jetzt sicher nicht verwundert sein zu lesen, dass ich anfangs von einem zum anderen verwiesen wurde. Ein bisschen erinnerte es mich an den Film „Asterix erobert Rom", als Asterix im Haus der Bürokratie einen Stempel ergattern sollte. Eine gefühlte Ewigkeit flitzte er im Schnelldurchlauf kreuz und quer durch das besagte Haus, um von einem zum anderen und wieder zurück verwiesen zu werden. Willkommen in der Realität! Als sich nach und nach der Kreis sprichwörtlich enger zog und ich dann das wirklich zuständige Amt herausgefunden hatte, erhielt ich von der Dame am anderen Ende die folgende Auskunft: „Das kenne ich nicht. Das haben wir hier noch nie gemacht. Also wird es so etwas hier auch nicht geben." Erst sah ich ein großes Fragezeichen vor meinem geistigen Auge: Und nun? Doch Moment - aus dem Fragezeichen wurde ein Ausrufezeichen: Dann wird es endlich Zeit, dass der Landkreis einen solchen Fall bekommt! Etwas einfacher hatte ich es mir schon vorgestellt, aber was war schon einfach in den letzten Jahren. Beschreiten wir also gemeinsam Neuland!

Im Endeffekt war es gar nicht so schwierig. Wir bekamen unseren Integrationshelfer genehmigt. Gleichzeitig standen wir nun vor der nächsten Herausforderung. Wer wird unser Integrationshelfer? Nicht, dass uns der Gedanke noch nicht beschäftigt hätte, aber jetzt wurde es ernst. Die

Liste mit unseren Wunschkandidaten war lang. Mit den meisten hatte ich auch schon das Gespräch gesucht. Ausnahmslos alle fanden den angebotenen Job interessant und einige sahen darin sogar eine neue berufliche Herausforderung. Hier endeten allerdings die erfreulichen Nachrichten. Denn bei Themen wie Einkommen, Wochenstunden, Beschäftigungsverhältnis, Länge der Maßnahme verbunden mit dem Wissen, einen sicheren Job dafür aufgeben zu müssen, rieselten uns die Kandidaten durch die Hand wie trockener Sand und am Ende waren auf unserer Liste alle Namen durchgestrichen. Traurig für uns, aber sehr gut nachvollziehbar und verständlich! Schließlich war der Bescheid nicht nur zeitlich auf ein Jahr befristet, sondern es stand auch gleich der Hinweis darin, dass der Bescheid nur so lange gültig ist, wie die integrative Beschulung erfolgreich ist. Wer kann schon in die Zukunft sehen und sagen, wie lange dies der Fall sein würde? Hinzu kommt, dass uns nur eine ungelernte Kraft bewilligt wurde. Dass in dem sozialen Sektor nicht gerade Traumlöhne gezahlt werden, ist hinlänglich bekannt. Somit kann sich jeder ausrechnen, was eine ungelernte Fachkraft in diesem Bereich verdient. Gesucht wurde also viel Leistung für wenig Vergütung.

Als wir wieder einmal weitere Möglichkeiten überlegten, fiel mir eine Schulfreundin von früher ein, die jetzt bei einem sozialen Leistungsträger arbeitet. Gleich am nächsten Tag rief ich bei ihr an und schilderte unsere Situation. Zu meiner großen Überraschung wusste sie, wovon ich spreche, konnte es verstehen und sagte dann auch noch: „Ich glaube, ich habe da jemanden für euch. Das würde perfekt passen. Gib mir ein paar Tage Zeit, ich melde mich bei dir." Hatte Sie das wirklich gesagt oder träumte ich? Wir konnten es kaum fassen, nun vielleicht doch endlich ein Stück weiterzukommen und warteten ungeduldig auf den Anruf. Es dauerte nicht lange und wir erhielten nicht nur eine Nachricht von ihr, sondern gleich noch den Namen des jungen Herrn, der unseren Sohn künftig begleiten würde sowie einen Termin, an dem wir uns kennenlernen sollten. Es überstieg jetzt unsere Erwartungen, dass wir uns sogar noch vor Schulbeginn treffen konnten, wo wir doch vom Amt die klare Aussage hatten, dass genau das nicht nötig sei und daher nicht genehmigt wurde.

Vier Tage vor dem Schulanfang lernten wir uns kennen. Als meine Schulfreundin den jungen Herrn mit Namen vorstellte, stutzte ich. Hatte ich mir nicht einen ganz anderen notiert? Mein Gehirn rotierte und das hat sie mir wahrscheinlich auch angesehen, lächelte und sagte: „Ja, er ist nicht der Mann, über den wir gesprochen haben, aber ich denke auch er ist für Rafael geeignet." Wir vertrauten ihr und gingen offen in das Gespräch. Zum Ende hin beschlichen mich allerdings Zweifel, ob er wirklich der Richtige für diesen Job war. Vor meinem geistigen Auge sah ich ihn an der Seite von Rafael in der Klasse und zusammen mit unseren Lehrern. Irgendetwas störte das Bild, auch wenn ich nicht genau sagen konnte, was es war. Aber ich vertraute meiner Schulfreundin und bewahrte die Ruhe. Loslaufen lassen - es war schließlich für uns alle eine neue Situation.

Außerdem hatte der junge Mann am nächsten Tag einen Termin in der Schule, um auch die Lehrer kennenzulernen und die Lehrer ihn. Gerade dieser Aspekt war in der Schulintegration nicht zu unterschätzen. Die Lehrer waren es gewöhnt allein in der Klasse zu stehen und Hand aufs Herz: Wer lässt sich schon gern beim Arbeiten auf die Finger schauen, egal wie sicher man in seinem Job ist? Deshalb konnte ich auch die Nervosität der Lehrer nur zu gut verstehen. Ich kann mich noch gut an die erste Reaktion erinnern: Jemand „Fremden" in der Schule? Die Begeisterung hielt sich in Grenzen. Als ich aber erwähnte, dass es sich um einen jungen Mann handelte, der Rafael begleiten wird, huschte ein Lächeln über die Gesichter der durchweg weiblichen Lehrerschaft. Die Nervosität blieb.

Erleichtert waren wir deshalb, als wir von unserer Klassenlehrerin hörten, dass das Treffen gut verlaufen und man sich sympathisch sei. Wieder etwas geschafft! Jetzt kann der Schulanfang kommen. Dachten wir. Am nächsten Tag klingelte das Telefon und meine Schulfreundin war am anderen Ende der Leitung. Sie erklärte mir, dass sie schon in unserem ersten Gespräch vor ein paar Tagen zu der Überzeugung gekommen war, personell doch nicht den Richtigen ausgewählt zu haben. Es sei ihr nun aber doch noch gelungen, den jungen Mann, an den sie ursprünglich gedacht hatte, für den Job wieder zu gewinnen. Ehrlich? Ich war erleichtert. Zwar kannte ich ihn noch nicht, aber das ungute Bauchgefühl hatte sich die letzten Tage nicht wirklich gelegt, und so sah ich jetzt doch noch eine Chance. Leider konnte er aufgrund der kurzfristigen Entscheidung bei der Einschulung nicht dabei sein und Rafael würde seinen neuen Partner erst am ersten Schultag kennenlernen.

Die Augenblicke, in denen wir innehalten, sind kostbar. (Voltaire)

Rafaels Start in der Grundschule

„Diese Zuckertüte ist für Rafael", sagt Paul, als er seinem kleinen Bruder die Zuckertüte auf der Bühne überreicht und ihn somit als Schüler der ersten Klasse in unserem Dorf willkommen heißt. Wer von uns allen in diesem Moment am glücklichsten ist, lässt sich kaum sagen. Rafael strahlt von seiner Zuckertüte zu seinem großen Bruder und wieder zurück. Eine Zuckertüte mit einem richtigen kleinen Traktor drauf! So wie er es sich gewünscht hatte.

Der erste Schultag kam und wir waren schon zeitig im Klassenzimmer. Gemeinsam mit der Lehrerin warteten wir gespannt auf den neuen Integrationshelfer. Als dann ein junger Mann das Gebäude ohne Schulkind an der Hand betrat, fiel die Anspannung ab. Ja, dachte ich, meine Schulfreundin hatte recht, er würde der Richtige für Rafael sein. Woher ich das wusste? Keine Ahnung – es war wieder einmal das geheimnisvolle Bauchgefühl. Jetzt konnte ich Rafael ruhigen Gewissens in seinen neuen Lebensabschnitt starten lassen. Bis hierher hatten wir es also schon einmal geschafft!

Dass Rafael nun in seinem Heimatort in die Schule gehen durfte, war nicht selbstverständlich. Umso mehr war es uns Eltern ein Bedürfnis, uns bei allen, die dazu beigetragen hatten, zu bedanken. Dies taten wir auf der Rückseite der Dankeschönkarte zum Schulanfang:

Diesen Tag möchten auch wir Eltern als Anlass nehmen,
um uns bei denen zu bedanken,
die dazu beigetragen haben, dass Rafael jetzt ein stolzer und
glücklicher Schüler der Grundschule hier im Ort sein kann –
dazu gehören nicht nur die Therapeuten,
die ihn jahrelang gefördert und motiviert haben,
sondern auch alle Menschen,
die uns besonders in den schwierigen Zeiten unterstützt und
bestärkt haben, den Weg weiterzugehen.
Wir erleben zurzeit, was wir bis jetzt nur zu hoffen gewagt haben:
Rafael fühlt sich wohl, ist unter seinen Freunden und hat auch weiterhin

außerhalb der Schule Zeit, sich mit Kindern zu treffen –
er gehört einfach dazu.
Er ist ein kleiner Kämpfer und gibt sich unglaublich viel Mühe, langsam und
deutlich zu sprechen. Zurzeit scheint es, als ob er neue Begriffe und Phra-
sen leichter und schneller lernt als bisher. Sicherheit und Unterstützung
erhält er im Unterricht - neben viel Engagement der Lehrerin –
von seinem neuen "Partner", seinem Integrationshelfer.
Die beiden sind ein gutes Team!

Mit Rafaels Einschulung in [der Dorfschule] ist auch ein großer Wunsch
von Paul in Erfüllung gegangen, der es jetzt genießt, seinen Bruder weiter-
hin in der Nähe zu haben und zu wissen, dass er unter seinen Freunden ist.

Herzliche Grüße von [uns Eltern]

Das Glück besteht darin zu leben wie alle Welt und doch wie kein anderer zu sein. (Simone de Beauvoir)

Schulalltag mit Hörschädigung

Zu dieser Zeit gab es in unserer Gemeinde zwei Kindergärten, deren Kinder sich in der Schule zusammengefunden hatten. Die Hälfte der Kinder, die mit Rafael in der Klasse saßen, kannten ihn, wussten mit ihm umzugehen. Damit es mit den anderen Kindern, gar nicht erst zu Missverständnissen kam, waren wir uns mit der Lehrerin schnell einig und ich besuchte die Kinder an ihrem dritten Schultag. 22 Augenpaare schauten mich erwartungsvoll an. Rafael hatte ich schon erklärt, warum ich ihn an diesem Tag in die Schule begleiten würde. Als erstes fragte ich die Kinder, ob sie jemanden kennen, der schwer hört. Natürlich gab es einige Beispiele: Omas, Opas, Onkels und Tanten wurden genannt. In kürzester Zeit hörten wir zahlreiche Begebenheiten, erfuhren Familiengeschichten und Verwandtschaftsverhältnisse. Bei der ein oder anderen Erzählung mussten wir schmunzeln: Kindermund tut Wahrheit kund. Als jeder seinen Beitrag geleistet hatte und auch der Letzte erzählen durfte, kehrte langsam Ruhe ein und ich konnte die Frage stellen, ob sie denn auch wüssten, was man beachten sollte, wenn man mit einem Menschen, der nicht gut hört, sprechen möchte. Hier meldeten sich lautstark die Kinder aus Rafaels Kindergarten zu Wort und berichteten, was für sie seit vielen Jahren Alltag ist: Rafael rufen und erst sprechen, wenn man Blickkontakt hat. Wenn es laut ist, geht man näher an ihn heran und ruft noch einmal bzw. stellt sich so hin, dass man von ihm gesehen wird. Anstupsen mag er gar nicht, wussten die Kinder. Am besten versteht er, wenn man langsam und deutlich redet. Ein Kind machte es vor und wechselte dabei automatisch aus einem leichten Sächsisch in ein reines Hochdeutsch. Ich erklärte den Kindern, dass Rafael mit den Augen hört. Wie kann man denn mit den Augen hören, fragte jemand dazwischen. Wir demonstrierten es den Kindern, in dem ich Rafael etwas sagte, wobei ich nur die Lippen bewegte. Anschließend führte er aus, was ich ihm aufgetragen hatte. Das fanden sie spannend, sie wollten es gleich selbst einmal probieren und sehen, ob es auch ihnen gelingt, mich zu verstehen. Warum braucht Rafael die Lippen zum

Hören, er hat doch Hörgeräte? Gemeinsam haben wir den Kindern gezeigt, dass es keine normalen Hörgeräte sind, sondern Implantate. Dass Rafael damit aber nicht hört, wie jeder andere habe ich den Kindern versucht näher zu bringen. Ich habe alle gebeten sich die Ohren mal zuzuhalten, während ich einen einfachen Satz gesagt habe. Sie haben etwas, aber nicht alles verstanden. Um Verständnis zu wecken, warum Rafael gerade in den Pausen nicht immer beim ersten Mal reagiert, wenn er gerufen wird bzw. auch öfters mal etwas falsch versteht, bat ich einen Teil der Klasse sich zu unterhalten. Gleichzeitig strengten sich die anderen an, mich zu verstehen. Recht schnell merkten sie, was ich ihnen zeigen wollte.

Zum Schluss haben wir Rafaels „Ohren" noch einmal richtig auseinander genommen, das Implantat am Kopf gezeigt, dass das Hörgerät ein Sprachprozessor ist und dass Rafael, wenn der kaputt ist gar nichts hören kann. Typisch für Kinder hat sie natürlich die Magnetspule am meisten interessiert. Ihre Fantasie war angeregt und eine Vielzahl an Fragen, was man mit der Magnetspule alles anfangen und was dem CI alles passieren könnte, platzte aus ihnen heraus. Geduldig bin ich auf alles eingegangen.

Nach einer Woche habe ich mich wieder mit der Lehrerin getroffen und sie meinte, dass es toll klappte. Dadurch, dass die Kinder aus seinem Kindergarten mit ihm umgingen wie gewohnt, lebten sie es den anderen Kindern vor und diese übernahmen die Verhaltensweisen.

Selbstverständlich gab es auch eine umfassende Einführung für die Lehrer. Da unsere Klassenlehrerin Rafael bereits in seinen beiden Vorschuljahren mit betreut hatte, waren es nicht mehr so viele Informationen. Mit der FM-Anlage war sie bereits vertraut, da diese ebenfalls in den Vorschulstunden genutzt wurden. Mit Hilfe dieser technischen Unterstützung war es Rafael möglich, den Lehrer besser zu verstehen. Dieser hatte ein Mikrofon anstecken und Rafael trug einen Empfänger. Die Anlage überträgt das Gesprochene vom Sender zum Empfänger. Rafael bekam somit alles vom Lehrer „direkt ins Ohr". Der Vorteil der FM-Anlage besteht darin, dass Nebengeräusche - die zwangsläufig durch Bewegungen, bei der Arbeit mit unterschiedlichen Arbeitsmaterialien etc. entstehen - in den Hintergrund treten und damit nicht (mehr so intensiv) als Störgeräusche wahrgenommen werden. Das An- und Ausschalten der Anlage war im Kindergarten Rafaels Aufgabe. Wie sie es jetzt in der Schule, bedingt durch die Pausenzeiten, lösen würden, würden sie gemeinsam in der Praxis ausprobieren. Dass Rafael trotz FM-Anlage ein deutliches Mundbild benötigt war ebenfalls bekannt. Da Rafael hauptsächlich bei der Klassenlehrerin Unterricht hatte, konnte er sich auch auf das eine Mundbild konzentrieren. Jeder Mensch hat sein eigenes Mundbild, weshalb dieses erst vom Leser studiert und erlernt werden muss. Auch sind über das Mundbild bei Weitem nicht alle gesprochenen Laute eindeutig zuordenbar. So wurde uns berichtet, dass ein Verstehen auf diese Art und Weise selbst unter guten Bedingungen sich bei gerade einmal 10- 25% bewegt. Bei max. 45% liegt der Erfolg, wenn es sich um ein bekanntes Thema handelt. Bei unbekannten Inhalten sinkt die Wahrscheinlichkeit zu verstehen auf ca. 5%. Rafael beherrschte nach Aussage unserer fachkundigen Gesprächspartnerin sein Handwerk exzellent. Da Rafael das Mundbild unterstützend zum Gehörten nutzte, lag sein Sprachverstehen höher als beim bloßen Lippenlesen.

Bald merkten wir, dass es für Rafael schwierig war, die Kinder zu verstehen, wenn sie beim Vorlesen in der Fibel doch noch recht leise sprachen und er auch kein Mundbild hatte. Eine Orientierung im Text basierend auf dem Hören war schwer. Deshalb ging der Integrationshelfer mit dem Finger im Text mit, so dass Rafael sah, wo sie waren. Das Vorgelesene hörte bzw. verstand hat er trotzdem noch nicht. Auf der Suche nach Lösungsmöglichkeiten stießen wir auf das sogenannte Stabmikrofon, das das jeweils sprechende Kind in die Hand bekam. Alternativ wurde es beim Lesen vor das Kind auf den Tisch gestellt. Dieses Mikrofon half Rafael nun auch bei den Morgenkreisen noch besser den Erzählungen folgen zu können.

In unseren ersten gemeinsamen Gesprächen mit der Klassenlehrerin war hauptsächlich Rafaels sprachlicher Rückstand zentrales Thema. Sein tatsächliches Höralter betrug bei der Einschulung gerade einmal reichlich drei Jahre. Weder sein aktiver noch sein passiver Wortschatz war demnach altersgerecht. Daraus resultierten auch Wissenslücken, die bis dahin nicht (visuell) erschlossen werden konnten. Zusätzlich hatte er nach wie vor seine Probleme bei der Aussprache, was sich vor allem beim Lesen auswirkte. Wir besprachen notwendige Hilfen und vereinbarten uns in kurzen Abständen zu treffen. Alles, was dazwischen offen zu sein schien, wollten wir über den Integrationshelfer, das Pendelheft oder bei dem morgendlichen Kontakt klären.

Der genehmigte Umfang für den Integrationshelfer erschien sowohl uns als auch der Schule als nicht ausreichend. So gingen wir zu Beginn des Schuljahres in Widerspruch mit der Bitte um Erhöhung der Stundenzahl:
[...]
In Ihrem Bescheid vom 28.06.2011 bewilligten Sie uns max. 16 Stunden Betreuungsleistung wöchentlich für den Einsatz eines Integrationshelfers. Rafael benötigt ihn hauptsächlich für die Kommunikation. Die bewilligten Stunden decken den Deutsch- und Mathematikunterricht ab. Aber auch in den anderen Fächern wie Werken, Musik, Zeichnen, ... benötigt er kommunikative Hilfe, um die geforderten Aufgabenstellungen umsetzen und dem Unterrichtsgeschehen folgen zu können. Dies ist in den ersten Schulwochen sehr deutlich geworden.

Das ist weder durch den überaus engagierten Einsatz der Lehrer noch durch uns als Eltern in den Abendstunden auszugleichen. Wir stehen in sehr engem Kontakt mit der Klasselehrerin, erhalten viele Informationen und bereiten damit den Unterricht mit Rafael gezielt vor. Das geschieht in Rafaels Freizeit, die er eigentlich dringend zur Erholung benötigt. Mit einer Erhöhung der Betreuungsleistung würde Rafael in den Nachmittagsstunden und die Lehrer in den genannten Fächern enorm entlastet werden. Auch mit einer umfangreicheren Betreuungsleistung gehört eine gezielte Unterrichtsvorbereitung durch die Unterstützung der Klassenlehrerin weiterhin zu Rafaels Tagesablauf, würde sich aber auf einen für ihn dauerhaft leistbaren Umfang reduzieren.

Nach eingehenden Gesprächen mit den Lehrern der Schule beantragen wir deshalb eine Erhöhung der Betreuungsleistung. In der Anlage erhalten Sie eine Stellungnahme der Schulleiterin, die unseren Antrag nicht nur befürwortet, sondern für eine gelingende Integration für unerlässlich hält.

Im Interesse von Rafael bitten wir um eine zeitnahe Bearbeitung und hoffen, auf eine positive Entscheidung.
[...]
Unserem Widerspruch wurde entsprochen und wir bekamen 20 Betreuungsstunden pro Woche bewilligt.

Freude lässt sich nur voll auskosten, wenn sich ein anderer mitfreut.
(Mark Twain)

Die 1. Klasse ist geschafft

Wie am Anfang des Schuljahres beschlossen haben sich alle Beteiligten regelmäßig getroffen und die zwischenzeitlich offenen Angelegenheiten ebenfalls wie angedacht meistens früh vor dem Unterricht geklärt. Somit wurde ein nahezu lückenloser Informationsfluss gewährleistet.

Die Beratung der Gehörlosenschule erfolgte 14-tägig, in Ausnahmen in einem 3-Wochen-Abstand. Bei den Gesprächen waren immer die Klassenlehrerin, der Integrationshelfer und ich anwesend. Von Eltern, die schon Kinder in der Schule hatten, hatten wir die unglaublichsten Geschichten zu Beratungslehrern der Gehörlosenschule vernommen und waren umso gespannter, wer uns betreuen würde. Meine Freude war groß, als ich im ersten Gespräch die Diagnostiklehrerin sah, die Rafael in beiden Jahren bei der Feststellung des sonderpädagogischen Förderbedarfs begleitet hatte. Gut konnte ich mich noch daran erinnern, wie sehr sie Rafaels Verbesserung in dem Rückstellungsjahr gelobt hatte. Sie kannte also Rafael ein wenig und war seiner Leistung positiv gegenüber eingestellt. Nach meinen bisherigen Erlebnissen mit der Gehörlosenschule, insbesondere mit der Direktorin, schienen das doch schon einmal gute Voraussetzungen für eine Zusammenarbeit in Rafaels Interesse zu sein. Der erste Eindruck bestätigte sich über das gesamte Schuljahr: Es war ein offener, ehrlicher und konstruktiver Umgang, der alle weitergebracht hat.

Zu seinen Leistungen während dieses ersten Schuljahres muss hervorgehoben werden, dass Rafael insbesondere im 1. Halbjahr von der Arbeit der Frühförderung im Vorschuljahr profitiert hat. Im zweiten Halbjahr haben wir angefangen, gerade auf den Fibelseiten, den unbekannten Wortschatz vorzubereiten. Aufgrund der chronologischen Folge war eine zeitnahe Vorbereitung zu Hause kein Problem.

Seine Integration in der Klasse verlief ebenfalls besser als erwartet. Er hatte recht schnell auch neue Freunde. Meiner Meinung nach war das noch der sehr guten Arbeit des Kindergartens zuzuschreiben. Da seine Kindergartenfreunde ihn so akzeptierten wie er war und wussten, wie sie mit ihm kommunizieren konnten, Geduld im Umgang mit ihm bewiesen und ihn „mitnahmen", war dies auch für die Kinder, die ihn bis dahin noch nicht kannten, bald ein Selbstverständnis. Bei Kommunikationsproblemen, die zwangsläufig trotzdem immer wieder auftraten, ist entweder der Integrationshelfer dazugekommen oder die Klassenlehrerin und haben beiden Seiten erklärt, wie man miteinander umgeht. Einladungen zu Kindergeburtstagsfeiern brachte er regelmäßig mit nach Hause und wir merkten, dass es auch bei den Eltern zunehmend weniger Berührungsängste gab. Bei seinem eigenen Geburtstag folgten alle seiner Einladung und so hatten wir am Ende die halbe Klasse als Römer und Römerinnen auf unserem Grundstück versammelt und die Römischen Festspiele konnten beginnen.

In unserer Schule ist es Tradition, dass die vierte Klasse die Schulanfänger mit einem Pogramm begrüßen und die gestandenen Erstklässler dann ihrerseits die Großen am Ende des Schuljahres verabschieden. Paul hatte somit Rafael seine Zuckertüte übergeben und jetzt war es an der Zeit, dass Rafael Paul „tschüß" sagte. In dem erfolgreichen und von allen gefeierten Programm, dass die erste Klasse gestaltete, fand auch Rafael seinen Platz und dem Zuschauer, der nicht wusste, dass er nicht richtig hören kann, wäre es gar nicht aufgefallen.

Nicht nur die Viertklässler wurden verabschiedet, sondern auch die langjährige Direktorin durfte mit dem Ende des Schuljahres in ihren wohlverdienten Ruhestand gehen. Ihr hatten wir sehr viel zu verdanken. Ob ohne ihr Engagement Rafael an dieser Schule hätte lernen dürfen, können wir nicht beantworten. Auf jeden Fall war es durch ihr Handeln möglich, dass Rafael die Ruhe bekam, die er zum Lernen benötigte. Dass das kein Selbstverständnis bleiben wird, ahnten wir zu diesem Zeitpunkt noch nicht.

Das Außergewöhnliche geschieht nicht auf glattem, gewöhnlichem Weg.
(Johann Wolfgang von Goethe)

Begegnungstage der Selbsthilfegruppe

Nun gingen fast alle Kinder der Selbsthilfegruppe in die Schule bzw. befanden sich im Vorschuljahr. Der Bedarf an Informationen wurde immer größer und auch (überlebens)notwendig. Sicher geht es auch anderen Eltern so, die Ihre Kinder integrativ beschulen lassen. So kam der Gedanke auf, künftig regelmäßig eine Möglichkeit zum Erfahrungsaustausch anzubieten, jedem Begegnungstag ein bestimmtes Thema zu geben und entsprechende Referenten einzuladen.

Folgenden Artikel haben wir im Anschluss an den 1. Begegnungstag unserer Selbsthilfegruppe in der Zeitschrift „Schnecke" veröffentlicht (Auszug, 10/2011). Zentrales Thema war die Integration unserer Kinder in ihrem Umfeld (Kindergarten, Schule etc.), wie diese derzeit gelingt und wie wir sie weiter verbessern können.

[...]

Tagtäglich bewähren sich unsere Kinder in der Welt der Hörenden. Durch die UN-Behindertenrechtskonventionen hat die Gleichstellung von Menschen mit Behinderung(en) einen neuen Stellenwert in unserer Gesellschaft bekommen: Gefordert wird die soziale Inklusion, d. h. jeder Mensch wird in seiner Individualität von der Gesellschaft akzeptiert und hat die Möglichkeit, in vollem Umfang an ihr teilzuhaben. Integration dagegen bedeutet „nur" das Einbeziehen von Menschen, die bisher ausgeschlossen waren.

Das Ziel heißt also soziale Inklusion. Deshalb werden sich jetzt sicher einige fragen, warum unser Thema diesmal Integration und nicht Inklusion hieß. Aus dem einfachen Grund, weil - wie so oft im Leben - die Theorie wenig mit der Praxis zu tun hat. Selbstverständlich streben wir perspektivisch eine gelingende Inklusion an. Viele Erzählungen und eigene Erlebnisse zeigen aber nach wie vor, dass wir erst einmal den ersten Schritt erfolgreich in der Gesellschaft gehen müssen, ehe wir den nächsten anstreben. Bei ehrlicher Betrachtung sind wir selbst von erfolgreicher Integration in vielen Bereichen noch Meilen entfernt.

Das bestätigte uns auch unser Gast. Sie ist Behindertenbeauftragte in unserem Landkreis und hat unsere Selbsthilfegruppe bereits zum zweiten Mal mit ihren Informationen bereichert. Diesmal hat sie uns über die aktuellen Ereignisse im sächsischen Landtag und die Entwicklungen in der Praxis berichtet. So zum Beispiel über den Anteil der Integrationshelfer in ihrem Landkreis: Dieser ist zwar gestiegen, aber trotzdem noch eine Seltenheit und kaum bekannt. Dass Bildung Ländersache ist, wird hier besonders deutlich: Bei unserem Begegnungstag hatten wir Gäste aus Thüringen: Ein Integrationshelfer ist in ihrer Heimatstadt kein Fremdwort mehr und gehört erfolgreich zum Schulalltag.

Unabhängig davon, um welchen Bereich es sich handelt, hat die Behindertenbeauftragte grundsätzlich an uns Eltern appelliert: Auf dem Weg zu einer erfolgreichen Inklusion ist das Engagement ALLER Eltern unerlässlich. Es nützen uns die UN-Behindertenrechtskonventionen nichts, wenn wir nicht das Verständnis der Menschen um uns herum erreichen. Ziel ist nicht, aufgrund von Gesetzen toleriert und ggf. anerkannt zu werden. Es geht darum, den Mitmenschen zu zeigen, dass Integration und Inklusion für beide Seiten etwas bringt und Menschen mit Behinderungen aus einem Selbstverständnis heraus integriert werden. Das ist im Endeffekt die beste Förderung, die ihnen gegeben werden kann. Diese bekommen sie aber nur, wenn Kindergärtnerinnen, Lehrer, Ausbilder und Arbeitgeber sich mit Engagement und Freude daran machen, unsere Kinder zu unterstützen.

Wie heißt es so schön im Volksmund „Rom wurde auch nicht an einem Tag erbaut" – aber es haben viele Hände mitgeholfen und die Liebe zum Detail, die einzelne Architekten hatten, hat eine beeindruckende Vielfalt geschaffen. [...]

Man muss immer etwas haben, auf was man sich freut.   (Eduard Mörike)

**Pferdefreizeit mit Schwerpunkt Heilpädagogisches Reiten für hörge-
schädigte Kinder** (inkl. Wahrnehmungs- und Gleichgewichtstraining)

Der Besuch der Regelschule bietet unseren Kindern eine enorme Chance
für ihre sprachliche Entwicklung sowie für das Zurechtfinden in der hörenden Welt. Allerdings haben sie dadurch kaum Kontakt zu anderen
Hörgeschädigten. Der ist jedoch essentiell für ihre emotionale Entwicklung und das Entwickeln der eigenen Persönlichkeit. Daher wollten wir
als Selbsthilfegruppe ein Ferienangebot für hörgeschädigte Kinder organisieren.

Die Ausschreibung richtete sich an 6-8 gehörlose und hörgeschädigte
Kinder im Alter von 6 bis 11 Jahren, die sich für Pferde, Natur, Abenteuer
interessieren sowie Spaß mit anderen hörgeschädigten Kids haben wollen: *Warum gerade für eine Freizeit mit Pferden?*

*Die Wärme des Pferdes und das weiche Fell animieren zu Körperkontakt
und vermitteln ein Gefühl von Nähe. Zusammen mit der Bewegung des
Pferdes wirken diese Sinneseindrücke entspannend und lösend. Das drei-
dimensionale Bewegungsmuster des Pferdes im Schritt entspricht dem
Gangbild des Menschen und bietet vielfältige Förderungsmöglichkeiten im
motorischen Bereich. Gleichgewicht und Symmetrie werden ebenso angesprochen wie Aufrichtung und Haltung. Die rhythmische Bewegung des
Pferdes im Trab und Galopp aktiviert - das Erleben der Geschwindigkeit
bedeutet Schwung, Lebensfreude und Losgelassenheit.   Im Bereich der
Wahrnehmung bietet der Umgang mit dem Pferd einen vielfältigen Erfah-
rungsraum. Das Pferd ist ein soziales Wesen, neugierig und kontaktbereit.
Es ist in seinem Verhalten authentisch, konstant und verlässlich. Dadurch
kann man Vertrauen aufbauen, aktiv Kontakt aufnehmen, sich angenommen fühlen und lernen, Ängste zu überwinden und eigene Grenzen zu
erkennen. Der Umgang mit einem so großen und starken Tier kann sich
positiv auf das Selbstbewusstsein auswirken. Pferde sind in ihrer Versorgung vom Menschen abhängig. Sie fordern damit zu verantwortlichem
Handeln, Rücksichtnahme und Eingehen auf ihre Bedürfnisse auf. Und
nicht zuletzt bedeutet der Umgang mit Pferden, der Natur und auch der
eigenen "Natürlichkeit" wieder ein Stück näher zu kommen.*

Der von den Eltern ausgewählte Pferdehof ist klein und überschaubar. Er kann den Kindern, die auf den Hof kommen, einen Orientierungsrahmen bieten - klare Regeln, gleiche Bezugspersonen und bekannte, dem Menschen zugewandte Pferde sollen Sicherheit und Verlässlichkeit vermitteln. Das Reitangebot richtet sich nach den individuellen Fähigkeiten und Bedürfnissen der Kinder. Es findet eine 1:3-Betreuung durch Reit- bzw. Erlebnispädagogen statt. Somit kann auf die jeweilige Sprachkompetenz und die einzelnen Bedürfnisse eines jeden Kindes individuell eingegangen werden. Dies ist zwingend notwendig, da die Mehrzahl der teilnehmenden Kinder 100% schwerbehindert sind, Merkzeichen H, B, GL. Ein besonderer Schwerpunkt soll eine ganzheitliche Förderung der Kinder sein. Dabei stehen nicht die Beeinträchtigungen, sondern die Selbstständigkeit und Fähigkeiten im Mittelpunkt.

Unsere Ziele waren das Lernen durch Erleben, die Förderung der Kreativität und Selbstgestaltung sowie Erfahrungen im Umgang mit Pferden und der Natur. Des Weiteren sollte der Kontakt mit anderen hörgeschädigten Kindern für innere Entspannung sorgen und das Selbstvertrauen der Teilnehmer fördern. Hier könnten die Teilnehmer gemeinsam anders sein, müssten nicht ihre Behinderung erklären und sich in der hörenden Welt behaupten, sondern könnten einfach nur sie selbst sein, die Natur und den Umgang mit den Pferden genießen und schöne Ferientage verbringen. Sie werden gemeinsam viel Spaß haben und sich hinterher selbstbewusster den Herausforderung in ihrem Alltag stellen könnten.

„Wie viele Tage sind es noch?" Ungeduldig zählten die Kinder die Tage rückwärts und konnten es kaum erwarten bis es endlich losging: Sieben Kinder im Alter von 7 bis 10 Jahren waren dabei.

Das Quartier im Heu-Stroh-Lager hatten sie umgehend unter sich aufgeteilt, Isomatten ausgebreitet und Schlafsäcke ausgerollt. Neben dem Umgang mit Pferden stand der Pferdehof auch für eine gesunde Ernährung. Die frische Milch für das Frühstück z.B. wurde am Morgen von dem Bauern nebenan geholt – natürlich von den Kindern, natürlich in Begleitung des Hofhundes Jessi.

Mit Begeisterung haben sich die Kinder der Arbeit mit den Pferden gewidmet. Während der heilpädagogischen Reitstunden sind alle über sich hinausgewachsen: Wasser balancieren, Ringe treffen, Belohnungen angeln, Galoppieren. Dabei haben die Kinder nicht nur Spaß gehabt, sondern auch gelernt, das Pferd zu respektieren und entsprechend mit ihm umzugehen. Das Bogenschießen war für die meisten eine ganz neue Erfahrung. Am Abschlussabend konnten sie am Lagerfeuer das Zusammensein noch mal richtig genießen.

Am letzten Tag wurden die Eltern begeistert begrüßt. Allerdings nur, um ihnen die Pferde zu zeigen, auf denen die Kinder geritten sind und sprudelnd alles zu erzählen, was sie gemeinsam erlebt hatten. Als es später ans Verabschieden ging, wurde es ruhiger in der Runde – dabei sehen sich die Kinder im September beim nächsten Treffen der Selbsthilfegruppe schon wieder. Etwas Trost hat die folgende Frage der Eltern gespendet: „Wollt ihr in den nächsten Sommerferien wieder hier her fahren?"

Das erste Halbjahr der 2. Klasse

Nun waren die Kinder Zweitklässler und nicht mehr die Kleinen in der Schule - darauf waren sie stolz. Bereits Ende des letzten Schuljahres ist Rafael zusammen mit anderen Kindern mit dem Bus in die Schule gefahren. Dadurch entfiel zwar der morgendliche Kontakt zur Lehrerin, aber nach einem Jahr intensiver Zusammenarbeit war das völlig in Ordnung und gerade im Hinblick auf die weiterführenden Klassen auch notwendig. So fuhr Rafael auch zum Beginn der zweiten Klasse meistens mit dem Bus.

Etwas enttäuscht war ich, als zum ersten Beratungsgespräch der Gehörlosenschule nicht die bisherige Beratungslehrerin kam, sondern jemand Neues. Schade, da sie nun die Schule, Lehrer und die Klasse kannte. Aber gut, das ist der Lauf der Dinge. Leider würde die neue Beratungslehrerin in diesem Schuljahr die Schule nur noch im 6-Wochen-Abstand die Schule beraten können, weil aufgrund der Menge der zu betreuenden Kinder zeitlich nicht mehr zu bewältigen wäre. Nachdem sie sich einen ersten Eindruck verschafft hatte, traf sie die Aussage, dass ihrer Meinung nach Rafael an der Schule richtig und sozial sehr gut integriert ist. Alle Beteiligten bekamen gleichermaßen Hinweise, wie Rafael noch besser gefördert werden kann. Dabei wurde z. B. auch der Nachteilsausgleich für den Förderschwerpunkt Hören im Allgemeinen, für Rafaels defizitären Wortschatz im Besonderen im Rahmen des Handlungsleitfadens des Kultusministeriums gemeinsam festgelegt:
Gezielte Unterrichtsvorbereitung
- *zeitnah Texte, Themen, Inhalte für Mathe und Deutsch mitgeben*
- -> *zum Vorbereiten der Inhalte bezüglich des Wortschatzes (Wiederholungen, Verstehen)*
- *Lesetexte langfristig vorbereiten*
Nachteilsausgleich bei der Bewertung
- *alle Kontrollen und Leistungsüberprüfungen müssen vorher angekündigt sein (wenigstens den Eltern)*
- *Kontrollen in einfacher Wortwahl (an Rafaels Sprachwortschatz*

angepasst)
- *Arbeiten vorher den Eltern inhaltlich mitgeben, um sprachliche Barrieren auszuschließen*
- *erlaubt sind alle Hilfsmittel, die nicht schriftlich verboten sind*
- *Grundprinzip für alle Leistungsüberprüfungen*

  gleicher Umfang -> mehr Zeit

  gleiche Zeit -> reduzierter Umfang

  (Schwierigkeitsgrad bleibt erhalten)

Mathe:
- *Textaufgaben: Fragen können nicht selbst formuliert werden*
- *Aufgabenstellungen: einfache Wortwahl*

Deutsch:
- *Nachschlagewerke (Duden und Verbentabelle) erlaubt*
- *Diktat: alternativ Pendeldiktat*
- *Leseleistung wird wie bisher nach seinen sprachlichen Möglichkeiten bewertet*
- *Bildgeschichten 2. Halbjahr: einfache Sätze, die den Sinn erkennen lassen, sind ausreichend*
- *Grammatiktests vereinfacht, z. B. regelmäßige Verben statt unregelmäßiger Verben*

Persönlich fand ich es als sehr hilfreich, dass sie auf Besonderheiten von hörgeschädigten Kindern einging, die nicht vordergründig, aber bei der Arbeit mit ihnen beachtet werden sollten. Dazu gehörte beispielsweise der Hinweis, dass diese Kinder nicht nur den für Kinder typischen Leistungsschwankungen unterliegen, sondern dass diese wesentlich ausgeprägter sein können und auch in den Abständen kürzer. Das nahmen wir alle etwas erleichtert auf, weil uns eben solche Leistungsschwankungen bei Rafael bereits in der ersten Klasse aufgefallen waren. So zum Beispiel konnte er eine zeitlang problemlos dem Unterrichtsstoff in Mathe folgen und wenig später hing er selbst an den einfachsten Aufgaben fest. In der zweiten Klasse konnten wir bereits beobachten, dass sich Mathe und Deutsch abwechselten. Lief es in Mathe, kämpften wir in Deutsch und umgedreht. Wenn man weiß, wie es geht, ist es gleich viel leichter. So konzentrierten wir uns von da an auf die Bereiche, in denen das „Fenster jeweils offen" war.

Anfangs erhielten wir wie abgesprochen, die Materialien zur gezielten Unterrichts-vorbereitung, zum Beispiel Themengebiete in Sachkunde, um den notwendigen Wortschatz vorher abzuklären. Hatten wir diese nicht, lagen wir mit dem, was wir geübt haben mal richtig und manchmal auch nicht. Wenn Rafael dann dadurch sprachlich gar keinen Plan im Unterricht hatte, waren es sehr kräftezehrende Tage für ihn. Wir haben es aber unkommentiert laufen lassen - gerade im Hinblick auf Klasse 3. Dann kann auch nicht mehr täglich und für alle Fächer eine gezielte sprachliche Vorbereitung erfolgen.

Nach den Herbstferien ließen die Zuarbeiten weiter deutlich nach. Auch empfand ich in den Gesprächen die Stimmung anders als sonst. Ein leicht ungutes Gefühl spürte ich zunehmend in der Magengegend. Im Dezember verstärkte es sich noch, indem meinem Empfinden nach nur noch eine ausweichende Kommunikation stattfand. Als unser Integrationshelfer in der letzten Schulwoche vor den Ferien nicht in der Schule sein konnte, wollte ich Rafael darauf vorbereiten. Er antwortete nur, dass dies nicht schlimm sei, er schaffe das auch allein – es wäre besser so. Oha! Also hatte mich mein Bauchgefühl die ganze Zeit nicht getrogen. Was war los? Gleich für die erste Woche im neuen Jahr vereinbarte ich mit der Klassenlehrerin einen Termin. Den Integrationshelfer konnte ich erst im neuen Jahr wieder erreichen, aber der Gedanke, dass gerade zwischen Rafael und ihm etwas schief lief, beschäftigte mich über den Jahreswechsel.

Der Zufall wollte es, dass wir den Integrationshelfer kurz vor Schulbeginn getroffen haben. Beruhigt, dass es ihm ebenfalls aufgefallen war, dass Rafael sich ihm gegenüber verschlossener verhält, fragte ich ihn nach einer möglichen Erklärung. Die hatte er ebenso wenig wie ich, berichtete aber von seinen derzeit schwächeren Leistungen. Die konnte ich nur bestätigen, wies aber lächelnd darauf hin, dass die, wenn Rafaels Körper im gleichen Rhythmus weiterliefe, bald überstanden sein dürften. Gemeinsam wollten wir Rafael und sein Wohlbefinden in den nächsten Wochen im Auge behalten.

Das Gespräch mit der Klassenlehrerin verlief weniger entspannt. Hier war schon auffällig, dass immer wieder nur die negativen Dinge angebracht wurden und unsere Bitten sowie Hinweise in Anlehnung an die Gespräche mit der Beratungslehrerin kaum akzeptiert wurden – insbesondere was die Leistungsüberprüfungen betraf (Ankündigung der Arbeiten, bei Bedarf mehr Zeit als andere Kinder). Aber auch zur gezielten Unterrichtsvorbereitung fehlte in Deutsch die Zuarbeit, die er gerade in der Zeit, wo es ihm nicht so leicht fiel, dringend nötig gehabt hätte. Auf dieser Grundlage blieben die Erfolgserlebnisse für Rafael aus.

Aus unserer Sicht befand sich Rafael zu diesem Zeitpunkt zudem in einer Entwicklungsphase. Dabei setzte er sich verstärkte mit seiner Behinderung auseinander und hinterfragte viele Dinge. Erschwerend kam für ihn hinzu, dass sein Opa - eine der wichtigsten Bezugspersonen in seinem Leben – vor über einem halben Jahr schwer erkrankt war und sich sein Zustand im Januar auch für die Kinder erneut spürbar verschlechterte. Daraufhin habe ich ein weiteres Gespräch mit unserer Lehrerin geführt und um vorübergehende Nachsicht gebeten.

Trotz der Gespräche mit der Klassenlehrerin bekamen wir von ihr auch in den Wochen bis zu den Winterfeien keine Materialien - weder zum Vorbereiten des unbekannten Wortschatzes, noch Informationen zu Leistungsüberprüfungen oder anderen im Rahmen des Nachteilsausgleichs vereinbarten Maßnahmen. Durch die vielen Misserfolge hat Rafael nachvollziehbar die Lust an der Schule verloren. Es war dringend Gesprächs- und Handlungsbedarf mit allen Beteiligten notwendig. Dafür war für das nächste Gespräch mit der Beratungslehrerin angestrebt.

Natürlich könnte man jetzt im Nachhinein fragen: Warum haben wir in der Situation nicht Klartext gesprochen und sprichwörtlich einmal mit der Faust auf den Tisch gehauen? Ging es doch im Endeffekt immer wieder um die gleichen Dinge - Dinge, die eigentlich fest vereinbart waren. Zurückgehalten haben mich an der Stelle immer zwei Gründe. Der eine war die Überzeugung, dass im Endeffekt, wenn die Lehrer mit unseren Einwänden nicht einverstanden waren oder sich gar bevormundet fühlten, keinem geholfen ist – am allerwenigsten Rafael. Der andere Grund war, dass ich es nicht korrekt finde, jemandem in seine Arbeit zu reden. Ich denke, auch die Lehrer haben ein Recht, ihre Arbeit zu gestalten, wie sie es für richtig halten. Dass man dabei durchaus unterschiedlicher Auffassung sein kann, ist völlig normal. Wir befanden uns auf einer Gratwanderung. Wo ist die Grenze? Wo hört Akzeptanz auf und wo beginnt die Pflicht etwas zu sagen? Wie hoch ist der Preis und sind wir bereit den zu zahlen? Fragen, auf die wir nicht immer eine (richtige) Antwort gefunden haben. Es ist eine Gratwanderung und wird auch immer eine bleiben, die im beiderseitigen Interesse viel Einfühlungsvermögen benötigt.

Hab Sonne im Herzen, ob´s stürmt oder schneit, der Himmel voll Wolken,
die Erde voll Streit ... (Cäsar Flaischlen)

Das Februargespräch

Ehrlich gesagt waren meine Gedanken in der Woche vor den Winterferien nicht nur in der Schule. Es gibt schließlich noch ein Leben neben einem Kind mit einer Behinderung und dessen Problematik in der Schule. Auch jetzt kurz vor dem Gespräch mit der Beratungslehrerin wanderten meine Gedanken immer wieder zu meinem Vater, der schwer krebskrank in der Klinik lag und in dieser Stunde noch mal operiert werden sollte. Laut Aussagen der Ärzte seine letzte Chance.

Als die Beratungslehrerin der Gehörlosenschule den Raum betrat, versuchte ich mich zu konzentrieren. Auf ihre Frage, wie es so geht, habe ich mit einem etwas gequälten Lächeln geantwortet: „Morgen sind endlich Ferien". In einem Ton, der mich irritierte, meinte sie sinngemäß: Ach, ist es so anstrengend? Eine Antwort blieb mir erspart, da auch unsere Klassenlehrerin mit dem Integrationshelfer in das Zimmer kam. Wir kennen uns nun schon eine Weile und das, was mir deren Gesichter sagten, gefiel mir gar nicht. Als dann noch unsere neue Direktorin, die sonst nie bei den Gesprächen anwesend war, dazu stieß, leuchteten die ersten Alarmlämpchen in meinem Gehirn auf. „Ruhig bleiben, ganz ruhig bleiben!", ermahnte ich mich selbst.

Das, was dann folgte, brachte mich aber sehr wohl aus der Ruhe. Sinn des Gespräches schien es zu sein, mir zu verdeutlichen, dass unser Kind an dieser Schule falsch ist und – wie ja schon immer festgestellt – an die Gehörlosenschule gehörte. Nach und nach fühlte ich mich völlig an die Wand gespielt. Es begann damit, dass die Beratungslehrerin mir erklärte, dass wir Eltern dafür verantwortlich sind, dass unser Kind unglücklich ist, was sich ja auch deutlich in seinen schulischen Leistungen zeige. Wenn wir wieder ein glückliches Kind haben möchten, solle es an die Gehörlosenschule gehen.

Scheinbar wussten alle im Raum von Anfang an, was das Ziel des Gespräches war – außer mir. Man sprach ÜBER uns Eltern. Als wäre ich gar nicht anwesend! Rafaels Situation wurde an einzelnen Beispielen auseinander genommen – immer wieder seine Unfähigkeit dargelegt. Sein angebliches Nichtkönnen konnte in vielen Fällen damit begründet werden, dass er keinen Nachteilsausgleich erhielt und somit die Frage oder den Inhalt nicht verstand. Sein Leistungsstand, der hier beurteilte wurde, war dadurch verzerrt. Die Beratungslehrerin erläuterte auch auf Fragen der Lehrer, welche Möglichkeiten des Nachteilsaugleiches bei Rafael angewandt werden dürfen. An konkreten Beispielen warf ich ein, dass bei dessen Umsetzung soeben diskutierte Situationen oder Ergebnisse nicht eingetreten wären, die nun aber dazu dienten, Rafaels angebliches Unvermögen zu demonstrieren. Niemand ging darauf ein oder relativierte seine erbrachten Leistungen, da sie ja nachweislich ohne Nachteilsausgleich erzielt wurden und ihm somit Unrecht getan wurde. Außer der Klassenlehrerin schaute mich auch keiner an, wenn ich sprach. Über weite Strecken dieses Treffens kam ich mir vor, als wäre ich nur als Geist anwesend, der versucht sich einzubringen - im Glauben, dass seine Mitmenschen ihn sowohl hören als auch sehen können – bis er irgendwann registriert, dass dem gar nicht so ist, weil er für die anderen unsichtbar ist.

Meine Erwartung, dass wir an diesem Tag gemeinsam überlegen würden, wie wir wieder klare Strukturen in die Handlungsweisen bringen konnten und damit Rafael voranbringen könnten, war wohl falsch.

Schon seit einer ganzen Weile merkte ich, wie ich gegen die aufsteigenden Tränen kämpfte und im Großen und Ganzen sah es so aus, als wenn ich den Kampf gewinnen sollte. Endlich löste sich der Kreis auf, aber noch beim Anziehen redete und redete die Beratungslehrerin auf mich ein. Es fühlte sich an wie ein Dreschflegel auf reifem Getreide. Alle Anwesenden haben sie gewähren lassen. „Bei uns an der Schule schaffen es nur die Kinder, die ab der ersten Klasse bei uns sind.", „Je später die Kinder zu uns kommen, desto schwerer wird es. Dann können wir auch nicht mehr helfen.", „Ich habe schon viele Eltern wie sie vor mir gehabt.", „Die Entscheidung fällt vielen schwer, aber je eher sie getroffen wird, desto besser.", „Lassen sie es ruhig raus. Die Tränen müssen fließen." Na, herzlichen Dank! Das waren genau die Worte, die es noch brauchte, um die Schleusen zu öffnen. Und da flossen sie dann wirklich. Unterdrückt, aber deutlich sichtbar. Oh nein, bloß weg hier. Noch hatte ich die Hoffnung, dass die Kinderstimmen vor der Tür nicht zu Rafaels Klasse gehörten. Da riss die Lehrerin die Tür zum Flur auf, wo die gesamte Klasse meines Kindes stand. „Schau Rafael, deine Mama ist hier." Pädagogisch sehr wertvoll. Keiner der so um unser Kind besorgten Erwachsenen hat in diesem Moment an es gedacht. Mein Kind sah mich, stürzte auf mich zu und versuchte mich zu trösten. Dann fing er an zu weinen und fragte, ob die Lehrer wegen ihm mit mir geschimpft haben und ich deshalb so traurig bin. Es hat lange gedauert, ihm das Gefühl zu nehmen, er sei dafür verantwortlich. Seit dieser Begebenheit wollte er nicht mehr mit der Beratungslehrerin arbeiten. Auch hier haben wir eine Weile gebraucht, ihn zu überzeugen, dass es aber wichtig ist.

Wir sind, als ich wieder in der Lage dazu war, nach Hause gefahren. Der Tag war gelaufen, der Ferienauftakt ebenso. Wie geht es weiter? Wo kam das in dieser Intensität so plötzlich her? Wir waren nicht nur von den Lehrern enttäuscht, dass sie uns so ohne Vorwarnung hatten ins offene Messer laufen lassen. Am meisten getroffen hat uns damals die Haltung unseres Integrationshelfers. Sollten wir uns so in ihm getäuscht haben? Oder habe ich ihn in dem Gespräch falsch verstanden? Das hat mir keine Ruhe gelassen. Schließlich ist er die Vertrauensperson an Rafaels Seite und nach den Ferien sollten sie wieder miteinander harmonieren. Ging das noch? Hatte Rafael seine veränderte Haltung in den letzten Wochen ebenfalls gespürt und sich ihm gegenüber deshalb verschlossen? Ich griff also zum Telefon und teilte unserem Integrationshelfer meine Gedanken zum Gespräch mit. Überraschend schnell erhielt ich eine Antwort. Ich überflog die Nachricht. Durchatmen. Dann las ich sie noch einmal langsam und in aller Ruhe. Die Erleichterung, die ich in diesem Moment gespürt habe, kann ich nicht in Worte fassen. Wir hatten uns scheinbar doch nicht in ihm getäuscht! Er stand noch auf unserer Seite. Aber irgendetwas stimmte trotzdem nicht. Deshalb bat ich ihn im Interesse von Rafael um ein klärendes Gespräch. Spontan haben wir uns getroffen. Schnell waren wir uns einig, dass wir zwar beide für Rafael da sind, aber tatsächlich an irgendeiner Kreuzung den gemeinsamen Weg in unterschiedliche Richtungen verlassen hatten. Wir haben lange und teilweise sehr angeregt diskutiert, am Ende aber einen Weg gefunden, den wir nach den Ferien zusammen mit Rafael gehen wollten.

Vor allem haben wir eine Lösung gesucht, wie wir ihn nach den Ferien schnellstmöglich seine verlorengegangene Motivation zurückgeben können. Etwas unter Protest unseres Integrationshelfers habe ich Smileys vorgeschlagen. Es klingt ein bisschen wie Kindergarten, hat sich aber auch in der Vergangenheit schon oft bewährt. Wie man zum Erfolg kommt ist doch egal, Hauptsache er stellt sich ein. Deshalb bat ich ihn, es einfach zu versuchen.

Hochinteressant fand ich seine Beispiele aus der sozialen Integration. Fakten, an denen wir arbeiten mussten, es aber auch nur können, wenn wir darüber sprechen. Das war aus meiner Sicht, eine der wichtigsten Ergebnisse des Gespräches: Der Kontakt über das Pendelheft reicht im Moment nicht aus. Und so wollten wir den Kontakt in den nächsten Monaten intensivieren.

Eine Frage lag mir noch am Herzen. Am Ende des Treffens in der Schule, sagte die Direktorin, dass wir alle noch einmal über das Gespräch nachdenken und überlegen wie wir weiter vorgehen. Mich interessierte, ob er daran glaubt, dass wirklich alle darüber nachdenken würden oder war es eher eine Nachricht, die an uns Eltern gerichtet war. Ja, er glaubte daran und hielt auch genau das für den einzigen Weg.

Insgesamt betrachtete war dieser Tag im Februar in der Schule ein Tag, nachdem alles anders werden sollte. Einerseits arbeiteten wir intensiver mit unserem Integrationshelfer zusammen, was auch dazu führte – wie sich später herausstellte, dass Rafael doch erstaunlich schnell wieder ein Vertrauensverhältnis zu ihm aufgebaut hat. Andererseits waren wir nun sensibilisiert und achteten mit Argusaugen, was vor sich ging, was besprochen wurde und was daraus resultierend hervorgehen könnte. Das war auch gut so! Zumindest sind wir seitdem nie wieder so eiskalt überrascht worden wie an jenem Tag im Februar. Und Überraschungen gab es nicht nur in diesem Schuljahr noch reichlich.

Wer an das Gute im Menschen glaubt, bewirkt das Gute im Menschen.
(Jean Paul)

Aus hoffnungslosem Optimismus wird optimistischer Realismus

Unser Integrationshelfer sollte Recht behalten. Nach dem Februargespräch schienen über die Ferien tatsächlich alle nachgedacht zu haben: Bereits am ersten Schultag haben wir von der Klassenlehrerin die Unterrichtsinhalte und Texte für die nächsten vier Wochen erhalten. Außerdem haben wir gemeinsam den konkreten Nachteilsausgleich für Rafael festgelegt und sind dabei auch durchaus kritisch vorgegangen. So haben wir unter anderem auch mögliche Varianten gestrichen, weil wir übereinstimmend der Meinung waren, dass ihn das nicht weiterbringt. Im Ergebnis standen wieder die Maßnahmen, die bereits in den ersten Wochen des Schuljahres von der Beratungslehrerin empfohlen und damals umgesetzt wurden.

Entsprechend gut verlief der Start. Mit den vereinbarten Smileys ist es uns auch tatsächlich gelungen, Rafaels Selbstbewusstsein und seine Motivation positiv zu beeinflussen. Er kam sogar relativ gut ohne Integrationshelfer durch den Schulalltag, der in dieser Zeit eine Woche krankheitsbedingt fehlte. Auch in den Leistungsüberprüfungen erzielte er gute Ergebnisse. Dies war insbesondere darauf zurückzuführen, dass er durch die gute Zuarbeit der Lehrerin inhaltlich wusste, worum es ging. Durch die Erfolgserlebnisse war ein deutlicher Aufwärtstrend zu sehen und die Schule machte ihm verständlicherweise auch wieder wesentlich mehr Spaß!

Alle Nachteilsausgleiche, die wir besprachen, tangierten den Förderschwerpunkt Hören. Die Sprache blieb dabei unberücksichtigt, obwohl auch sie spürbare Auswirkungen im Schulalltag hatte. So sehr wir im Bereich Hören um einen angemessenen Nachteilsausgleich kämpfen mussten, so selbstverständlich wurde er von unserer Klassenlehrerin für die Sprache beim Lesen angewandt. Texte, die auf Zensur gelesen werden sollten, gab sie uns vorher mit, damit wir mit Rafael sowohl die Aussprache als auch die Bedeutung der vielleicht unbekannten Wörter klären konnten. Wurden Texte ohne vorherige Ankündigung gelesen, war die Verständlichkeit gerade in der zweiten Klasse noch weit vom

Normalen entfernt. Die trotzdem recht guten Zensuren erklärte die Lehrerin dann auch offen den Kindern, in dem sie sinngemäß sagte, dass Rafael einige Buchstaben und Buchstabenverbindungen noch nicht richtig sprechen, demzufolge ebenfalls noch nicht korrekt lesen kann. Ähnlich ist es bei Wörtern, die Rafael noch nicht kenne. Wenn er nicht weiß, was sie bedeuten, kann er sie auch nicht richtig betonen und dann klingt das Wort gleich ganz anders. An dieser Stelle ist sie mit unglaublich viel Verständnis vorgegangen. Rafael hat so Erfolge gespürt und dadurch in dieser Zeit die Lust am Lesen bekommen.

Das nächste Gespräch mit der Beratungslehrerin stand an. Wir hatten keine Ahnung, was auf uns zu kam, waren aber optimistisch, weil Rafaels Situation eine wesentlich bessere war als noch beim letzten Treffen. Auf jeden Fall hatte ich mir vorgenommen, mich diesmal nicht zu rechtfertigen, um ihr keine Möglichkeit zu bieten, mir wieder die Worte im Mund herumzudrehen. Stattdessen empfahl ich mir, möglichst wenig zu sagen, zuzuhören und wenigstens äußerlich Gelassenheit zu zeigen. Leider verlief es inhaltlich ähnlich wie das vorhergehende Gespräch. Als die Beratungslehrerin diesmal aber merkte, dass ich mich als Elternteil nicht mehr verunsichern lasse, hat sie in meinem Beisein zur Direktorin gesagt, dass es deren gutes Recht ist einzuräumen, dass die Schule die Integration nicht mehr leisten kann. An die Klassenlehrerin gewandt erklärte sie, dass auch sie deutlich machen darf, es nicht mehr zu schaffen, Rafael integrativ zu betreuen – schließlich hat sie noch 19 weitere Kinder und ihre eigene Gesundheit stehe im Vordergrund. Sie wären ja beide (Beratungslehrerin und Klassenlehrerin) nicht mehr die Jüngsten. Außenstehende würden das bei Lehrern immer wieder unterschätzen. Nach diesen Ausführungen musste ich mir nicht mehr vornehmen nichts zu sagen – ich war sprachlos! Gespannt wartete ich, wie sowohl die Lehrerin als auch die Direktorin auf diesen Fauxpas reagieren würden. Unsere Lehrerin war scheinbar irritiert. Ich vermute, sie war geschockt, dass die Beratungslehrerin sie in deren Altersgruppe einschätzte. Wissend, dass sie doch ein ganz paar Jahre jünger war, konnte ich ein Lächeln nur mühsam unterdrücken. Da war wohl jemand in einen Fettnapf getreten. Im weiteren Verlauf wurden wir auch gefragt, ob wir denn endlich mal an der Gehörlosenschule hospitieren kommen wollten. Sie hätte das alles mit den betreffenden Klassenlehrern schon abgesprochen. Schon abgesprochen? Waren wir jetzt bereits soweit entmündigt, dass man ohne unser Wissen Absprachen in unserem Namen traf? Es leid, mich immer rechtfertigen zu müssen, habe ich lediglich erwähnt, dass familiär gerade andere Dinge noch wichtiger sind. Gemeint habe ich damit die Beerdigung meines Vaters und alles, was mit seinem Tod im Zusammenhang stand. Erklärt habe ich das aber nicht. Zum einen war es der Schule bekannt und zum anderen war ich zum damaligen Zeitpunkt auch nicht in der Lage vor versammelter Mannschaft darüber zu sprechen. So war ich auch froh, dass sie nicht nachgefragt hat und stattdessen unbeeindruckt ihren nicht enden wollenden Monolog fortsetzte. Zwischenrein schaute sie mich öfters fragend an, aber ich schwieg und hörte nur zu. Irgendwann fragte sie, warum ich nichts sagen würde. Ich meinte, dass ich es alles für rhetorische Fragen hielt. Sie erzählte nichts Neues und unsere Meinung dazu war bekannt. Zwei Stunden hat sie hauptsächlich belehrend auf alle Anwesenden eingeredet. Eigentlich schade um die Zeit, in der – hätten wir sie mit Rafael verbracht – mehr für ihn rausgekommen wäre.

In den folgenden Wochen wurde allerdings bei unserer Klassenlehrerin eine gewisse Unsicherheit, ob die Förderung für Rafael noch ausreichend ist, immer deutlicher. Sind die Worte der Beratungslehrerin bei ihr doch auf fruchtbaren Boden gefallen? Deshalb habe ich ihr gegenüber deutlich zum Ausdruck gebracht, dass wir mit der Zusammenarbeit der letzten Wochen zufrieden sind, ebenso wie mit den daraus resultierenden Leistungen bei Rafael und überzeugt sind, dass er an der Gehörlosenschule nicht individueller gefördert werden würde.

Die Jahre lehren vieles, wovon der Tag keine Ahnung hat.
(Ralph Waldo Emerson)

Unser Integrationshelfer möchte sich beruflich verändern

Eigentlich reichten die Ereignisse der letzten Wochen für ein ganzes Jahr. Eigentlich - aber wie so oft kam es anders. Diesmal war es unser Integrationshelfer, der um ein Gespräch bat. Das war nun schon ungewöhnlich. Es fiel ihm auch sichtlich schwer die richtigen Worte zu finden, aber dann war es raus: Voraussichtlich wird er seinen Arbeitsvertrag bei dem sozialen Leistungsträger nicht verlängern. Sehr offen begründete er sogar seine Entscheidung. Meine ehrliche Meinung? Ich habe ihn verstanden, konnte es gut nachvollziehen und hätte in seiner Situation wahrscheinlich die gleichen Konsequenzen gezogen, so schwer sie auch fielen. Allerdings kam mir der Gedanke, dass er nicht unbedingt über diesen Arbeitgeber bei uns Integrationshelfer sein muss. Es gab schließlich noch andere Möglichkeiten. Vieles haben wir zusammen durchgespielt ohne wirklich eine für beide Seiten zufriedenstellende Lösung zu finden. Einen letzten Termin hatte er noch bei seinem Arbeitgeber ausstehen, der eine Wendung hätte bringen können. Gespannt warteten wir diesen ab – das Telefon immer in Reichweite. Als ich sein „Hallo" am anderen Ende vernahm, brauchte er nichts mehr zu sagen. Wir hatten verloren. Ich bedankte mich trotzdem noch für seinen Anruf und legte dann auf.

Damit standen wir nun vor der nächsten Herausforderung. Uns blieben drei Monate Zeit, diese zu bewältigen. Wir mussten schnellstens einen neuen Integrationshelfer finden und möglichst einen, der in die Fußstapfen seines Vorgängers treten konnte. Vor Rafaels Einschulung hatten wir schon vergeblich allein gesucht und jetzt hatten wir zusätzlich noch ein genaueres Bild vor Augen, was Rafael braucht. Das steigerte die Erfolgschancen nicht unbedingt.

Auf der Suche nach Lösungen erinnerte ich mich an eine Frau, die im Februar Kontakt mit mir aufgenommen hatte, um uns um Unterstützung mit unseren Erfahrungen in der Schulintegration zu bitten. Sie engagierte sich für Gehörlose in unserer Umgebung. Soweit ich das mitbekommen hatte, kannte sie viele Leute und konnte auf ein umfangreiches Netzwerk zurückgreifen. Also versuchte ich mein Glück und mailte ihr unsere Stellenbeschreibung für den Integrationshelfer mit der Frage, ob sie jemanden kennt, für den das interessant wäre. Ihr fielen tatsächlich sofort ein paar Möglichkeiten ein, wie sie uns bei der Suche unterstützen konnte. Super! Da hätten wir schon einmal ein Problem erfolgreich in Angriff genommen und waren dort ein kleines Schrittchen weiter.

Noch etwas ganz anderes beschäftigte mich in diesen Tagen. Auch wenn Rafael jetzt in einer hörenden Welt aufwächst, so ist er doch schwerhörig geboren und mittlerweile ohne seine CIs taub. Immer wieder versuchte ich mich in ihn hineinzuversetzen, wie er sich dabei fühlt, wie er bestimmte Situationen wahrnimmt und vor allem – was braucht er für seine Entwicklung, was tut ihm gut, was hilft ihm und was ist eher kontraproduktiv. Gern hätte ich auf diese und noch mehr Fragen Antworten, um Entscheidungen, die derzeit noch wir Eltern für ihn treffen müssen, auch tatsächlich in seinem Interesse treffen zu können.

Dass unser Integrationshelfer als hörendes Kind schwerhöriger Eltern aufgewachsen ist, war ein riesiger Vorteil für seine Arbeit mit Rafael. Er hatte einfach von Anfang an ein Händchen für Rafael und die jeweiligen Situationen, in denen er sich befand. Obwohl er ihn nicht kannte, schien er ihn sofort zu verstehen, sich in ihn hinversetzen zu können. Davon hat Rafael sehr profitiert und vieles auch übernommen. Das wiederum gab mir das Gefühl, dass er der Schlüssel zu dem sprichwörtlichen Buch mit den sieben Siegeln für uns ist. Jetzt sollten sich unsere Wege trennen, und es gab noch so viele offene Fragen. Da wir in diesen Wochen öfters zusammen saßen, um Rafaels aktuelle Situation zu besprechen, nutzte ich diese Gelegenheiten. Bei einigen Fragen, musste ich schon meinen ganzen Mut zusammen nehmen, um sie zu stellen. Wie würde er auf manche von ihnen reagieren? Bei der ein oder anderen war ich mir nicht sicher, ob sie ihn verletzen könnten oder zu neugierig klingen. Vieles von dem, was mich interessierte und wovon ich keine Vorstellung hatte, war für ihn sicher selbstverständlich und die Fragen mussten ihm komisch vorkommen. Entgegen allen Bedenken waren es sehr angenehme und aufschlussreiche Gespräche. Ich hatte tatsächlich hinterher das Gefühl, mich besser in Rafael hinversetzen zu können. Oft haben wir auch über das Thema Zweisprachigkeit, d. h. Gebärden für Rafael gesprochen. Wieder in den Fokus unserer Überlegungen waren diese schon Anfang der ersten Klasse gerückt, als Rafael uns deutlich signalisierte, dass er die Gebärden von seinem Integrationshelfer als zusätzliches Kommunikationsmittel erkannt hat. Das Thema Gebärden beschäftigte mich nicht zum ersten Mal. Schon, als abzusehen war, dass Hören und Sprechen für Rafael schwieriger sein würde als für andere Kinder mit CI, hatte ich mit fachkundiger Unterstützung Gebärden in unseren Alltag einfließen lassen. So erleichterten uns sowohl die gebärdenunterstützende Kommunikation als auch die Kieler Lautgebärde die Verständigung und halfen Rafael beim Spracherwerb.

In eine ganz andere Richtung zum Nachdenken gebracht hat mich folgender Satz unseres Integrationshelfers: „Ich weiß nicht, ob ich ein CI hätte, wenn ich nicht normalhörend wäre. Ich glaube, meine Eltern hätten sich dagegen entschieden." Es ist auch für uns hörende Eltern oft ein umstrittenes Thema gewesen, da wir in den Reha-Zentren mit gehörlosen oder schwerhörigen Eltern Kontakt hatten, die ihre Kinder implantieren ließen und damit nicht überall auf Verständnis stießen. Gleichzeitig hatten mich persönlich Fälle bewegt, in denen gefordert wurde, dass Gerichte zum Wohl der Kinder entscheiden sollten, wenn gehörlose Eltern sich weigerten, ihre Kinder implantieren zu lassen. Mit welchem Recht konnte man so etwas fordern?! Zum einen, denke ich, haben die Eltern ebenso ein Recht das Kind in der Welt zu erziehen, in die es hineingeboren wurde wie wir andererseits unser Kind mit unserer Entscheidung aus seiner stillen Welt herausgerissen haben. Wissen wir denn, was es für unser Kind bedeutet hat, dass wir es in die hörende Welt geholt haben? Hätte es sich selbst auch so entschieden? Was passiert, wenn die Hörsysteme einmal ausfallen? Ich will damit nicht sagen, dass ich unsere Entscheidung, Rafael mit Hörgeräten zu versorgen und dass wir ihn später haben implantieren lassen, anzweifle. Wenn wir heute nochmals wählen müssten, würden wir Rafael wieder schnellstmöglich Hörgeräte anpassen lassen. Aber ich finde es nicht angemessen, andere zu verurteilen, wenn sie sich für einen anderen Weg einsetzen, auch wenn man ihn vielleicht nicht oder nur schwer nachvollziehen kann.

*Idealzustände können nicht länger dauern als dreimal vierundzwanzig
Stunden. (Theodor Fontane)*

Was nicht passt, muss weg?

Waren die Leistungen zu Beginn des zweiten Halbjahres zu gut? Wir
wissen es nicht. Jedenfalls gab es nach den Osterferien plötzlich wieder
kaum mehr Zuarbeiten von der Klassenlehrerin. Alles, was uns vorlag,
war ein Zettel, auf dem die voraussichtlich zu behandelnden Lehrbuch-
seiten von Ostern bis Himmelfahrt angegeben waren. Das half Rafael
und uns für die tägliche Arbeit leider überhaupt nicht.
Nach den Osterferien war die Beratungslehrerin wieder zu Gast in der
Schule. Da Rafael nach der Begebenheit vor den Februarferien deutlich
kund tat, dass er sie nicht mehr möchte, war es gut, dass wir vorher
immer wussten, wann sie kam, um Rafael zu bestätigen, dass es in Ordnung ist und er bitte mit ihr sprechen soll. Das Beratungsgespräch offenbarte, dass die Worte der Beratungslehrerin in den letzten Monaten
unsere Klassenlehrerin überzeugt hatten. Sie stellte offen die zum Teil
sehr guten schulischen Leistungen unseres Kindes infrage. Die hatte
Rafael mit dem ihm zustehenden vereinbarten Nachteilsausgleich erreicht. Zum Beispiel hat sie die Beratungslehrerin gefragt, ob die Note
eins für das Lesen nicht unrealistisch ist und eigentlich gestrichen werden müsste. Hintergrund der Frage war, dass die Kinder einen unbekannten Text lesen sollten, wir den Text aber vorher zum Üben bekamen und es somit für Rafael ein bekannter Text gewesen ist. Das hat die
Beratungslehrerin zwar verneint, allerdings auch nicht daraufhingewie-
sen, dass genau das der vereinbarte Nachteilsausgleich für Rafaels
sprachliches Defizit ist. Somit blieben bei unserer Lehrerin die Zweifel
bestehen.
Irritierend war, dass innerhalb dieses einen Gespräches völlig gegen-
sätzliche Aussagen getroffen wurden. Aufgrund der Nachfrage der Klassenlehrerin bestätigte die Beratungslehrerin, dass Rafael wie alle anderen Kinder bewertet wird. Punkt. Auf meinen Einwand, was denn mit
dem Nachteilsausgleich sei, räumte sie diesen plötzlich ein - zu unserer
großen Überraschung sogar in allen Details. Was sollte die Lehrerin
damit anfangen? Auf welche der beiden Aussagen wird sie sich in Zu-

kunft stützen? Dass von Gespräch zu Gespräch Widersprüche auftraten, waren wir mittlerweile gewohnt – aber nahezu innerhalb eines Satzes? In Momenten wie diesen hatte ich das Gefühl, dass die Beratung mehr dazu diente, die Lehrer zu irritieren, statt ihnen Sicherheit für die tägliche Arbeit zu geben.

Als nächstes erkundigte sich die Klassenlehrerin, wie sie sich verhalten soll, wenn Rafael ein Wort nicht kennt und aufgrund dessen die Aufgabe nicht beantworten kann. Reaktion der Beratungslehrerin: „Dann ist es eben falsch." Um den laufenden Unterricht abzusichern, konnte die Klassenlehrerin diesmal nicht bis zum Ende anwesend sein. Kaum hatte sie den Raum verlassen, wandte sich die Beratungslehrerin an den Integrationshelfer und meinte, dass dieser Rafael selbstverständlich auch in Arbeiten bei einem Wort helfen darf, wenn er merkt, dass er sonst die Frage nicht beantworten kann. Ebenso besprach sie mit uns, dass wir bei der Arbeit mit Rafael bitte immer beachten sollen, was er für ein Schüler ohne die Hörschädigung wäre. Das heißt, er muss nicht nur Einsen und Zweien schreiben – auch nicht mit Nachteilsausgleich. In diesem Zusammenhang hat sie eingeräumt, dass es gerade Lehrern immer wieder schwerfällt einzusehen, dass die Erfolge der Förderung auch Grenzen haben. Außerdem betonte sie, dass das Niveau der Klasse an sich sehr hoch ist und Rafael deshalb nicht daran gemessen werden kann und darf. Na, was war denn das? Verdutzt schauten wir –der Integrationshelfer und ich - uns kurz an, waren aber beide so perplex, dass wir in dem Moment nicht reagiert haben. Nach dem Gespräch haben wir uns noch zusammengesetzt und heben es ausgewertet. Mit ihren Worten hatte sie genau den Nagel auf den Kopf getroffen. Aber warum hat sie das nicht im Beisein der Klassenlehrerin gesagt? Wahrscheinlich, um die Unstimmigkeiten weiter zu fördern.

Ende April habe ich mit unserem Integrationshelfer ein weiteres ausführliches Gespräch zu Rafael, zu seiner persönlichen wie sozialen und kommunikativen Entwicklungen, seinen Fähigkeiten, dem Unterrichtsgeschehen usw. geführt. Auch er war der Meinung, dass Rafael eine sehr positive und kontinuierliche Entwicklung in den letzten Wochen und Monaten genommen hat. Ebenso war er überzeugt, dass dadurch die Diskussionen um die Schulart aufhören würden und man sich jetzt wieder auf die Inhalte konzentrieren könnte. Das konnten wir Eltern so nur bestätigen. Rafael ging wieder mit Spaß zur Schule. Seine Leistungen in Mathe waren sehr stabil. In Deutsch wurde hauptsächlich am Textverständnis und in der Grammatik gearbeitet, was für Rafael ohnehin ein schweres Terrain ist. Wegen der nicht mehr so kontinuierlichen Zuarbeit der Unterrichts- und Arbeitsinhalte waren die Erfolge leider nicht so wie sie es hätten sein können. Ihm wurden dadurch die Chancen genommen, an die Ergebnisse des Vormonats anzuknüpfen. Die üblichen Leistungs-schwankungen sind aber auch in diesem Zeitraum ausgeblieben. Er arbeitete fleißig und zielstrebig. Besonders auffallend waren seine sprachlichen Fortschritte - insbesondere bei der Satzbildung und – struktur - sowie seine Neugier an der Grammatik der Sprache.

Rafael fühlte sich wohl in der Klasse. Er erzählte sehr viel zu Hause, was in der Schule passiert ist und was er mit wem am Tag erlebt hatte. Das sah doch alles ganz positiv aus und vielleicht sei uns nun etwas Ruhe zum Arbeiten gegönnt. Wenn ich ehrlich bin, habe ich diesem Frieden nicht so richtig getraut, aber ich bin ja Optimist und wollte keine Gespenster sehen, wo vielleicht gar keine waren.

Es gibt mehr Leute die kapitulieren als solche, die scheitern. (Henry Ford)

Es ist nicht wichtig Recht zu haben, sondern Recht zu bekommen.

Seit dem letzten Treffen mit der Beratungslehrerin hatte ich ein ungutes Gefühl in der Magengegend. Irgendetwas beunruhigte mich, ohne dass ich hätte konkret benennen können. Das Gespräch war verwirrend, aber es verlief vergleichsweise ruhig – ohne den offensiven Angriff auf uns Eltern, den wir in der Vergangenheit mittlerweile gewöhnt waren. Sollte sie wirklich unsere Entscheidung akzeptieren und nun „nur" über die Verunsicherung der Lehrerin probieren, Rafaels Verbleiben an der Schule zum Scheitern zu bringen? Nicht schön, aber für uns eine machbare Herausforderung.

Wenige Tage später bekam mein Bauchgefühl recht und unsere Schule einen Anruf: die Bildungsagentur sagte sich in der Folgewoche zur Hospitation an. Und wem hatten wir das zu verdanken? Genau, der Beratungslehrerin. Nach dem letzten Gespräch an der Grundschule ist sie zur Bildungsagentur gegangen und hat angezeigt, dass man bei Rafael nicht von einer gelungenen Integration sprechen kann. Begründet hat sie ihre Anzeige damit, dass die Lehrerin den Aufwand nicht mehr schaffen würde, Rafael nicht sinnerfassend lesen kann und Bedenken im Hinblick auf Klasse 3 bestünden.

Was kommt hier auf uns zu? Wir wissen, dass Rafael seine „Baustellen" hat. Aber genau deshalb hat er den Integrationsstatus und auch seinen Integrationshelfer. Wahrscheinlich dreht sich die Spirale einfach nur weiter letztendlich mit dem Ziel, dass Rafael an die Gehörlosenschule wechseln soll. Mit etwas Abstand betrachtet fügten sich die Puzzleteile langsam zusammen. Erst hat man versucht uns Eltern mürbe zu machen, anschließend der Klassenlehrerin aufgebürdet, was sie denn unbedingt noch alles tun müsse, hat widersprüchliche Aussagen getätigt, mit denen gerade unsere Klassenlehrerin nicht umgehen konnte. Auch ist sie jemand, der gern alles perfekt erledigt und mit den Forderungen der Beratungslehrerin konnte sie ihrem eigenen Anspruch nicht mehr gerecht werden. Als nächstes wurde der Direktorin in den Mund gelegt, dass sie das Kind ablehnen kann. Vorrangig muss auf das Wohl der Lehrer geachtet werden. Nun soll wahrscheinlich die Bildungsagentur den

Schlusspunkt setzen.

Was können wir machen? Auf jeden Fall gehen wir diesmal zu zweit hin. Das stand fest. Auch wenn unsere Arbeitgeber sichtlich begeistert waren, dass wir zwei Tage vorher erst das frei eingereicht haben, aber es musste sein. In Gedanken haben wir alle denkbaren Szenarien durchgespielt, um diesmal auf alles vorbereitet zu sein und reagieren zu können.

Als wir an der Schule ankamen, stand da ein Auto, das aussah, als hätte es Einschusslöcher an der Seite. Mein Mann meinte noch so im Scherz, ob das vielleicht das Auto der Dame von der Bildungsagentur ist. Schmunzelnd bestätigte ich, dass das wohl möglich wäre. Wenn sie andere auch so unter Druck setzen wie uns, ist vielleicht einem Elternteil mal die Sicherung durchgebrannt. Richtig - mit so etwas macht man keine Scherze und wir hatten mit dem bevorstehenden Gespräch ganz andere Probleme.

Die Dame von der Bildungsagentur kam auch ohne große Umschweife zum Punkt und eröffnete sprichwörtlich das Feuer. Entschuldigung, wenn ich bei diesem Bild bleibe, aber anders kann man es nicht verdeutlichen: Wir sind förmlich unter Beschuss genommen worden. Schwerpunkte waren, dass Rafael den Ansprüchen der Regelschule nicht genügt, er als Hörgeschädigter der Klasse schadet, es für sie nicht nachvollziehbar ist, wofür ein Hörgeschädigter einen Integrationshelfer benötigt und Rafael nur an der Gehörlosenschule ein glückliches Kind sein könnte. Sein angeblich mangelndes Leistungsvermögen wurde anhand der schlechten Leistungen in der Vergangenheit demonstriert. Dazu gehörten vor allem Arbeiten, von denen wir weder vor dem Gespräch Kenntnis hatten noch waren uns deren Ergebnisse bekannt. Ein Blick zum Integrationshelfer verriet, dass auch er nicht wusste, um welche Leistungsüberprüfungen es sich handelte. Auf unsere Nachfrage, wann und wo diese Bewertungen zustande gekommen sind, erhielten wir die Antwort, die Lehrerin wollte mal ausprobieren, was das Kind kann. Dafür genutzt wurde freitags die Integrationsstunde in der 5. Stunde. Wer meint, dass die Dame der Bildungsagentur nun einschritt, um zu erklären, dass das aber nicht legitim ist, der irrt gewaltig. Als nächstes erkundigte ich mich, wo die guten Ergebnisse waren, die Rafael in den zurückliegenden Wochen hatte erreicht. In einem nahezu verständnislosen Ton wurden wir informiert, dass diese natürlich nicht berücksichtigt werden können, weil sie mit Nachteilsausgleich erzielt wurden. Ihrer Meinung nach müssen Kinder in der Integration die gleichen Leistungen unter den gleichen Bedingungen erbringen wie alle anderen Kinder. Die Frage, wofür Rafael dann eigentlich den Integrationsstatus hat, ist uns in diesem Moment leider nicht eingefallen. Nach und nach ging das Gespräch in die Richtung, dass es für Rafael nur einen richtigen Platz gibt und der ist an der Gehörlosenschule. Dabei wurde uns erneut versucht ein schlechtes Gewissen einzureden, weil wir ihn bis jetzt noch nicht dorthin gegeben hatten: Ein Wechsel an die Gehörlosenschule muss so zeitig wie möglich erfolgen, sonst schaffen die Kinder keinen Realschulabschluss mehr, sondern erreichen nur den Hauptschulabschluss. Soziale Integration spielte in ihren Überlegungen keine Rolle. Dass dies aber für uns Eltern ein entscheidendes Kriterium ist, wurde nur müde belächelt.

Das Gespräch wurde unterbrochen. Ein Bauarbeiter steckte seinen Kopf in die Tür und fragte, wem das Auto draußen gehört, dass an der Seite etwas lädiert ist. Die Dame von der Bildungsagentur erhob sich und ging nach draußen. Mein Mann warf mir einen vielsagenden Blick zu und wir versuchten ein Grinsen zu unterdrücken.

Wieder zurück im Raum sprach sie meinen Mann direkt an und fragte, warum er eigentlich nichts sagte. Oh Gott, dachte ich und hielt die Luft an. Ich merkte schon eine ganze Weile, dass mein Mann während des Gespräches innerlich tobte. Wenn sich diese angestauten Gefühle jetzt hier entluden, würde das sicher nicht so gut passen. Er schaute sie an, atmete tief durch und meinte mit etwas gepresster Stimme, dass er dem, was ich gesagt hatte, nichts hinzuzufügen hätte. Ich war erleichtert und merkte, wie ich mich langsam wieder entspannte.

Im Laufe des weiteren Gespräches wurde der Integrationshelfer um seine Einschätzung gebeten. Er bezog sich auf unsere Aussage und bestätigte diese. Er wies ausdrücklich auf die positive Entwicklung in den letzten Wochen und Monaten hin und dass die Chance zum Bleiben an der Schule gewahrt werden sollte. Ferner gab er zu Bedenken, dass sich, gerade so wie er Rafael kennengelernt hatte, ein Schulwechsel nicht unbedingt positiv auswirken muss. Insbesondere hinsichtlich seiner Einstellung zur Schule und seiner Motivation sah er einen Wechsel sehr kritisch.

Im Ergebnis kam keine Einigung zustande. Seitens der Bildungsagentur wurde vorgeschlagen, sich gegen Ende des Schuljahres erneut zusammenzusetzen. Auch wenn das aus unserer Sicht nicht der gewünschte Ausgang des Gespräches war, so müssen wir sagen, dass es wenigstens eine klare Linie hatte. So unglaublich manche Ansichten für uns waren, wir wussten eindeutig, woran wir waren. Am Ende des Gespräches sagte die Dame von der Bildungsagentur überraschend, dass wir Eltern scheinbar eine vernünftige Einstellung zum Nachteilsausgleich haben und die aktuellen wie künftigen Herausforderungen gut einschätzen könnten. Gleichzeitig wies sie darauf hin, dass sie es in der Hand hat, die Integration am Ende des Schuljahres zu beenden. Sollte Sie ihre Drohung in die Realität umsetzen, blieb uns von Amtswegen keine andere Möglichkeit, als unser Kind an die Gehörlosenschule zu schicken.

Sollte nun wirklich das eintreten, was ich seit einer ganzen Weile befürchtet habe? So langsam glaubte auch mein Mann, dass sie es nicht nur theoretisch durchziehen könnten, sondern möglicherweise praktisch tun würden. Der Gedanke, dass uns die Bildungsagentur mittels Schulfeststellungsbescheid vor vollendete Tatsachen stellen könnte, wurde zur Angst. Viele trösteten uns mit den Worten, dass man das doch nicht mit Rafael machen kann - nicht mehr zu Zeiten der UN-Behindertenrechtskonvention. Und ob sie das konnten! In Sachsen ist es leider (theoretisch) noch möglich. Die Gesetze wurden hier seit der Ratifizierung auf Bundesebene noch nicht angeglichen. Man hatte wohl mittlerweile in Sachsen eine Chance, wenn man aufgrund eines solchen Schulfeststellungsbescheides klagt, aber was würde uns das nutzen? Zum einen braucht Rafael Menschen, die an seiner Seite stehen und ihn unterstützen, weil sie es wollen und davon überzeugt sind. Was hilft uns ein Urteil, das Schulen umsetzen müssen? Das ist in unseren Augen zum Scheitern verurteilt. Zum anderen muss ein Schulfeststellungsbescheid sofort vollzogen werden. Das bedeutet, dass das Kind zwangsläufig erst einmal die Schule wechseln muss und trotz Eilanträgen lagen die Vorgänge derzeit viele, viele Monate bei Gericht, ehe sie bearbeitet werden konnten. Wir mussten also eine andere - eine „friedlich" - Lösung finden.

Deshalb überlegten wir auch nicht lange, sondern begaben uns umgehend auf die Suche nach einer geeigneten rechtlichen Vertretung. Die Anwältin, die uns in den nächsten Wochen und Monaten zur Seite stand, hatte bereits umfangreiche Erfahrung auf diesem Gebiet und schon vielen Familien erfolgreich geholfen. Was folgte waren viele Stunden, in denen ich vor dem Computer saß und alle Daten und Fakten zu unserem Fall zusammengetragen habe. Wieder einmal viel Zeit, die der Familie und den Kindern verloren ging.

In den folgenden Briefwechseln zwischen der Anwältin und der Bildungsagentur, galt es die Unterstellungen der Bildungsagentur aus unserer Sicht zu schildern bzw. zu widerlegen. Ein zähes Unterfangen. Am meisten zehrte, dass gemäß der Bildungsagentur nichts an der Grundschule gut lief und wohl auch alle Personen - außer den Eltern - der gleichen Auffassung wären. Immer mehr Berichte wurden eingefordert und jeder, der zu Gunsten von Rafael ausfiel, wurde mit fadenscheinigen Argumenten nicht akzeptiert. Die Bildungsagentur fand zu jedem, der sich positiv geäußert hat, etwas, warum die Person Rafaels Lage gar nicht richtig einschätzen könnte. Einige von ihnen, unter anderem seine Logopädin, kannten ihn allerdings schon seit Kindergartenzeiten und jetzt sollte ihnen aberkannt werden, das Kind einzuschätzen? Traurig – aber wahr!

Letztendlich wurden wir Eltern zu einem Gespräch in die Bildungsagentur geladen. Das sollte kurz vor Schuljahresende stattfinden. Bis dahin war es zwar einerseits nicht mehr weit, andererseits war jeder Tag mit der quälenden Ungewissheit zermürbend.

Gut, dass wir einander haben, gut, dass wir einander sehn ...
(Manfred Siebald)

Wie ein helles Licht in diesen Monaten - Rafaels Erstkommunion

Rafaels Vorbereitungsjahr auf seine Erstkommunion haben wir anfangs besorgt entgegen gesehen. In dem Unterricht wird überwiegend gesprochen, gelesen und diskutiert. Wie konnten wir sicherstellen, dass Rafael alles mitbekommt? Gleichzeitig stellte sich auch die Frage, ob er in der 2. oder in der 3. Klasse am Unterricht teilnimmt. Gemeinsam mit dem Pfarrer und der Gemeindereferentin haben wir überlegt. Da wir von Paul wussten, dass gerade die Klasse 3 schulisch sehr anspruchsvoll werden wird, haben wir uns entschieden, Rafael bereits in der 2. Klasse zum Erstkommunion-Unterricht zu schicken. Am Ende der Vorbereitungszeit wollten wir schauen, ob er soweit ist, um mit zur Erstkommunion zu gehen. Notfalls hätten wir noch ein Jahr warten und ihn ein Jahr später schicken können. Damit er im Unterricht besser folgen konnte, bekamen wir die Geschichten für die Folgestunde schon im Voraus. So konnten wir sie, wie es passte, in den Alltag einfließen lassen. Als sich die Gruppe das erste Mal traf, war ich mit dabei. Schnell war offensichtlich, dass das nicht sein muss und er mit der liebevollen Unterstützung einer guten Schulfreundin an seiner Seite, die Sache auch allein bewältigen konnte.

Die behandelten Themen haben sich sehr bei mir eingeprägt, was wahrscheinlich daran lag, dass sie so konträr zu unserem Alltag standen. Das Symbol seiner Erstkommuniongruppe war die Brücke. In der ersten Stunde wurde darüber gesprochen, wie wichtig jeder einzelne Stein einer Brücke ist. Wirke er auch noch so klein und unscheinbar, so kann er doch die Brücke zum Einsturz bringen, wenn er fehlt.
Das Lied „Gut, dass wir einander haben, gut, dass wir einander sehn, ...“ hat die Gruppe durch das Vorbereitungsjahr begleitet:

Gut, dass wir einander haben, gut, dass wir einander sehn,
Sorgen, Freuden, Kräfte teilen und auf einem Wege gehen.
Gut, dass wir nicht uns nur haben, dass der Kreis sich niemals schließt

Und dass Gott, von dem wir reden, hier in unsrer Mitte ist.

Keiner, der nur immer redet; keiner, der nur immer hört.
Jedes Schweigen, jedes Hören, jedes Wort hat seinen Wert.
Keiner widerspricht nur immer, keiner passt sich immer an.
Und wir lernen, wie man streiten und sich dennoch lieben kann.
Gut, dass wir einander haben, gut, dass wir einander sehn, ...

Keiner, der nur immer jubelt; keiner, der nur immer weint.
Oft schon hat uns Gott in unsrer Freude, unsrem Schmerz vereint.
Keiner trägt nur immer andre; keiner ist nur immer Last.
Jedem wurde schon geholfen; jeder hat schon angefasst.
Gut, dass wir einander haben, ...

Keiner ist nur immer schwach und keiner hat für alles Kraft.
Jeder kann mit Gottes Gaben das tun, was kein andrer schafft.
Keiner, der noch alles braucht und keiner, der schon alles hat.
Jeder lebt von allen andern; jeder macht die andern satt.
Gut, dass wir einander haben...
Text & Melodie: Manfred Siebald

Der Tag, an dem er seine heilige Kommunion zum ersten Mal empfangen hat, war besonders aufregend. Liedeinsätze, Texte, Gebete ... Wann muss ich wohin laufen? Die Ansagen vom Pfarrer konnte er akustisch nicht wahrnehmen, so war es eine große Hilfe, dass die Abläufe mehrfach im Vorfeld geprobt wurden und der Pfarrer sich mit Rafael sehr gut durch Blickkontakt verständigt hat. Dann kam der Moment, auf den Rafael sich am meisten gefreut, den er gleichzeitig aber auch am meisten gefürchtet hat: Alle Erstkommunionkinder waren vor dem Altar versammelt und es war mucksmäuschenstill. Alle lauschten darauf, wie jedes Kind „Ja, ich glaube" sprach, wenn es seine Erstkommunionkerze mit dem Licht überreicht bekam. Unzählige Male hat er es geübt! Besonders den Buchstaben „g", der ihm so oft einfach nicht über die Lippen wollte. Nun ging der Pfarrer auf ihn zu, reichte ihm seine Kerze und Rafael nahm sie mit einem lauten und deutlichen „Ja, ich glaube" entgegen. Er strahlte über das ganze Gesicht. Gott lenkt und renkt. Ja, ich glaube – und vertraue!

Wie sehr auch Rafael dieser Moment berührt hat, zeigte, dass er genau diese Situation stolz jedem erzählt hat. Es war wohl sein intensivstes Erstkommunionserlebnis.

Unser Geschenk für ihn war ein kleiner Apfelbaum. Er sollte als Symbol für seinen eigenen Glauben stehen. Ein kleines Pflänzchen, das noch vielen Stürmen standhalten muss. Bis es ein großer, starker Baum sein würde, würde er etwas Hilfe benötigen, um nicht bei der einen oder anderen Wetterlage zu zerbrechen oder gar zu entwurzeln. Also gaben wir ihm Halt. Dieser bestand aus vielen Steinen, die wir in Urlauben in ganz Deutschland gesammelt hatten. Mit jedem einzelnen verband er eine schöne Erinnerung. Die wiederum sollten ihm zukünftig Halt im Glauben geben. Auf die Steine schrieben seine Gäste ihm ihre Wünsche. Einer trug die Aufschrift „Dein Herz soll eine Brücke sein".

Rafael ließ es sich natürlich nicht nehmen, trotz Anzug und Krawatte, seinen Baum eigenhändig einzupflanzen. Kaum hatte der Pfarrer den Baum gesegnet, entlud sich die dicke Regenwolke über uns und die vielen Wünsche von den Steinen wurden zum Himmel hinaufgetragen.

Nun, nach der Erstkommunion, durfte Rafael endlich sonntags im Gottesdienst mit ministrieren. Darauf hat er so lange gewartet. Paul diente bereits seit zwei Jahren am Altar und jetzt konnten sie endlich mit dem Pfarrer üben, wie sie diese Aufgabe künftig gemeinsam bewältigen. Seitdem ist er stolzer und treuer Ministrant.

Ohne Tränen hat die Seele keinen Regenbogen. (John Vance Cheney)

Inklusion – auch in Sachsen möglich?

Während wir uns gezwungenermaßen immer intensiver damit auseinandersetzten, was in Sachsen im Rahmen der Gesetze für Möglichkeiten in der Integration bestehen, besuchte ich einen Vortrag von Prof. Dr.
Hans Wocken. Das, was er in seinem Vortrag zur Inklusion berichtete,
erschien wie das Paradies. Nun bin ich aber auch genug Realist, um zu
erkennen, dass für Vieles davon in Sachsen derzeit gar nicht die Rahmenbedingungen für eine Umsetzung gegeben waren. Allerdings schilderte er auch Dinge, die durchaus mit den aktuellen Gegebenheiten den
Kindern zu Gute kommen und helfen konnten. Trotzdem blieb dies
scheinbar ein Traum in der Theorie, während uns draußen der eisige
Wind der Praxis ins Gesicht blies.

Dass es nicht nur meinen subjektiven Empfindungen entsprach, dass
Prof. Dr. Hans Wocken auch über in Sachsen umsetzbare Maßnahmen
referiert hatte, zeigte mir ein Telefonat, was ich in diesem Zusammenhang wenige Tage später geführt habe. Meine Gesprächspartnerin hatte
eine Professur an einer in Sachsen ansässigen Hochschule inne und
ebenfalls umfangreiche praktische Erfahrungen im Bereich der schulischen Integration. Auch ihre Aussagen und Empfehlungen bestätigten
den uns bekannten Nachteilsausgleich, sowie technische Möglichkeiten
und Anforderungen an die räumlich-sächliche Ausstattung. Ihrer Meinung nach durfte z. B. der Zeitaufwand des Lehrers für die Integration
kein Argument für einen Schulwechsel sein. Ebenso hielt sie es für die
Pflicht, den Unterricht klar zu strukturieren und ihn auch schriftlich zu
visualisieren. Ergänzend erläuterte sie mir noch den sogenannten pädagogischen Nachteilsausgleich. So dürfen – gerade in der Grundschule –
zum Beispiel Sachkundethemen auch mündlich abgefragt werden oder
man lässt das Kind etwas zeichnen und erklären, wenn es schriftsprach-
lich aufgrund der Behinderung dazu noch nicht in der Lage ist. Laut ihrer
Aussage ist es ebenfalls kein Muss, dass alle Kinder zur gleichen Zeit den
gleichen Test schreiben. Das bedeutet, dass der Lehrer die sogenannte
pädagogische Freiheit hat, je nach Lage vom Kind abzuwägen.

Theorie und Praxis – Möglichkeiten und Alltag liegen bekanntlich oft weit auseinander.

So gingen wir im Mai mit etwas Resignation zu einem der letzten Gespräche mit unserer derzeitigen Klassenlehrerin. Mit Beginn des neuen Schuljahres würde sie die 1. Klasse übernehmen und wir eine neue Lehrerin bekommen. Debatten über das, was sein sollte, brauchten wir nicht mehr führen. Für das, was wir bis jetzt nicht erreicht hatten, würden wir auch in den letzten Wochen kein Verständnis mehr erhoffen können. Es ging also lediglich um die Ist-Situation und darum, was bis Schuljahresende noch an Unterrichtsstoff behandelt wird. Erstmals war bei einem solchen Gespräch auch mein Mann dabei. Natürlich könnte man jetzt fragen, warum erst jetzt, aber wir gehen beide arbeiten und haben neben unzähligen Terminen für Rafael noch ein anderes Kind sowie weitere (familiäre) Verpflichtungen. Wenn wir jeden Termin diesbezüglich gemeinsam hätten wahrnehmen wollen, hätten wir keine Urlaubstage mehr für die Ferienzeit gehabt. In der aktuell verfahrenen Situation haben wir uns diesen Luxus allerdings gegönnt. Eigentlich lief es wie immer. Wir hörten, was Rafael alles nicht kann, aber wieder kein Wort darüber, was sich zum Beispiel seit dem letzten Gespräch verbessert hat oder wo positive Ansätze zu finden sind. Im Interesse unseres Kindes wandelte ich die ganzen Monate auf diplomatischen Wegen. Ich weiß nicht, ob eine andere Vorgehensweise besser gewesen wäre. Meine Befürchtung war immer, dass es dann Rafael ausbaden muss, wenn wir die Lehrer vor den Kopf stoßen. Darin hat mir mein Mann letztendlich auch immer wieder Recht gegeben und im Übrigen sehen es auch viele andere Eltern so. Nachdem jetzt erneut nur Negatives zu Rafael gesagt wurde, meldete sich mein Mann dennoch zu Wort. Allerdings nicht, ohne sich vorher mit einem Seitenblick noch das letzte okay von mir zu holen. Wir waren stillschweigend in diesem Moment der Meinung, dass wir nichts mehr zu verlieren hatten, es meinem Mann aber besser gehen würde, wenn er nun endlich los werden könne, was ihm schon lange auf der Seele lag: Er erklärte der Klassenlehrerin, dass er es sehr schade findet, dass immer nur die Dinge beim Namen genannt werden, die nicht gut laufen. Die Fortschritte dagegen finden keine Beachtung. Sie stritt es - wie in den vorangegangenen Gesprächen mit mir - konsequent ab und verwies auf die 19 anderen Kinder, die sie noch in der Klasse hätte. Das hätte sie lieber nicht sagen sollen, denn damit hatte sie einen ganz wunden Punkt getroffen. Wir hatten in unserer Klasse schon seit längerem das Gefühl, dass aussortiert wurde. Und mit diesem Empfinden standen wir auch bei weitem nicht allein da. Mein Mann arbeitet als Altenpfleger und liebt seinen Beruf, auch wenn er in vielerlei Hinsicht oft eine Herausforderung darstellt. So sagte er ihr nun, dass er sich seine zu betreuenden Menschen auch nicht aussuchen könne. Weder könne er einer Dame, die zu schwer ist, sagen, sie solle abnehmen, wenn er sie weiterhin heben soll, noch kann er sich einem Menschen verschließen, der ihm gegenüber unhöflich oder gar bösartig ist. Es ist seine Aufgabe auch diesen Menschen täglich Respekt zu zollen und mit einem Lächeln gegenüber zu treten.

Eine sehr lange Zeit grüßte unsere Klassenlehrerin keinen von uns beiden mehr.

Solange ich klein bin, gebt mir tiefe Wurzeln. Wenn ich groß bin, gebt mir Flügel. (aus Indien)

Rafael soll später SEINEN Weg gehen können

In Vorbereitung auf den noch offenen gemeinsamen Termin bei der Bildungsagentur bat mich unsere Rechtsanwältin, unsere Ziele schriftlich zu formulieren und ihr zuzuschicken:

Rafael soll als (erwachsener) Mensch selbstständig und vor allem selbstbestimmt leben können. Um das zu erreichen, muss er gelernt haben, sich in der normalhörenden Welt zurechtzufinden und zu behaupten – das bedeutet lernen, sich mit seiner Behinderung auseinanderzusetzen, sie gegebenenfalls offen zu kommunizieren und Strategien zu entwickeln, um mit denen seinen Alltag meistern zu können. Wir schließen auch nicht aus, dass Rafael auf dem Weg in diese Selbstbestimmtheit die Gebärdensprache erlernt. Im Gegenteil, wir halten es sogar für sehr wichtig, wenn wir ihm alle Möglichkeiten lassen wollen. Natürlich kann er die Gebärden auch später noch erlernen, wir denken aber, dass es prinzipiell als Teil zur Identifizierung mit seiner Behinderung dazugehört. Deshalb erwägen wir, dies in nächster Zeit in Angriff zu nehmen – möglichst vor der Pubertät.

Dennoch ist unserer Meinung nach der Besuch der Regelschule derzeit die beste Voraussetzung für sein späteres Leben in einer (überwiegend) hörenden Welt. Somit lernt nicht nur er, sich unter Hörenden zu integrieren, sondern auch die Hörenden haben eine Chance, den Umgang mit Schwerhörigen zu lernen. Integration – auch im späteren Leben – betrifft immer beide Seiten! Vor allem das Letztere ist aus unseren Erfahrungen ein ganz wichtiger Aspekt. Deshalb wagten wir einst den Schritt in die Regelschule. Uns ist bewusst, dass die Integration von Rafael für alle Beteiligten keine leichte Aufgabe ist, aber aus unserer Sicht eine machbare.

Neben dem sozialen Aspekt ist der normalhörende und –sprechende Freundeskreis auch weiterhin wichtig für seine sprachliche Entwicklung. Kinder lernen von Kindern. Das ist deutlich daran zu erkennen, was und wie er zu Hause spricht. Diese sprachlichen Vorbilder müssen ihm im Sinne seiner eigenen Entwicklung erhalten bleiben.

Die Gehörlosenschule ist weit entfernt von unserem Heimatort und kam daher zumindest schon aus diesem Grund während Rafaels Grundschulzeit nicht infrage. Außerdem würde der lange Schulweg ihn zurzeit zusätzlich isolieren. Wenn er früh um sechs das Haus verlässt und am Nachmittag gegen fünf wiederkommt, bleibt ihm – selbst wenn er noch Kraft dafür hätte – keine Zeit, um mit Freunden zu spielen. Außerdem wird, je weniger Kontakt die Kinder mit ihm haben, die sprachliche Barriere größer. Letztendlich bestehen die sozialen außerschulischen Kontakte wochentags ausschließlich aus seinem Bruder. Das möchten wir weder für Paul noch für Rafael. Bei allen unseren Entscheidungen haben wir nicht nur das Wohl des einen zu beachten, sondern unser Augenmerk liegt mindestens genauso auf dem des zweiten Kindes. Paul ist ein Typ Mensch, der sich auch immer Gedanken um das Wohlergehen seiner Mitmenschen macht, besonders um seinen kleinen Bruder. Natürlich wäre er nachmittags immer für ihn da und würde seine eigenen Interessen dafür zurückstellen. Paul braucht aber Freiräume sich selbst entfalten und ebenfalls seinen eigenen Weg gehen können – auch ohne den Gedanken an seinen Bruder.

Seit vielen Jahren ist das Thema Schulwahl und Integration unser ständiger Begleiter. Schon vor der Einschulung haben wir uns mit beiden Schulen im Interesse unseres Kindes auseinandergesetzt und uns nach den Hospitationen bewusst für die Grundschule Vorort entschieden. Gleichzeitig haben wir immer dazu gestanden, dass sein Wohlbefinden im Mittelpunkt steht. Wir als Eltern haben die Aufgabe nach bestem Wissen und Gewissen für das Wohl unseres Kindes zu entscheiden. Es darf zu keiner offensichtlichen Überforderung kommen, indem z.B. die regelmäßige Arbeit zu Hause eine Stunde täglich übersteigt oder er frustriert der Schule gegenüber steht. Sein Glück dagegen an Schulnoten festzumachen, liegt uns fern. Erstens muss man berücksichtigen, welche Noten er auch ohne seine Schwerhörigkeit zu erreichen im Stande wäre und zweitens nützen ihm im Endeffekt keine guten Noten etwas, wenn er sie nicht in die Praxis umsetzen kann. Im Moment ist es z.B. so, dass er in Mathematik einen sehr hohen Anspruch an sich selbst hat. Dagegen darf gerade er auch in Deutsch Aufgabengebiete haben, die ihm nicht liegen. Das geht jedem Normalhörenden genauso. In seinem Leben außerhalb der Schule hat Rafael auch lernen müssen, mit Niederlagen umzugehen und wurde nicht gefragt, ob er es möchte bzw. konnte den Herausforderungen nicht einfach ausweichen.

Offensichtlich ist, dass die Gehörlosenschule von Anfang an Rafael als Schüler haben wollte. Diese Einstellung wurde uns von Insidern auch im-

mer wieder bestätigt. *Aufgrund der zunehmend besseren technischen Vorsorgung wuchs die Anzahl bei der Integration von hörgeschädigten Schülern, während Förderschulen mit anderem Förderschwerpunkt wie z. B. der Sprache, einen regelrechten Ansturm erlebten. Die Gehörlosenschule kämpft um Ihren Erhalt – aus Sicht der Förderschullehrer auch nachvollziehbar. Allerdings wollen wir nicht, dass Rafael Mittel zum Zweck ist. Nur aufgrund unserer Hartnäckigkeit in den beiden Vorschuljahren (Rafael wurde zurückgestellt) konnte eine Einschulung in der Regelschule erfolgen. Auch in der ersten Klasse, als es gut lief, kam das Thema immer mal wieder auf. Zu diesem Zeitpunkt hat aber unsere Schule (noch unter der Leitung der ehemaligen Direktorin) immer signalisiert, die Herausforderung zu bewältigen. Ende des ersten Halbjahres der zweiten Klasse begann man massiv Druck auf uns Eltern auszuüben. Als das scheinbar ohne Erfolg blieb, wurden erst die Direktorin und dann die Lehrerin angesprochen, dass sie das alles nicht tun müssten. Seit diesem Gespräch ist mehr und mehr bei unserer Lehrerin eine Veränderung spürbar gewesen, die darin gipfelte, dass sie uns darauf ansprach, ob Rafael nicht die Schule wechseln sollte und dass sie es zeitlich nicht mehr schafft.*

Wenn es der Gehörlosenschule so sehr um das Wohl der Kinder geht, ist für uns fraglich, warum gerade bei Rafael und vor allem in der Zeit, als es ihm schulisch nicht gut ging, weder der Lehrerin Möglichkeiten zur Förderung an die Hand gegeben wurden noch Rafael intensiver gefördert wurde – durch die professionellen Mitarbeiter. Stattdessen wurde die Zeit hauptsächlich in Gespräche mit den Eltern investiert, in denen besprochen wurde, was alles nicht geht.

Reagiert hat lediglich unsere Direktorin, die bei der Bildungsagentur mehr Integrationsstunden beantragt hat, was allerdings abgelehnt wurde.

Alles, was wir für Rafael möchten, ist, dass ihm die Chance auf Normalität erhalten bleibt. Ein Wechsel an die Gehörlosenschule ist jederzeit möglich, ein Zurück an die Regelschule leider nur in der Theorie.

Rafael ist glücklich in seiner Schule, geht gern hin, macht mit Freude seine Aufgaben und stellt sich auch den Herausforderungen. Gerade in den letzten Wochen und Monaten hat er sich sehr positiv entwickelt und einen enormen Leistungssprung gezeigt. Er hat fast alles erreicht, worauf alle Beteiligten seit seiner Einschulung hingearbeitet haben. Warum soll ihm gerade jetzt die Chance auf einen Start in die 3. Klasse genommen werden? Außerdem kann auch in den Monaten bis dahin noch einiges passieren.

Wir sind für Rafael, für seine schulische wie seelische Entwicklung ver-
antwortlich und haben - unter Einbeziehung vieler Gesichtspunkt - zu ent-
scheiden. Unserer Meinung nach darf uns niemand zu etwas zwingen, was
wir nicht für richtig heißen, aber in den Konsequenzen allein verantworten
müssen.

Da unsere Direktorin bei dem Gespräch in der Bildungsagentur nicht dabei sein konnte, hatte sie angeboten tags zuvor mit der Dame von der Bildungsagentur zu telefonieren und ihr zu erklären, dass die Schule zur Integration von Rafael steht. Darauf sind wir natürlich dankend eingegangen. Sie wollte in dem Telefonat der Bildungsagentur vermitteln, dass die Schule sieht, welche Entwicklung Rafael in den letzten beiden Jahren - vor allem auch sprachlich - genommen hat. Prinzipiell unterstützte die Schule seine Integration und hat auch für das kommende Schuljahr bereits die entsprechenden Anträge gestellt. Sie schätzten Rafael als hochintelligentes Kind ein und wollten ihm deshalb auch den optimalen Bildungsweg ab Klasse 5 nicht verbauen. Für die weitere Integration würden sie aber ausreichend Förderstunden und präzise Aussagen von der Beratungslehrerin benötigen. Dies bezog sich vor allem auf den Bereich der Benotung. Eine klare Definition des Nachteilsausgleiches war wünschenswert. Inwieweit das Telefonat inhaltlich letztendlich abgelaufen ist, können wir natürlich nicht beurteilen.

Nun konnten wir nur noch hoffen. Hoffen, dass es ein offenes und ehrliches Gespräch wird. Aber war dies überhaupt möglich? Wir hatten erfahren, dass die Dame der Bildungsagentur vor Ihrer Tätigkeit im Amt an der Gehörlosenschule unterrichtet hat und derzeit noch im Vorstand des Fördervereins der Schule aktiv war. Konnte so jemand wirklich objektiv sein? Wir waren gespannt.

Mögen alle deine Träume wahr werden, mögen Glück und Lachen alle deine Tage ausfüllen. (Segenswunsch aus Irland)

Das Gespräch mit der Bildungsagentur

Neben der Dame der Bildungsagentur, unserer Rechtsanwältin und uns Eltern war auch die Beratungslehrerin der Gehörlosenschule anwesend. Seitens der Bildungsagentur war das offizielle Ziel, uns noch mal zu verdeutlichen, wie die Gehörlosenschule arbeitet und dass sie deshalb ihrer Ansicht nach für Rafael die richtige Schule ist. Unser Anliegen bestand darin, dass eine mögliche Entscheidung der Bildungsagentur für einen neuen Schulfeststellungsbescheid nicht allein auf den Aussagen der Beratungslehrerin basiert, sondern auch die Meinungen von Rafaels Fürsprechern akzeptiert werden, da diese ihm näher stehen und somit die Situation aus einem anderen Blickwinkel sehen als jemand, der ihn nur einmal im Monat oder in noch längeren Abständen erlebt.

Ausführlich diskutierten wir sachlich über die Gehörlosenschule sowie deren Vor- und Nachteile. Was der Dame von der Bildungsagentur noch nicht mitgeteilt wurde, dass wir uns bereits in der Vorschulzeit mit dem Gedanken, Rafael eventuell an diese Schule zu geben, intensiv auseinandergesetzt hatten. Als wir ihr unsere Erlebnisse der Hospitationen schilderten, die uns zu der Überzeugung gelangen ließen, dass Rafael dort wohl nicht die optimale Förderung erhalten wird, entgegnete sie nichts. Auch das Argument, dass Rafael, wenn er erst einmal an der Gehörlosenschule ist, keine reelle Möglichkeit hat, an die Regelschule zurückzuwechseln, akzeptierte sie.

Es galt zu klären, an welcher Schulart Rafael besser gefördert werden kann. An der Gehörlosenschule ohne Integrationshelfer in einer Klasse, in der mehrere Kinder sind, die alle ein individuelles Handicap haben, auf das der Lehrer eingehen muss oder an der Regelschule mit Integrationshelfer, der tatsächlich individuell eingreifen kann, wenn ein Problem auftritt. Unsere Frage wurde nicht beantwortet, sondern warf die nächste auf: Warum braucht ein schwerhöriges oder gehörloses Kind einen Integrationshelfer? Das habe man noch nie erlebt! Das wussten wir und die Aussagen waren uns bekannt. Aber nur weil es etwas in der Vergangenheit noch nicht gab, ist es doch nicht gleichbedeutend damit, dass diese Maßnahme nicht von Vorteil sein kann. Also erläuterten wir nochmals die Aufgabe und Arbeitsweise des Integrationshelfers. Sie räumte ein, dass, wenn sein Vorgehen im Unterricht wirklich wie beschrieben stattfinde, es für Rafael wirklich ein guter Weg sein kann. Gleichzeitig gab sie zu bedenken, dass es doch dann ihrer Ansicht nach sinnvoller wäre, wenn der Integrationshelfer eine Fachkraft wäre, am besten ein Hörgeschädigtenpädagoge. Das war auch unsere Meinung, nur sah das Amt, das den Integrationshelfer bewilligt, das anders. Ihre plötzliche positive Einstellung zum Thema Integrationshelfer verblüffte uns. Überhaupt hatten wir das Gefühl, dass man uns das erste Mal seit Langem wirklich zuhörte und über das, was wir sagten, nachdachte und nicht gleich zurückwies. Das hat uns ehrlich überrascht, gleichzeitig aber auch umso vorsichtiger werden lassen.

Beim Thema Nachteilsausgleich haben wir ebenfalls sehr konstruktiv diskutiert und dabei festgestellt, dass unsere Meinungen gar nicht so weit auseinander gingen. So wenig wie möglich, so viel wie nötig – und das in regelmäßigen Abständen dem Leistungsvermögen von Rafael anpassen. Für das Fach Englisch im kommenden Jahr gab sie uns sogar einen Handlungsspielraum für die Lehrer an, der sehr komfortabel und realistisch klang. An dieser Stelle äußerten wir die Bitte, dass wir künftig wünschen, dass dieser Nachteilsausgleich von der Beratungslehrerin bitte konsequent und vor allem gleichbleibend mit unserer Schule kommuniziert wird. Da sie diesen Einwand nicht nachvollziehen konnte, weil es ihr als selbstverständlich erschien, schilderten wir Erlebnisse der Vergangenheit, in der die Beratungslehrerin in nahezu jedem Termin etwas anderes empfahl bzw. forderte und somit für Verwirrung sorgte. Vor allem unsere Klassenlehrerin war dadurch verunsichert. An dieser Stelle brachte sich auch die Beratungslehrerin immer wieder ins Gespräch ein. Das, was und wie sie es sagte, schien aber auch die Dame von der Bildungsagentur für unpassend zu halten.

In diesem Zusammenhang sprachen wir noch über Reserven in der Integration und was Rafael tatsächlich auf seinem künftigen Weg noch helfen konnte. Zusammenfassend erklärte sie, insbesondere unserer Anwältin gegenüber, dass es ihr fern liegt, Rafael aus der Integration herauszunehmen, zumal sie das Gefühl hat, dass wir Eltern eine vernünftige und realistische Einstellung zu diesem Thema haben. Es gehöre aber zu ihren Aufgaben, die Integration zu überwachen und uns auch künftig auf Defizite aufmerksam zu machen. Hier versuchte die Beratungslehrerin noch mal einzugreifen. Dabei gelang ihr nicht, das Wort „Integration" fehlerfrei über die Lippen zu bringen. Zum Lachen? Nein, wir fanden das eher sehr traurig. Sie scheint die Integration so sehr abzulehnen, dass sie sie nicht einmal aussprechen kann. Das an sich ist nicht der Fakt der nachdenklich stimmt. Es scheint ihre persönliche Meinung zu sein und die steht jedem zu. Vielmehr ist doch fraglich, wie eine Person mit dieser Ansicht täglich viele Kinder in den Regelschulen zu einer gelingenden Integration führen und Lehrer auf diesem Weg erfolgreich beraten soll. Beim Thema Integration und deren Zukunft in Sachsen brachte sie wenig später mit zittriger Stimme an ihre Vorgesetzte gewandt vor, dass man den Sonderschulpädagogen doch versprochen hätte, dass die Förderschulen Bestandteil der Schullandschaft in Sachsen bleiben sollten. Das erschütterte mich jetzt wirklich. Offensichtlich war ihre Einstellung dazu schon eine ganze Weile. Dass sie dies aber hier in diesem Rahmen so kund tat, zeigte, wie verzweifelt sie über den aktuellen Trend zu sein schien. Das erklärte auch einmal mehr ihren scheinbar verzweifelten Kampf um Rafael, den sie mit allen ihr zur Verfügung stehenden Mitteln ausfocht. Das ist eine schwere Situation für sie, aber es darf nicht Rafael der Leidtragende sein!

Zum Abschluss des Gespräches klopfte die Dame von der Bildungsagentur der Beratungslehrerin dezent auf die Schulter. Es sah aus wie eine Geste des Trostes, weil das Ergebnis wahrscheinlich anders ausfiel, als sie es sich erhofft hatte. Doch irgendetwas störte mich an dieser Szene. Was passte hier nicht ins Bild? War es nicht Trost, sondern eher ein aufmunterndes Klopfen in dem Sinn, dass das letzte Wort noch nicht gesprochen ist? Mich beschlich das Gefühl, eine Schlacht gewonnen und damit den Krieg erst richtig eröffnet zu haben. Unsere Beratungslehrerin würde nicht aufgeben. Mir wurde flau im Magen. Welche Mittel würde sie als nächstes wählen, um ihr Ziel zu erreichen? Ich schüttelte den Gedanken sowie das ungute Gefühl vorerst ab und wir sprachen mit der Rechtsanwältin noch die weiteren Schritte ab, die nötig waren um unseren Erfolg - dass kein Schulfeststellungsbescheid ins Haus flattern würde - zu dokumentieren. Jetzt kehrte auch bei mir die Freude über den „Sieg" langsam wieder zurück.

Leben - Einfach mal wieder (den Tag) genießen

In den Tagen danach genossen wir ein verloren geglaubtes Lebensgefühl. Wir waren einfach erleichtert, dass nach einem Jahr, in dem wir unter Daueranspannung gestanden haben, sich die Lage jetzt endlich entspannt und das scheinbar auch nachhaltig. Nach dem Gespräch bei der Bildungsagentur ist die Masse der Anspannung wie mit einem Knall abgefallen und löste sich Tag für Tag noch ein Stück. So langsam kamen wir nach dieser langen Zeit wieder dort an, was wir als normales Leben kannten. Wir fingen an, uns nicht nur die Zeit für die „normalen" Dinge zu nehmen, sondern hatten auch den Kopf frei, sie wieder ein bisschen zu genießen.

Deshalb freuten wir uns jetzt auf das Wochenende mit der Selbsthilfegruppe der Hörkinder. Wir wollten in einem Heuhotel in der Nähe übernachten und vorher stand eine Führung durch das Biosphärenreservat auf dem Programm. Darauf freute sich besonders Paul. Es wurde ein unbeschwertes Wochenende. Wir haben noch mal richtig Kraft getankt, bevor es dann in die letzten Schulwochen vor den Sommerferien ging.

Auch aus Steinen, die einem in den Weg gelegt werden, kann man Schönes bauen. (J. W. Goethe)

___

Unser Integrationshelfer geht

Nun war es soweit. Obwohl wir es schon lange wussten, kam der Tag jetzt doch viel zu schnell. Die Zeit des Abschiedes ist auch immer Anlass zurückzuschauen. So frustrierend und anstrengend die letzten Monate auch waren, so musste ich doch in diesem Augenblick erkennen, dass sie auch etwas Wunderbares hatten. Denn gerade in dem letzten halben Jahr haben wir uns erst so richtig kennengelernt. Und warum? Weil wir durch die negativen Ereignisse viel enger zusammengearbeitet haben als vorher. Dadurch habe ich neben dem Integrationshelfer auch den Menschen in ihm erleben dürfen und erkannte, dass es ein wahrer menschlicher Schatz war, den wir jetzt verabschieden mussten. Aber das ist wohl der Lauf der Dinge. Wer weiß, wofür es gut ist. Es sollte auch kein Abschied für immer sein, wenigstens vorerst nicht. Zum einen wollten wir uns noch einmal außerhalb der Schule mit Rafael treffen und zum anderen fand in wenigen Wochen das Schuljahresabschlussfest statt, zu dem die Klasse ihn eingeladen hatte. Hier sollte die „Staffelstabübergabe" zum neuen Integrationshelfer erfolgen.

Vorausgesetzt wir hatten bis dahin einen, der wirklich auch für Klasse 3 feststand. In den vergangen Monaten suchten wir fast verzweifelt nach geeigneten Kandidaten. Die Stellenbeschreibung hatten wir an alle möglichen Leute geschickt, die sie wiederum weitergeleitet hatten. Jedem erzählten wir von unserer Suche, in der Hoffnung die sprichwörtliche Nadel im Heuhaufen zu finden.

Stellenbeschreibung

Name des Mitarbeiters	*...*
Berufsbezeichnung	*...*
Beschäftigungsumfang	*20 Stunden / Woche*
	Bewilligungszeitraum 3. Klasse
Bezeichnung der Stelle	*Integrationshelfer als Kommunikationsassistent*
Bereich	*Eingliederungshilfe*
Vorgesetzte/r	*...*

unterstellte Mitarbeiter -

vertritt in Abwesenheit -

wird vertreten durch *nicht vorgesehen*

Tätigkeitsbeschreibung

Zielsetzung der Stelle

- *erfolgreiche Inklusion von Rafael in der Grundschule*

Kommunikationsassistenz als Voraussetzung für eine gelingende Integration

- *Einhören in Rafaels Sprache (logopädische Defizite)*
- *Einschätzen des jeweils aktuellen aktiven und passiven Wortschatzes*

  (Höralter ungleich tatsächlichem Alter, entspricht zur Zeit einem Höralter von 5 Jahren)
- *Erkennen der Verständnislücken, die trotz Lippenlesen und technischer Hilfsmittel auftreten*

  (aufgrund des geringen Wortschatzes und Defiziten im auditiven Gedächtnis)
- *Einschätzen der Kommunikationsbarrieren*

  (generell und situationsbedingt: wo sind Grenzen aufgrund der Schwerhörigkeit)
- *Vermittlung des Gesagten in für Rafael verständlicher Sprache*

  (Wortschatz, Sprechtempo, ggf. Anwendung der Kieler Lautgebärde zur Unterstützung)

Schulische Integration

- *Sicherstellung der Teilhabe von Rafael an der (Lern)gemeinschaft*
- *Strukturierung des Schulalltags*
- *Wahrnehmung pädagogischer Aufgaben unter Anleitung und Vorbereitung des Lehrers*
- *Teilnahme an schulischen Aktivitäten ermöglichen*

Soziale Integration inkl. der Förderung der kommunikativen Kompetenz

- *Vermittlung bei Konfliktsituationen im Klassenverband*
- *Gesprächstechniken und Kommunikationstaktiken erlernen*
- *Unterstützung in den Entwicklungsphasen: zur Hörbehinderung stehen*

  (damit verbunden ist die Förderung des Selbstvertrauens und des Selbstbewusstseins)

Zusammenarbeit mit den beteiligten Partnern (Lehrer, Eltern, Beratungs-
lehrer der Gehörlosenschule)

- *Kontakt mit dem Elternhaus*
  -> täglich Pendelheft: z. B. zur Vor- und Nachbereitung des Unter-
  richtsstoffes,
  -> situationsbedingt auch tel. oder persönlich
- *regelmäßige Treffen (meist 3-Wochen-Rhythmus) in der Schule*
  mit Eltern und Lehrer/in zur Feststellung der Ist-Situation und zur
  Festlegung der daraus resultierenden weiteren kurzfristigen Ziele
- *regelmäßige Treffen (meist im 6-Wochen-Rhythmus) in der Schu-*
  le mit der Beratungslehrer/in der Gehörlosenschule zur Qualitäts-
  sicherung der Arbeit im Unterricht

personenbezogene Tätigkeiten

- *speziell für die Zusammenarbeit mit Rafael*
- *-> in der Tätigkeitsbeschreibung bereits einbezogen*

Weiterbildungsmöglichkeiten

- *Hospitation bei der Logopädie*
- *Angebote der Gehörlosenschule*

Fachliche Kenntnisse / Fähigkeiten

- *wünschenswert: Ausbildung in einem sozialen Beruf oder entspre-*
  chende Berufserfahrung
- *Kenntnisse zum Thema prälinguale Schwerhörigkeit / Ertaubung*
- *Identifikation mit den Inhalten der UN-*
  Behindertenrechtskonvention, die seit dem 26. März 2009 auch
  für Deutschland verbindlich ist - insbesondere mit deren Ziel eine
  Inklusion behinderter Menschen in das allgemeine Bildungssys-
  tem zu erreichen

Datum / Unterschrift: _____

Es gingen daraufhin auch einige Bewerbungen bei uns ein – und sogar richtig gute. Nicht nur ich war begeistert, sondern auch unser sozialer Leistungsträger, bei dem die Bewerber letztendlich angestellt werden sollten. Als ich unseren Integrationshelfer zum Bleiben ermutigen woll-te, hatten wir mehrere Varianten durchgespielt, u. a. eine Beschäftigung über das Persönliche Budget. Unter den damaligen Bedingungen bot aber auch das leider keine realistische Alternative. Also blieb nur die Anstellung bei dem sozialen Leistungsträger. Von ihm bekamen wir allerdings keine große Unterstützung. Alle Bewerber, die sich vorstellten, hatten sich bei uns gemeldet und wir hatten sie weitergeleitet. Bei den Vorstellungsgesprächen durfte ich deshalb ausnahmslos anwesend sein. Die Bewerber hatten nicht nur auf dem Papier einen guten Eindruck gemacht. Wenn sich alle für den Job entschieden hätten und wir letztendlich eine Wahl hätten treffen müssen, wen wir von ihnen nehmen, wäre es eine schwere Entscheidung geworden. Die blieb uns allerdings erspart. Leider. Denn zu den Bedingungen, die der soziale Leistungsträger bieten konnte, wollte keiner annehmen. Ein Problem dabei war, dass wir nach wie vor nur eine ungelernte Kraft vom Amt bezahlt bekamen und wie überall im Leben gute Leute verständlicherweise gutes Geld verdienen wollten und auch sollten.

Die Zeit lief uns davon und vor allem die letzten vier Schulwochen war Rafaels Betreuung noch offen. Deshalb schlug ich dem sozialen Leistungsträger vor, dass ich in dieser Zeit Rafael begleite. Gleichzeitig hatte man eine Mitarbeiterin, die eine laufende Integration zum Schuljahresende abgab und im nächsten Jahr zur Verfügung stände, aber eben erst im nächsten Schuljahr. Aktuell könnte sie nur freitags, weil sie bei dem jetzigen Integrationskind nur von Montag bis Donnerstag gebraucht wurde. Also vereinbarten wir, dass in den letzten Schulwochen ich die Integrationshilfe übernehme – ausgenommen freitags. An denen könne sich die neue Mitarbeiterin bereits einarbeiten. Das klang perfekt. Jetzt mussten nur noch das Amt und mein Arbeitgeber zustimmen. Das Amt wandelte für die letzten vier Wochen die bewilligte Maßnahme problemlos in ein Persönliches Budget um. Es waren mehrere Fälle bekannt, in denen ein Elternteil die Integrationshilfe übernimmt. Mit meinem Arbeitgeber vereinbarte ich versetzte Dienstzeiten. So sollte ich montags bis donnerstags bis Mittag an Rafaels Seite sein und anschließend auf Arbeit, pünktlich aber wieder zuhause, um Hausaufgaben und Schulvorbereitungen in Angriff zu nehmen. Freitags könnte ich alles aufarbeiten, was auf Arbeit liegen geblieben war. Klingt stressig? Vielleicht, jedenfalls freute ich mich sehr darauf. Da ergab sich eine Hürde, die ich in dieser Intensität nicht erwartet hatte. Dass unsere Klassenlehrerin nach allem nicht begeistert sein würde, mich nun täglich in der

Klasse sitzen zu haben, konnte ich mir denken und ehrlich gesagt auch gut verstehen. Allerdings war es unsere Direktorin, die mir vor allen Anwesenden mitteilte, sie lasse mich nicht in die Schulklasse. Ich war perplex. Da hörte ich mich selbst mit aller Entschiedenheit sagen, dass sie Rafael keine Leistung verwehren dürfe, die von Amtswegen bewilligt und beschieden wurde. Jetzt war es an ihr sprachlos zu sein. Hatte ich das wirklich gesagt? Ich fühlte Hitze in mir aufsteigen. Als sie dann erklärte, dass es auch aus Datenschutzgründen nicht ginge, versicherte ich ihr, dass ich selbstverständlich diesen wahre und ihr auch die entsprechenden Vereinbarungen dazu unterschreibe. Sie nickte unmerklich. Hatte ich es wirklich geschafft? So langsam kamen auch die anderen Personen, die noch im Raum waren, wieder in mein Blickfeld. Am meisten tat es mir für unsere neue Integrationshelferin leid, dass sie diesen Wortwechsel miterleben musste. Es war sicher nicht sehr angenehm. Aber sollte ich schweigen und Rafael vor allem die kommenden beiden Wochen bis zum Zensurenschluss allein lassen? Die Wochen, in denen es nochmals darauf ankam, das volle Leistungspotential abzurufen? Nein, es war meine Pflicht und keiner hatte das Recht, Rafael dieser Möglichkeit zu berauben.

Es gibt nichts Gutes, außer man tut es. (Erich Kästner)

_____

Meine Zeit als Integrationshelferin

Ich freute mich auf diese Wochen. Vor allem war ich neugierig, Rafael selbst mal im Unterricht erleben zu dürfen. Zum einen versprachen wir uns davon, Rafaels Situation aus der Perspektive der Schule betrachten zu können. Zum anderen erhoffte ich mir, den häuslichen Aufwand für die gezielte Unterrichtsvorbereitung besser steuern zu können. Da ich direkt miterleben werde, was er kann und wo es hängt, könnte ich am Abend genau dort ansetzen. Dadurch erspare ich mir die Zeit durch den Ranzen zu schauen, alle Informationen zusammenzusuchen und dann ein Konzept für die abendliche Stunde zu erstellen. In diesen Wochen hoffte ich den Luxus zu haben, diese Zeit für andere Dinge nutzen zu können.

Die einzige Befürchtung, die ich in diesem Zusammenhang hatte, bestand darin, dass Rafael sich nun aufgrund meiner Anwesenheit fallen lässt. Hier wurden wir sehr positiv überrascht. Ich hatte eher das Gefühl, dass er an der Situation gewachsen ist und mir zeigen wollte, was er kann. An vielen Stellen konnte ich mich sprichwörtlich einfach zurücklehnen. Dabei konnte ich auch beobachten, wie er arbeitet, wie er die Aufgaben anpackt und an welchen Stellen die Knackpunkte sind, wo die Konzentration nachlässt und welche Situationen echte Herausforderungen für ihn darstellen. Mit diesen Erkenntnissen habe ich einiges zu Hause umgestellt, z. B. Pendeldiktate ganz anders mit ihm geübt als bisher.

Als beruhigend empfand ich, die anderen Kinder zu erleben und zu erkennen, dass Rafael nicht mit Abstand das Schlusslicht der Klasse war. So klang es immer in den Schilderungen der Klassenlehrerin. Im Matheunterricht kam er gut mit, da die Lehrerin viel und sehr strukturiert an der Tafel arbeitete. Für alles, was sie mündlich lehrte, hatte ich einen Block vor mir, um Rafael z. B. Kopfrechenaufgaben aufzuschreiben. Bei den „Täglichen Übungen" legte sie mir, wie sie es auch mit dem bisherigen Integrationshelfer praktiziert hatte, einen Zettel mit den Aufgaben hin. An dieser Stelle bekam Rafael auch etwas mehr Zeit, so wie es vereinbart war.

Seit den Osterferien erhielt Rafael allerdings kaum mehr einen Nachteilsausgleich im Fach Deutsch. Das hatte für ihn natürlich fatale Folgen. Besonders aufgrund des dadurch ungeklärten Wortschatzes war es ihm nicht möglich, die vorgegebenen unbekannten Texte komplett zu erfassen bzw. dazu noch Fragen zu beantworten. Davon gab es aber in dem zweiten Halbjahr zahlreiche Arbeiten. Ein Zeitausgleich wurde ihm ebenfalls bei solchen Tests nicht gewährt. Entsprechend niederschmetternd waren die Ergebnisse. Wo sich der nichtangewandte Nachteilsausgleich kaum auswirkte, waren Diktate. Sie wurden weiterhin als Pendeldiktat (auch Laufdiktate genannt) geschrieben. Im Übrigen der einzige Nachteilsausgleich, der während der gesamten zweiten Klasse nie in Frage gestellt und immer angewandt wurde. Hier hatte er über das Schuljahr hinweg eine enorme Entwicklung genommen. Zum Ende des Schuljahres stand nun noch ein Diktat an, was er wie gewohnt als Laufdiktat schreiben sollte. Durch meine Zeit als Integrationshelfer habe ich miterlebt wie die Kinder und auch Rafael auf das Diktat vorbereitet wurden. Am Tag vorher hat die Lehrerin nochmals versucht den Kindern die Aufregung zu nehmen und ihnen erklärt, dass alles so ablaufen wird, wie sie es kennen: „Ich lese euch den Text im Ganzen vor, damit ihr ihn schon einmal gehört habt und (mit Blick zu mir) Rafael liest ihn (ich nicke zum Zeichen, dass ich für morgen Bescheid weiß). Dann sage ich euch den Text stückweise an und ihr schreibt. Am Ende lese ich noch einmal und ihr könnt vergleichen und euch die Fehler anstreichen." Es war gut, dass ich das einmal so miterleben durfte. Zuhause haben wir nach genau dem Ablauf noch einmal geübt. Mit den guten Ergebnissen in den letzten unangekündigten Pendeldiktaten und den jetzigen Vorbereitungen sollte es morgen zu schaffen sein, eine gute Abschlussnote zu erhalten und damit das Schuljahr im Fach Deutsch mit einem positiven Erlebnis zu beschließen.

Doch dann kam alles anders. Die Beratungslehrerin war an diesem Tag im Haus - die erste Begegnung nach dem Termin in der Bildungsagentur. Ich war gespannt, was passieren würde. Irgendwie konnten wir uns nicht vorstellen, dass sie jetzt aufgab. Aber mein Mann beruhigte mich noch mit den Worten, das nichts passieren kann, weil ich doch dabei bin. In der ersten Stunde als sie kam, erklärte sie mir brüsk, ich säße auf ihrem Platz, ich müsse mir einen anderen suchen. Gut, auf der Bank hinter Rafael war noch ein Platz frei. So konnte ich einmal hospitieren, wie sie mit ihm umgeht und vielleicht noch etwas dazulernen. Was ich dann aber erlebte, hat mich erschüttert. Immer, wenn sie Rafael etwas erklären wollte, stupste sie ihn mit ihrem Fingernagel in den Oberarm. Er signalisierte ihr, dass ihm das unangenehm ist und zog den Arm immer weiter zurück. Sie hörte nicht auf und er rückte mit dem Stuhl ein Stück weg. Ich saß wie auf Kohlen auf meinem Stuhl. Sah es die Klassenlehrerin? Nein, leider schaute sie nicht in die Richtung. Sollte ich einschreiten? Aber wie? Sobald ich hier aufstehen und vorgehen würde, wäre das der Anfang vom Ende. Wer würde mir den nach all den Ereignissen glauben? Und ihr nur dezent sagen, sie soll mein Kind nicht anfassen, würde ebenso wenig funktionieren. Voller Ungeduld wartete ich die Stunde ab. In der Nächsten ist das Diktat dran und da wird sie ihn ja in Ruhe arbeiten lassen. Das dachte ich zumindest. Als die nächste Stunde begann, gingen die Beratungslehrerin, Rafael und ich in das Nebenzimmer, wo er immer seine Laufdiktate schrieb. Ich setzte mich ganz ans andere Ende des Zimmers, um Rafael nicht zu verunsichern. Er wollte wie gewohnt, den Text erst lesen und dann sollte dieser auf das Fensterbrett gelegt werden. Dort liegt er immer wegen dem besseren Licht und der Pendelweg ist auch angemessen lang. Aber statt ihn den Text lesen zu lassen, ging die Beratungslehrerin in die hinterste Ecke des Zimmers und legte dort den Text ab. Rafael war irritiert und wollte ihr erklären, dass es doch anders gemacht wird. Ich erinnerte mich an die Worte der Klassenlehrerin am Vortag, dass bei dem Diktat immer alles so gemacht wird, wie die Kinder es gewöhnt waren. Soviel dazu. Da fasste sie Rafael fest am Arm, zog in von dem Text weg. Erschrocken griff er sich an den Arm, es tat im offensichtlich weh und ich merkte, wie er versuchte die Tränen wegzudrücken. Ich fragte sie nur, ob das jetzt hätte sein müssen. Heute würde ich wahrscheinlich anders reagieren und das Diktat abbrechen. Mittlerweile weinte Rafael und ich versuchte zu retten, was zu retten ging. Ich redete beruhigend auf ihn ein und erklärte ihm, dass wir jetzt, wie seine Lehrerin gesagt hat, den Text lesen und er dann in Ruhe anfängt zu schreiben. Den Text durften wir nicht lesen und er musste sofort anfangen zu schreiben. Immer noch sichtlich aufgewühlt fing er an, aber an seinem Schritt und Schreibstil erkannte ich, dass er völlig von der Rolle war und das Diktat nur daneben gehen konnte. Als er fertig war, gratulierte ich ihr mit deutlich vernehmbar sarkastischem Ton zu der gelungenen Leistung. Sie meinte nur herablassend, ich hätte die falsche Einstellung zum Nachteilsausgleich. Tut mir leid, ich verließ meine sonst so diplomatischen Pfade. Ich konnte mich nicht mehr zurückhalten und erklärte ihr, dass sie wohl eher die falsche Einstellung zum Thema Integration hat.

Und Nachteilsausgleich heißt nicht, dass Rafael ein Nachteil aus dem Ausgleich für seine Behinderung entstehen darf, sondern er das Recht auf die gleiche Vorgehensweise hat, wie alle anderen Kinder im Nebenraum. Das gäbe es in größeren Klassen auch nicht und da müsste er auch mit wechselnden Lehrern und Methoden klar kommen, konterte sie. Da konnte ich ihr nur zustimmen. Nur saß Rafael derzeit in der zweiten Klasse und war – ebenfalls wie alle anderen Kinder – nach den Maßstäben der zweiten Klasse zu bewerten. Nach diesem Wortgefecht verließen wir den Raum, um das Diktat abzugeben. Der Klassenlehrerin habe ich mit Übergabe des Heftes gesagt, dass ich dieses Ergebnis anfechte und über das Zustandekommen mit ihr sprechen möchte.

Nun war erst einmal Pause. In der wäre wie üblich das Beratungsgespräch. Da ich nicht wusste, wo es stattfinden sollte, wartete ich im Klassenraum. Aber es kam niemand. Hinterher habe ich erfahren, dass die Beratungslehrerin der Klassenlehrerin und Direktorin erklärt hatte, meine Anwesenheit wäre nicht nötig. Über das Diktat hätte man schon gesprochen, die Note 6 würde stehen bleiben und er könne es, wenn ich es wollte, am Freitag in der fünften Stunde noch einmal nachschreiben. Ein solch zweifelhaftes Ergebnis stehen zu lassen und uns einen solchen Nachschreibetermin anzubieten, empfand ich für Rafael als sehr traurig. Den Nachschreibetermin habe ich in seinem Interesse dann dankend abgelehnt.

Diese Ereignisse konnten nicht ohne Konsequenzen bleiben. Sowohl das Verhalten Rafael gegenüber, als auch die dreiste Aussage, die Anwesenheit der Eltern wäre bei dem Gespräch nicht nötig. Dabei sollte wenigstens unsere Direktorin wissen, dass laut geltendem Datenschutzgesetz, die Eltern wenigstens informiert werden müssen. Situativ beschlossen wir allerdings vorerst nichts zu unternehmen. Außerdem hatten die vergangenen Wochen bei allen Beteiligten die Gemüter erhitzt, und es musste dringend Ruhe einkehren. Vor allem für Rafael. Nun wieder einzuschreiten, auf seine und unsere Rechte verweisen, hätte in unseren Augen nichts gebracht. Weder hätten wir für den Moment eine Besserung erreicht noch für die Zukunft. Im Gegenteil, ich war der Überzeugung, wenn ich den Mund aufmachen würde, hätte ich zusätzlich nur das Unverständnis der Schule geerntet, aber genau deren Unterstützung brauchten wir und zwar tagtäglich. Diese würden wir nicht auf Druck erhalten, sondern nur, wenn es auch von der Schule gewollt war. Außerdem hofften wir, dass sich zum Beginn des neuen Schuljahres das Problem von allein mit der Neuzuteilung der Beratungslehrer lösen würde. So übten wir uns in Zurückhaltung.

Lässt man diese Erlebnisse einmal außer Acht, war es eine sehr interessante und lehrreiche Erfahrung für mich, Rafael über vier Wochen in der Schule kennenzulernen. Die im Unterricht gesammelten Eindrücke würden es mir künftig einfacher machen, mit der neuen Integrationshelferin zusammenzuarbeiten. Schon in während dieser Übergangszeit pflegten wir einen engen Kontakt. Unsere Erfahrungen haben sich sehr lehrreich ergänzt. Sie war bereits als Integrationshelferin tätig und konnte einbringen, wie bestimmte Dinge an anderen Schulen gehandhabt wurden. Da Rafael allerdings ihr erstes Kind mit einer Hörschädigung war, hatte sie verständlicherweise unglaublich viele Fragen, wie und was sie beachten, wann eingreifen bzw. sich auch zurückhalten soll. Ich meinerseits konnte ihr nun diese Fragen besser beantworten. Für die Freitage, die sie Rafael in die Schule begleitete, sprachen wir uns ab. Donnerstags übergab ich ihr, was Freitag wichtig sein könnte und am Freitag schilderte sie Unterrichtssituationen und wie sie sich verhalten hatte. Auf diese Art und Weise konnten wir für Rafael einen recht reibungslosen Übergang schaffen. Nicht, dass er seinen alten Integrationshelfer nicht vermisste – es gab keinen Tag, an dem er nicht von ihm erzählte oder nach ihm fragte, aber die Lücke, die er in der Betreuung hinterließ, konnten wir recht schnell schließen. Die ersten und sicherlich meisten Bonuspunkte sammelte unsere neue Integrationshelferin damit, dass sie Fußball spielte.

Abgesehen von den positiven Auswirkungen für uns persönlich, hat die Arbeit in der Schule ungeheuer viel Spaß gemacht, so dass mir der Abschied am Ende – selbst nach der kurzen Zeit – sehr schwer viel.

Ein aufregendes Schuljahr neigte sich dem Ende entgegen und das traditionelle Abschlussfest stand an. Nun war es an der Zeit den bisherigen Integrationshelfer offiziell zu verabschieden und die Neue zu begrüßen. Ich weiß nicht, ob das der Auslöser war, aber an diesem Tag sprachen mich mehrere Eltern direkt auf Rafael an und meinten, dass er sich toll entwickelt hätte, gut in die Klasse passt und die Befürchtungen, die sie anfangs hatten, völlig unbegründet gewesen seien. So erfuhr ich, dass man den Eltern, deren Kinder nicht in Rafaels Kindergarten gingen, nur gesagt hatte, dass ein Kind mit in die Klasse gehen wird, das nicht hört. Das hatte die Eltern damals doch sehr verunsichert, ob sich das nicht auf die gesamte Klassensituation negativ auswirken könnte.

So langsam lichteten sich die Reihen und die Ferien rückten näher. Bevor diese beginnen konnten, hatte Rafael leider noch ein unschönes Erlebnis zu verkraften. Es war die Zeugnisausgabe. Nach den letzten Wochen bei den Zensierungen der Deutschleistungen waren wir uns nicht sicher, was alles in die Wertung einfloss und nun im Endeffekt auf dem Zeugnis stehen würde. Wir hatten keine Chance ihn auf etwas Konkretes vorzubereiten. Als er nach Hause kam, sah ich ein trauriges Gesicht. Ich war enttäuscht, aber das war zweitrangig. Rafael musste aufgefangen werden. So fragte ich beschwingt, wie es denn war. Als Antwort flog sein Rucksack in die Ecke, das Zeugnis pfefferte er auf den Tisch und gepresst schrie er "Mist". Dann kullerten die Tränen. Vorsichtig nahm ich das Zeugnis und sah nach. Ich schien den Grund zu erkennen. Deutsch war entgegen allen Befürchtungen in Ordnung. Es wurden also doch nicht alle auf so fragwürdige Weise zustande gekommenen Noten gewertet. Aber Mathe. Was war das denn? Wo kam diese Zensur her? Er hatte doch fast ausnahmslos über das Schuljahr verteilt nur Zweien. Rafael erklärte es prompt. Als die Klassenlehrerin ihm sein Zeugnis gegeben hatte, hätte sie gesagt, dass das Rechnen mit dem Geld jetzt am Ende ganz gut geklappt hätte, aber ansonsten müsse er erst noch rechnen lernen mit plus, minus, mal und durch. Das sollte sie gesagt haben? Vor der ganzen Klasse? Wir hatten viel erlebt in den letzten Monaten, aber das konnte ich mir nun wirklich nicht vorstellen. Vielleicht hat er sie auch falsch verstanden. Aber so wie er es geschildert hat - so deutlich? Falls er sie falsch verstanden hat, hätte sie das nicht erkennen und reagieren müssen? Ich weiß es nicht. Wir klappten das Zeugnis zu und öffneten es nur noch mal zum Unterschreiben. Ansonsten konzentrierten wir uns auf die Ferien, auf unseren bevorstehenden Urlaub und uns als Familie. Das hatten wir nach den letzten Monaten dringend nötig und ließen uns die Freude darauf auch nicht verderben.

Neues Schuljahr – neue Chance?

Klasse 3 sollte sowohl mit einer neuen Klassenlehrerin als auch mit neuer Integrationshelferin losgehen. Es gab allerdings unerwartet noch mehr Neuerungen. Aus der Erfahrung der letzten Jahre wussten wir, dass es immer spannend ist, am Ende der Ferien die FM-Anlage einzuschalten und zu hoffen, dass sie noch funktionierte. Leider hatten wir zum Start der 3. Klasse wieder einmal Pech. Da sie auch im letzten Schuljahr immer wieder ausgefallen war und dann während der Reparaturzeiten nicht zur Verfügung stand, habe ich bei der Krankenkasse nachgefragt, welche Möglichkeiten bezüglich einer neuen Anlage bestanden. Unsere damalige Anlage feierte gerade ihren fünften Geburtstag und somit war einer Neuverordnung legitim. Diese stellte mir der HNO-Arzt unseres CI-Zentrums wie immer problemlos aus. Unsere jetzige Akustikerin konnte uns in puncto ergänzende Technik für CIs nicht richtig weiterhelfen. Also beschloss ich unseren ehemaligen Integrationshelfer anzuschreiben. Wir hatten in den Ferien Kontakt und er hatte uns erzählt, dass er als Akustiker noch einmal neu anfangen wollte. Auch wenn uns vielleicht sein neuer Chef nicht weiterhelfen konnte, so wusste er vielleicht einen Tipp, an wen wir uns wenden könnten. Letztendlich habe ich mit seinem Chef telefoniert und er war alle Vorschusslorbeeren wert! Er kannte sich nicht nur mit Hörgeräten aus, sondern auch mit CIs und deren Besonderheiten. Das war uns auch den langen Weg wert. Pro Strecke fuhren wir knapp 70km, aber Aufwand und Nutzen schienen trotzdem in einem lohnenswerten Verhältnis zu stehen. Im ersten Termin stellten wir Rafaels komplette Technik auf den Kopf. So prüften wir, welche von seinen Bedürfnissen durch welche Geräte und Modelle abgedeckt werden konnten. Diese wurden bestellt und uns im nächsten Termin erklärt. Vier Wochen hatten wir nun Zeit zum Testen und Ausprobieren – in der Schule wie auch zu Hause. Im Vergleich zur einstigen Erstausstattung konnte Rafael mittlerweile gut seine Höreindrücke schildern und selbst auswählen, womit er am besten zurechtkam. Letztendlich entschied er sich für die FM-Anlage mit der Induktionsschleife um den Hals, weil er dort die Lautstärke selbst noch einmal regeln konnte – je nach Stimmvolumen des jeweiligen Lehrers. Außerdem konnte er bei Stillarbeiten im Unterricht einfach die Schleife ablegen, um den Lehrer nicht mehr zu hören, wenn dieser anderen Kindern etwas erklärte. Das Stummschalten des Mikrofons durch den Lehrer hat nie richtig funktioniert und so lag es wieder in Rafaels Verantwortung – völlig zu Recht. Die neue Variante hatte auch den Vorteil, dass die Empfänger nicht mehr unten an den Batterieteilen des Sprachprozessors angesteckt wurden. Zusammen ergaben sie bisher eine Größe, dass die Empfänger auch aufgrund ihrer silbernen Farbe immer wie Ohrringe aussahen. Das war zunehmend in Rafaels Alter nicht mehr vertretbar. Er hätte sich zwar die Haare noch länger wachsen lassen könne, damit alle technischen Bestandteile unter der Mähne verschwinden, aber das hielten wir nicht für sinnvoll. Gerade weil er auf Ansprache nicht gleich reagierte, nicht richtig verstand oder bei einer Antwort nicht immer verstanden wurde, war es besser, dass man die Geräte von Anfang an sah und sich so sein Gegenüber darauf einstellen konnte. Viele sprachen automatisch langsamer oder wiederholten es, wenn sie merkten, dass er es nicht verstanden hatte. Zumindest konnte so verhindert werden, dass er unhöflich oder arrogant wirkte. Offen kommunizierten wir das auch Rafael gegenüber und so achtete auch er beim Friseur darauf.

Aufgrund der neuen FM-Anlage musste auch das Stabmikrofon getauscht werden. Außerdem gab es zu dieser Anlage auch ein weiteres Gerät, dass wir sozusagen als Sahnehäubchen oben drauf erhielten: den RogerPen. Ein unglaublicher Fortschritt für einen jungen CI-Träger. Damit verstand Rafael jetzt z. B. bei den „Logo-Kinder-Nachrichten" im Fernsehen das Gesprochene sehr gut. Telefonieren konnte er, wenn wir unterwegs waren ebenfalls besser und vor allem wird es ihm an der weiterführenden Schule eine große Hilfe bei der Kommunikation sein können. Die Induktionsschleife um den Hals und den Pen unauffällig in der Tasche würde er problemlos auch via Bluetooth telefonieren können, wenn er eine typische städtische Geräuschkulisse um sich herum hat. Außerdem kann er dann in eben so einer Umgebung trotzdem seine Freunde gut verstehen, wenn er den Pen nur in der Hand hat, muss ihn aber nicht wie ein Mikrofon jedem an den Mund halten. Gleichzeitig erleichtert er die Kommunikation in Gruppenarbeiten. Den Pen in die Mitte vom Tisch gelegt, erledigt das Richtmikrofon die restliche Arbeit. Besonders toll fanden wir, dass wir Eltern zum Abhören der FM-Anlage ein Hörgerät mit Kopfhörern erhielten. So konnten wir ab sofort die Funktionstüchtigkeit der Anlage selbst testen, andererseits auch einen Höreindruck gewinnen, wie Rafael mit der Anlage hört – annähernd zumindest. Natürlich haben wir das mit in die Schule gegeben. Nachdem unsere Lehrer es getestet haben, konnten sie besser nachvollziehen, warum bei Rafael irgendwann die Konzentration nachlässt und er eine Hörpause benötigt.

Somit hatten wir auch einen guten Einstieg bei unserer neuen Klassenlehrerin, mit der wir, wie auch mit der Lehrerin in den vergangenen Jahren, regelmäßig zusammen saßen. Sie unterrichtete bei ihm Deutsch und Englisch. Deshalb konnte ich ihr Rafaels Situation, insbesondere den defizitären Sprachwortschatz, am besten verdeutlichen, indem ich es mit Englisch verglich. Was würden die Kinder der jetzigen dritten Klasse in Englisch verstehen, wenn man mit ihnen den Stoff der sechsten Klasse behandeln würde? Würde man in Arbeiten auf die Idee kommen zu sagen, es wäre zwar zugegebener Maßen schwer, aber wenn sie sich richtig anstrengen würden, wäre es zu schaffen? Nein, weil die logische Antwort ist, dass keine noch so große Anstrengung die Vokabeln herbeizaubert, die in den fehlenden drei Schuljahren erlernt werden müssten. Und so ähnlich verhält es sich bei Rafael. Er muss in Deutsch auch noch viele Vokabeln lernen. So verstand sie unser Anliegen und die Zuarbeit der „Vokabeln" für den Deutschunterricht war kein Problem. Unabhängig von allen folgenden Ereignissen im Schuljahr, hat das ausnahmslos funktioniert. Sie hat nicht immer selbst daran gedacht, das verlangte auch keiner. Aber sobald unsere Integrationshelferin sie erinnerte oder nachgefragt hatte, erhielten wir Texte, Themen oder manchmal auch konkrete knifflige Wörter, die sie den Kindern in der nächsten Stunde erklären wollte. In Bezug auf den Nachteilsausgleich für die Arbeiten verstand sie auch, dass wir z. B. die Aufgabenstellungen im Vorfeld benötigen, um sicherzustellen, dass er sie versteht und damit fähig ist zu zeigen, was er kann. Zur inhaltlichen Bewältigung durfte er ausnahmslos das Wörterbuch nutzen. Relativ schnell haben wir uns aber zu diesem Thema nochmals zusammengesetzt. Erstens kostete es wahnsinnig viel Zeit alles nachzuschlagen und darüber hinaus glich es immer mehr der Überprüfung seiner Fähigkeiten im Umgang mit Nachschlagewerken anstatt seiner Deutschkenntnisse. Außerdem half das

Wörterbuch nicht, wenn ein Verb in der Vergangenheit stand und man den Infinitiv finden sollte. Bei Gedichten und Liedern hatten wir in der Vergangenheit die Erfahrung gemacht, dass er durch die unzähligen Wiederholungen den darin vorhandenen neuen Wortschatz dauerhaft abgespeichert hat. So einigten wir uns darauf, dass wir für die Arbeiten ebenfalls „Vokabeln" aufbekamen. Mussten zum Beispiel zehn Wörter gesteigert oder gebeugt werden, so erhielten wir zwanzig zum Lernen. Die hat Rafael auch alle gut in seinen aktiven und passiven Wortschatz aufgenommen. So sparte er Zeit, es wurden wirklich seine Deutsch-kenntnisse geprüft und er hat nicht nur für die Arbeit, sondern vor allem fürs Leben gelernt. Und darauf kommt es doch schließlich an. Kritische Stimmen können jetzt sagen, dass es somit leicht ist, gute Note zu schreiben. Ist es das wirklich? Erstens hat er das nicht nur. Zweitens macht man in Englisch doch auch keinem Kind den Vorwurf, wenn es die Vokabeln der Unit lernt. Nichts anderes haben wir mit Rafael umgesetzt. Wir haben ihn befähigt, sprachlich die Aufgaben zu bewältigen – ihm also eine Chancengleichheit verschafft. Oder wirft man den normalhö-renden Kindern vor, der deutschen Sprache mächtig zu sein?

Lediglich einen umstrittenen Punkt gab es während des gesamten Schuljahres im Fach Deutsch – und zwar das Laufdiktat, das als Nachteilsausgleich für ein Diktat geschrieben wurde. Hier war die Lehre-rin allerdings der Ansicht, dass eine Steigerung zu den Vorjahren erfor-derlich sei. Deshalb erhielt Rafael die Texte nicht wie bisher als normale Textvorlage, sondern alle Buchstaben waren durchweg in Großbuchsta-ben gedruckt. Er musste also nicht nur pendeln, sondern auch noch die Grammatik heraussuchen und umsetzen. In der Diktatvorbereitung wurde das Verfahren leider nicht geübt. Wir waren verunsichert, ob dies so korrekt war. Deshalb stellten wir die Frage der Dame von der Bil-dungsagentur bei einem Gespräch, was in dieser Zeit stattfand. Sie negierte das. Es gäbe zwei Möglichkeiten des Nachteilsausgleichs bei einem Diktat. Entweder er schreibt es als Laufdiktat mit dem Original-text oder er erhält die Vorgabe in Großbuchstaben und schreibt es als adäquate Grammatikkontrolle – dann entfällt allerdings das Laufen. Beides vermischt wäre nicht einmal bei normalhörenden Kindern zuläs-sig. Ungeachtet dieser Aussage sollte Rafael in diesem Schuljahr zwei weitere Diktate in der kombinierten Form schreiben. Das konnten wir dann allerdings klären und wie gesagt, es waren die einzigen Unstimmigkeiten und so etwas gehört zum Alltag dazu.

Bedauerlicherweise gelang es uns im Sachkundeunterricht dauerhaft nicht so gut, das Verständnis für den defizitären Wortschatz zu bekommen, obwohl das Fach von der gleichen Lehrerin gehalten wurde. Keine Ahnung, was wir dort falsch gemacht haben. Hatten wir die Inhalte von Arbeiten im Vorfeld, war es kein Problem, sein tatsächliches Wissen zu prüfen und erhielt ein realistisches Ergebnis. Bei einer anderen Leistungsüberprüfung fehlte die Zuarbeit. Das Ergebnis war leider deprimierend. Er verstand viele Aufgaben nicht, da sie in Schachtelsätzen oder mit vielen unbekannten Wörtern gestellt wurden. Somit konnte er sie nicht lösen. Laut Nachteilsausgleich des sächsischen Kultusministeriums dürfen Aufgaben, die offensichtlich sprachlich nicht verstanden wurden, nicht gewertet werden. Gut und schön, aber was bringt das dem Kind und dem Lehrer. Meistens musste die Arbeit erneut geschrieben werden. Vorher wurden die Aufgabenstellungen so adaptiert, dass er sie verstehen konnte. Das Nachschreiben wiederum stellte nachvollziehbar eine doppelte Belastung für ihn dar. Einerseits Lernen für das abgeschlossene Thema, andererseits Wortschatz für das aktuelle Thema erarbeiten und festigen. In seltenen Fällen wurde auf eine andere Alternative des pädagogischen Nachteilsausgleichs zurückgegriffen z. B. die Leistungsüberprüfung gleich im Anschluss mündlich abzunehmen. Ihm wurde die Aufgabenstellung erklärt, bis er sie verstand und dann konnte er antworten. Zum einen konnte hier sein tatsächliches Wissen in Sachkunde und nicht seine Deutschfähigkeiten getestet werden und zum anderen bewies es, dass das Verstehen von Aufgaben nicht gleichbedeutend ist mit dem Kennen der richtigen oder vollständigen Antwort.

In Mathematik hatten wir in diesem Schuljahr ähnlich wie in Deutsch Kontinuität, die Rafael und auch uns zu Hause geholfen hat. Der am Anfang des Schuljahres vereinbarte Nachteilsausgleich fand gleichmäßig Anwendung – sowohl im Unterricht als auch bei Leistungsüberprüfungen: alles visuell, gleiche Zeit / weniger Umfang, aber mit gleichbleibendem Schwierigkeitsgrad sowie Zuarbeit von möglichen Aufgabenstellungen und Textaufgaben. Dadurch war es möglich, sein tatsächliches mathematisches Leistungsvermögen zu bewerten. Gerade hier zeigte sich auch, dass Nachteilsausgleich nicht gleichbedeutend mit dem Erreichen guter Noten ist.

In Englisch standen wir vor ganz anderen Herausforderungen. In Klasse 3 und 4 geht es nur um die gesprochenen Sprache, ein Schriftbild gibt es kaum. Dieses Problem hatte die Dame von der Bildungsagentur bereits im vergangenen Jahr aufgegriffen und darauf hingewiesen, dass hörgeschädigte Kinder die englische Sprache auch in diesen Klassenstufen bereits visuell benötigen. Material dazu hatte die Lehrerin allerdings nicht. So wurden die häufigsten Wendungen für Rafael in geschriebener Form verwendet, die die Lehrerin für Rafael hoch hielt, wenn sie die verbal an die Klasse richtete. Die Texte von den CDs hören, funktionierte gar nicht. Das war allen von vornherein bewusst. Deshalb gab mir die Lehrerin die CD sowie die benötigten Texte mit. Diese brachte ich dann zu Papier und gab sie mit in die Schule. Das klappte nicht immer, aber wir waren auf dem richtigen Weg.

In Musik wurde der Nachteilsausgleich situativ nach den jeweiligen Themengebieten entschieden. Konsequent galt für die Liedkontrollen, dass Rafael das Lied als Gedicht angesagt hat – entweder im gleichen Umfang mit längerer Lernzeit oder er trug es als gekürzte Version vor, wenn er die gleiche Zeit zum Lernen hatte wie alle anderen. Anfangs wurde die Leistungskontrolle im Förderunterricht durchgeführt. Nach und nach erfolgte sie im Unterricht – weniger vom Besonderen, mehr vom Normalen.

Sozialamt und Gehörlosenschule

Das klingt nach einem entspannten Schuljahr? Leider nicht ganz. Zunächst wurden uns die beantragten Stunden für die Integrationshelferin nicht im beantragten Umfang bewilligt. Das war aber nichts Ungewöhnliches. Aus der Vergangenheit wussten wir, dass man bei fast allen behördlichen Angelegenheiten in Widerspruch gehen musste. Ebenso traf fast immer zu, dass man mehr beantragen sollte, um das zu erhalten, was man wirklich benötigt. Auch bat uns das Amt wiederholt alle Anträge und Widersprüche so ausführlich wie möglich zu schildern, was wir dann auch taten:

[...]
vielen Dank für den o. g. Bescheid. Darin bewilligt wurde die Eingliederungshilfe in Form eines Integrationshelfers für 20 Wochenstunden. Da wir 30 Wochenstunden beantragt hatten, legen wir fristgemäß gegen den Bescheid Widerspruch ein.
Begründung:
*Für das Schuljahr 2013/14 beantragten wir wieder die Leistungen eines Integrationshelfers. Die 3. Klasse beinhaltet **27 Unterrichtsstunden pro Woche**, die sich folgendermaßen zusammensetzen:*
[...]
Umgesetzt werden diese derzeit in folgendem Stundenplan:

	Montag	Dienstag	Mittwoch	Donnerstag	Freitag
07:45 - 08:30	D	D	Ma	D	Sp
08:35 - 09:20	D	Ma	Mu	D	Sp
10:00 - 10:45	Ma	Ma	D	Reli	D
10:50 - 11:35	Mu	Ku	D	Ma	D
12:00 - 12:45	Ku	HA	Eng	Wk / HA	Fö
12:50 - 13:35	Eng		Sp	Wk / -	
14:00 - 14:45	HA		HA	HA / -	

Unterstützung benötigt Rafael aufgrund seiner Hörschädigung und der daraus entstandenen Entwicklungsverzögerung im aktiven wie passiven Wortschatz vor allem bei der Kommunikation. Das bedeutet, dass der Integrationshelfer als Kommunikationsassistent fungiert. Da in jedem Unterrichtsfach die Grundlage das Verstehen des Gesagten und Gelesenen ist, kann eine erfolgreiche schulische Integration nur mit dem Einsatz eines Kommunikationsassistenten während des gesamten Unterrichts gelingen. Zusätzlich beantragen wir für drei Tage in der Woche die Hilfe des Integrationshelfers für die Hausaufgabenzeit. Der zeitliche Rahmen wird kumuliert **3 Wochenstunden** umfassen. Da im 3. Schuljahr die Aufgaben immer komplexer werden, ist eine Kommunikationsassistenz ebenfalls in diesem Bereich notwendig, um die Aufgabenstellung bzw. den unbekannten Wortschatz als Grundlage zur Lösung gemeinsam zu erarbeiten. Darüber hinaus wird in Klasse 3 mit dem Englischunterricht begonnen, wodurch ein zusätzlicher Handlungsbedarf entsteht.

Im Bereich der sozialen Integration liegt der Schwerpunkt in der Förderung der kommunikativen Kompetenzen. Diese ist im Hinblick auf die Entwicklung des Selbstvertrauens und Selbstbewusstseins, deren Ziel ein eigenständiges Handeln und Leben ist, nicht zu unterschätzen.

Zur Verdeutlichung des Unterstützungsbedarfes haben wir die Stellenbeschreibung für Rafaels Integrationshelfer als Anlage beigefügt.

Um Rafael weiterhin einen erfolgreichen integrativen Weg gehen lassen zu können, bitten wir Sie, die Leistung eines Kommunikationsassistenten im beantragten Umfang von 30 Wochenstunden zu bewilligen.

[...]

Die endgültige Entscheidung zum Widerspruch sollte nach der Hospitation und dem Gesamtplangespräch getroffen werden. Hospitationen kannten wir aus den vergangenen Schuljahren. Gesamtplangespräch - was war das? Es handelt sich um eine Prüfung der Lage seitens des Sozialamtes mit Zielfestlegungen, deren Ergebnisse anschließend der Bildungsagentur vorgelegt wurden. Das hörte sich weniger entspannt an. Außerdem hat der Termin erst im November stattgefunden, also zwei Monate nach dem Widerspruch. Wir erhielten im Anschluss auch das Protokoll dazu, aber keinen Bescheid zu den Stunden der Integrationshelferin. Dreimal fragte ich schriftlich nach. Keine Reaktion. Durch andere Ereignisse habe ich das Ganze für eine Zeit nicht weiter verfolgt.

Während dieses laufenden Widerspruchs spielten sich nämlich noch viel intensivere Szenen ab. In den ersten beiden Wochen am Schuljahresanfang fragte ich immer wieder in der Schule nach, ob sich die Gehörlosenschule gemeldet hätte. Ein bisschen gespannt waren wir schon, ob es einen Wechsel in der Betreuung gegeben hätte. Nein, es bleibt die gleiche Beratungslehrerin. Sie hätte aber in den ersten drei Wochen keine Zeit, nicht einmal für eine Terminvereinbarung. Mit dem Ersten hatten wir eigentlich gerechnet und über das Zweite hielt sich unsere Enttäuschung sehr in Grenzen. Am Donnerstag der dritten Woche jedoch erhielt ich eine Nachricht von unserer Integrationshelferin, dass die Beratungslehrerin am folgenden Tag kommen würde. Das Erschreckende war nicht, dass sie nun scheinbar doch innerhalb der ersten Wochen Zeit hatte, sondern das unsere Integrationshelferin dies nur durch Zufall erfahren hatte und eigentlich ebenso wenig davon wissen sollte wie wir. Sie hielt es aber für ihre Pflicht, uns Eltern zu informieren. Zu den Gesprächen wurden wir Eltern ausdrücklich nicht gewünscht, weil wir aufgrund unserer Interessen die Zusammenkünfte mit unserem Engagement stören würden. Wahrscheinlich war es ein Fehler an dieser Stelle Nachsicht walten zu lassen, aber es herrschte in diesen Wochen arger personeller Engpass in der Schule und damit ließen wir es bewenden. Als die nächsten drei Wochen um waren, ging das gleiche Spiel von vorn los. Wieder sollten wir Eltern nichts davon erfahren, dass die Beratungslehrerin kam. Damit das auch gelang, informierte die Direktorin weder die Klassenlehrerin noch die Integrationshelferin, so dass auch sie erst am Tag selbst vor vollendete Tatsachen gestellt wurden. Erschwerend kam hinzu, dass wir somit diesmal keine Chance hatten, Rafael darauf vorzubereiten. Seit den Erlebnissen im vergangenen Schuljahr, insbesondere denen im Juni, hatte er ein gestörtes Verhältnis zu der Beratungslehrerin. Beim ersten Mal konnten wir ihn noch vorwarnen und auf ihr Erscheinen vorbereiten. Diesmal wurde uns diese Chance genommen. Die Integrationshelferin berichtete abschließend, dass er sich unter der Bank ängstlich an sie geklammert hat. Schon leicht panisch hat er sich bei ihr vergewissert, dass sie ihn nicht alleine mit „der Dicken" ließe. Seit Juni weigert er sich, die Frau beim Namen zu nennen. Jetzt war das Maß voll und wir wandten uns direkt an die Dame der Bildungsagentur. Wir schilderten ihr die Situation und baten im Interesse des Kindes darum, ob eine Beratungslehrerin gefunden werden könne, die

Rafael wirklich unterstützt und hilft. Mal abgesehen von ihrem Verhalten gegenüber Rafael hatten sowohl die Integrationshelferin als auch die Klassenlehrerin davon berichtet, dass die Beratungslehrerin auch in diesem Schuljahr bei jedem Besuch andere Hinweise gab, die in sich sehr widersprüchlich waren. Was heute als richtig galt, war beim nächsten Mal falsch. So sah keine hilfreiche Unterstützung aus. Gleichzeitig widerriefen wir gegenüber der Schule unsere Entbindung von der Schweigepflicht. So hatte es die Anwältin empfohlen, um unserem Antrag Nachdruck zu verleihen. Da wir uns trotz allem Ärger besonders in der Schule um einen gemeinsamen Weg bemühten, fanden wir es nur als korrekt, der Schule auch das Schreiben, dass wir der Bildungsagentur geschickt haben, zu übergeben. Um Missverständnissen vorzubeugen und unsere Situation als Eltern zu verdeutlichen, war ich persönlich in der Schule und habe der Direktorin beide Schreiben übergeben und erläutert:

Integration von Rafael an der Grundschule [...]
Zusammenarbeit mit der Beratungslehrerin
Sehr geehrte Frau [Dame von der Bildungsagentur],
leider muss ich Ihnen mitteilen, dass sich nach unserem gemeinsamen Gespräch am 11.06.2013 einige Veränderungen ergaben, die eine weitere Zusammenarbeit mit [der Beratungslehrerin] nicht mehr ermöglichen.
Das Wichtigste und für uns als Eltern Entscheidendste ist, dass sich [die Beratungslehrerin] unserem Sohn gegenüber so verhalten hat, dass er mittlerweile Angst vor ihr hat und in Panik verfällt, wenn sie plötzlich und unangekündigt im Klassenzimmer erscheint. Noch heftiger sind die Reaktionen, wenn er weiß, dass die Zeit gekommen ist und er mit ihr allein in die Förderstunde gehen müsste. Dazu ist es dieses Jahr noch nicht gekommen. Seine Erleichterung, nicht mit ihr allein sein zu müssen, ist so offensichtlich und deutlich, dass es für einen Erwachsenen beängstigend ist. Diese Aussage basiert nicht nur auf den Erzählungen von Rafael zuhause, sondern auch auf den Beobachtungen und Erfahrungen der Integrationshelferin in der Schule. Diese hat uns nicht nur einmal von diesen alarmierenden Zeichen berichtet.
Sobald Frau [Beratungslehrerin] den Raum betritt, fallen bei ihm sprichwörtlich die Jalousien, er ist verängstigt und zeigt nicht mehr die Leistung, die er sonst im Unterricht erbringt. Somit ist auch eine objektive Beurtei-

lung während der Hospitation nicht mehr möglich.

Zu einer Veränderung der Situation hätten wir gern beigetragen und Rafael versucht die Angst zu nehmen. Wir hätten ihn gern auf die Besuche vorbereitet. Dies war uns leider unmöglich, da weder wir, noch die Integrationshelferin von den Hospitationsterminen im Vorfeld erfahren haben oder so kurzfristig (1 Stunde vorher), dass eine Reaktion nicht mehr realisierbar war.

Ebenfalls bedauern wir, dass es seit unserem Gespräch im Juni keine positiven Veränderungen in der Kommunikation gegeben hat. Die Aussagen, die [die Beratungslehrerin] in den einzelnen Gesprächen trifft, sind so unterschiedlich und teilweise widersprüchlich, dass sie zu Verunsicherungen führen, anstatt Hilfe zu sein. Deckungsgleiche Aussagen von Gespräch zu Gespräch treten so gut wie nicht auf.

Als Eltern sind wir verpflichtet immer für das Wohl unseres Kindes zu sorgen. Das sehen wir in einer weiteren Zusammenarbeit mit Frau [Beratungslehrerin] gefährdet. Um seine positive Entwicklung an der Grundschule fortsetzen zu können, bitten wir Sie daher, uns eine neue Beratungslehrerin zuzuteilen.

Um zu verdeutlichen, wie ernst uns diese Angelegenheit ist, machen wir von unserem Grundrecht auf informationelle Selbstbestimmung nach dem sächsischen Datenschutzgesetz Gebrauch und widerrufen mit sofortiger Wirkung die Entbindung von der Schweigepflicht, die wir der Grundschule erteilt hatten.

Dieses Schreiben ergeht in Kopie an die Grundschule und an unseren rechtlichen Beistand in dieser Angelegenheit. Wir bitten Sie, uns über die weiteren Schritte zu informieren. Vielen Dank!

[...]

Widerruf der erteilten Entbindung von der Schweigepflicht
Betrifft: Förderschule - Beratungslehrerin [...]
Sehr geehrter Frau [Direktorin der Grundschule],
zum Wohl unseres Kindes beantragen wir heute beim Regionalschulamt in Dresden einen Wechsel der Beratungslehrerin von der Förderschule. Die Begründung können Sie dem beigefügten Schreiben, das wir an Frau [Dame von der Bildungsagentur] gerichtet haben, entnehmen.

Gleichzeitig widerrufen wir die der Grundschule erteilte Entbindung von der Schweigepflicht.

Wir hoffen, dass durch den Wechsel der Beratungslehrerin die gute Zusammenarbeit mit der Förderschule, die wir besonders in Klasse 1 erfahren haben, fortgeführt werden kann. Selbstverständlich entbinden wir Sie und Ihre Lehrer umgehend wieder von der Schweigepflicht, sobald die Nachfolge geregelt ist.

Wir bedanken uns für Ihr Verständnis und die gute Zusammenarbeit!

[...]

Als Antwort erhielten wir von der Bildungsagentur ein Schreiben, dass sie unserem Wunsch, dass die Beratungslehrerin Rafael nicht mehr betreuen soll, entsprechen. Dennoch wird sie weiter die Beratungslehrerin der Schule bleiben, weil personelle Veränderungen innerhalb des Schuljahres nicht möglich wären. Einerseits nachvollziehbar, andererseits stellte sich uns die Frage, wie sie beraten wollte, wenn sie mit Rafael nicht mehr arbeiten darf bzw. die Lehrer auch keine Auskunft mehr über ihn geben dürfen? Sie kam aber weiterhin regelmäßig aller drei Wochen, hospitierte, sprach mit den Lehrern ohne Integrationshelferin oder uns Eltern.

Eine Unterstützung zum Nachteilteilsausgleich in Form einer klaren Definition ist leider auch in dieser Klassenstufe durch die Beratungslehrerin nie erfolgt. Es wurde zwar in jedem Gespräch thematisiert, allerdings waren die getroffenen Aussagen von Treffen zu Treffen so unterschiedlich, dass sie unseren Lehrern nach wie vor keine Hilfe waren, sondern eher für Verwirrung gesorgt haben. Deshalb habe ich zu diesem Thema gemeinsam mit der Integrationshelferin immer wieder den Kontakt zur Schule gesucht. Grundlage der Gespräche für den Unterricht und das Adaptieren von Arbeiten waren die vom Kultusministerium festgelegten Möglichkeiten beim Nachteilsausgleich und den konkreten Details, die wir mit der Dame der Bildungsagentur am Ende des letzten und im Dezember des laufenden Schuljahres besprochen hatten. Je mehr sich unsere Integrationshelferin auch in die spezielle Materie eingearbeitet hatte, umso öfter klärte sie die Sachverhalte gleich direkt mit den Fachlehrern und informierte uns entsprechend. Das entspannte die Situation insgesamt. Zum einen musste ich nicht mehr so oft in der Schule präsent sein und zum anderen ist es nicht unbedingt ein glücklicher Umstand, wenn Eltern sich als einzige für das Wohl des Kindes einsetzen und dabei keine Unterstützung von unabhängigen Personen erhalten. Teilweise nachvollziehbar wird den Eltern von den Lehrern unterstellt, nur den Vorteil für das Kind, aber nicht die pädagogische Notwendigkeiten zu sehen. Auch wenn wir uns immer deutlich so positioniert haben, dass wir für Rafael klare und strenge Verfahrensweisen gutheißen, war es wenigstens unterschwellig zu spüren.

Wirklich getroffen hat mich dagegen in der zweiten Hälfte dieses Schuljahres, dass uns seitens der Direktorin immer wieder vorgeworfen wurde, dafür gesorgt zu haben, dass die Schule keine Unterstützung mehr erhält. Wie bitte? Wir haben doch diese Situation nicht heraufbeschworen! Wer hat denn unser Kind so eingeschüchtert und in Panik versetzt, dass es unsere Pflicht als Eltern war zu handeln? Schließlich sind wir für sein Wohl zuständig! Waren die Lehrer wirklich so blind? Selbst beschwerten sie sich uns gegenüber in den Elterngesprächen über die gegensätzlichen und damit wenig hilfreichen Aussagen der Beratungslehrerin sowie deren Auftreten. Und daran sollen wir Schuld sein?

Gegen Ende des Schuljahres gab es einen weiteren Vorfall, von dem uns unsere Integrationshelferin berichtet hat, der für uns einerseits nicht nachvollziehbar ist, andererseits leider zu dem Verhalten der Beratungslehrerin der letzten beiden Jahre passte. Es wurde nach Rafaels Zensuren gefragt. Mal abgesehen davon, dass die Frage weder hätte gestellt noch hätte beantwortet werden dürfen, war die folgende Wertung indiskutabel: Die Deutschlehrerin zeigte seine Zensuren, die im Durchschnitt bei einer guten Drei lagen. Fast schon erwartungsgemäß folgte die Frage, ob die Integrationshelferin auch bei den Arbeiten anwesend gewesen sei. Als das bejaht wurde, wurden die Noten sofort durch die Beratungslehrerin angezweifelt und sie sah sich bestätigt, dass die Noten natürlich nur mit Hilfe der Integrationshelferin erreicht werden konnten. Das war nicht nur eine bodenlose Frechheit, sondern grenzte schon an Verleumdung. Selbst unserer sonst so schlagfertigen Klassenlehrerin fehlten die Worte. Dabei konnte jeder Lehrer bestätigen, dass die Integrationshelferin nicht hilft, sondern nur unterstützte, wenn sprachlich etwas nicht verstanden wurde.

Es ist das gleiche Paradox wie bereits in den letzten Jahren: Sind seine Leistungen nicht gut, ist das der Beweis dafür, dass er an der falschen Schule ist. Sind seine Zensuren so gut, dass sie als Zeichen gewertet werden könnten, dass er hier richtig ist, werden immer wieder Argumente gefunden, die belegen sollen, dass er die Leistungen nicht wirklich selbst erbracht hat. Mal ist es die angebliche Hilfe der Integrationshelferin, ein andermal ist es der Nachteilsausgleich, der ihm aus unerklärlichen Gründen nicht zuständе. In diesen Momenten kann ich verstehen, warum sich die Lehrer oft verunsichert fühlen.

Wie war es in der Schule?

Seit Rafael in der zweiten Klasse war, besuchte Paul ein Gymnasium in der nächsten Stadt. So saß ich mit Rafael auf dem Nachhauseweg allein im Auto. Tag für Tag stellte ich ihm die Frage „Wie war es heute in der Schule?" Jeden Tag bekam ich die Antwort „Ja." Zugegebenermaßen gehört Geduld nicht unbedingt zu meinen Stärken, aber ich wurde nicht müde täglich lächelnd zu erwidern, dass ich nicht gefragt habe OB er in der Schule war, sondern WIE es in der Schule war. Anfangs habe ich ihm regelmäßig den Unterschied erklärt. Später musste ich nur noch WIE sagen, irgendwann reichte schon ein Blick von mir und dann sprudelte er los. Mit der Zeit war es wie ein running-gag zwischen uns. Sobald ich meine Frage stellte, sagte er gelangweilt JA, lachte verschmitzt und fing an zu erzählen. Und wie er mittlerweile erzählte. Ohne Punkt und Komma. In diesen Momenten dachte ich oft an unsere erste Logopädin zurück, die ebenfalls eine Tochter mit CIs hatte. Manchmal, wenn wir wieder einmal der Verzweiflung nahe waren, weil sprachlich nichts vorwärts ging oder er keine Lust zu reden hatte, ermunterte sie uns immer und meinte, dass das schon noch werde. Bei dem einen eher, bei dem anderen später und wahrscheinlich würden wir uns irgendwann an ihre Worte erinnern, wenn wir uns wünschen, dass er zwischen dem Redeschwall auch mal eine Pause machen oder wenigstens Luft holen würde. Da waren wir nun angelangt und genossen es – auch wenn wir uns tatsächlich, besonders nach einem anstrengenden Arbeitstag, wünschten, er würde weniger reden oder wenigstens kurz innehalten. Als er älter war, haben wir ihn dann manchmal gebeten, es später zu erzählen – unser Kopf bräuchte erst einmal eine Pause. Das hat gut geklappt. Spätestens abends beim Zubettgehen, wenn auch unser Verstand wieder aufnahmefähig war, berichtete er von den Erlebnissen des Tages oder den Dingen, die ihn beschäftigten.

7 Jahre Reha nach CI-Anpassung sollten zu Ende gehen

Ein letztes Mal packten wir unsere Koffer, um im CI-Zentrum zu übernachten. Wir hatten die regulären Reha-Tage für beide CI-Seiten schon seit fast drei Jahren hinter uns. Aufgrund der Rückstufung und Rafaels nicht so optimaler Entwicklung hatten wir bei der Krankenkasse eine Verlängerung der Reha-Maßnahme beantragt und prompt auch die maximalen Tage genehmigt bekommen. Diese haben wir die letzten beiden Jahre so aufgeteilt, dass wir aller halben Jahre 2 Tage für die Anpassung Zeit hatten. Nach Abschluss der Reha hätten uns nur noch die einzelne Tage zur Verfügung gestanden. In Rafaels Fall erschien uns diese Variante sinnvoller. Und da das CI-Zentrum nicht mal eben um die Ecke lag, war es eine gute Lösung.

Es ist üblich, dass die Rehabilitanden an ihrem letzten Tag mit einem kleinen Programm verabschiedet werden. Rafael hatte riesigen Spaß bei der Geschichte vom hohlen Zahn, die von den Laien-Darstellern des CI-Zentrums aufgeführt wurde.

Kurz vor der Abreise stand noch eine letzte Prüfung der Einstellung auf dem Plan. Nach so vielen Jahren Routine für Rafael. Doch was war das? Plötzlich riss er die Spule vom Ohr, verzog verschreckt das Gesicht und erklärte, dass das weh tue. Die Technikerin ging der Sache auf den Grund und wenig später wussten wir, dass hier etwas ganz und gar nicht stimmte. Mir schwante, was es bedeuten könnte. Diese Ahnung bestätigte sich, als die Leiterin des CI-Zentrums (gleichzeitig auch unsere Technikerin), Rafael bat, doch kurz nach draußen zu gehen - sie müsse mit mir allein reden. Mehr brauchte sie nicht sagen. Meine Reaktion war nur, dass ich letztens erst zu meinem Mann gesagt hätte, dass in diesem Jahr nur noch fehlte, dass Rafaels „Ohr" kaputt ginge und er reimplantiert werden müsse. Sie war überrascht von meiner Gefasstheit, aber was blieb mir jetzt anderes übrig. So konnte Rafael wieder ins Zimmer kommen, den sie rausgeschickt hatte, weil sie nicht wollte, dass er meine Reaktion unmittelbar auf die Nachricht einer möglichen Reimplantation mitbekommt. Sie konnte schließlich nicht wissen, wie diese aussah.

Ich war ihr dankbar dafür!

Zur weiteren Klärung brauchten wir einen Fachmann vom Hersteller des Sprachprozessors, der über eine spezielle Technik verfügte. Es war bereits Freitagmittag und der nächste Servicestützpunkt unseres Herstellers weitere 150 km entfernt. Drei Stunden später saß er dennoch im CI-Zentrum und begutachtete Rafaels Implantat. Es handelte sich um die zuerst implantierte Seite - unsere Sorgenseite - die nun wieder einmal aus dem Rahmen fiel. Aus unterschiedlichen Gründen mussten über die Jahre schon mehrere Elektroden abgeschaltet werden, so dass nur noch sieben zur Verfügung standen. Um einen brauchbaren Höreindruck erzielen zu können, benötigt man wenigstens sechs. Das Ergebnis war nun, dass eine Elektrode Auffälligkeiten aufwies, die auf eine Reimplantation hindeuteten. Es gab noch eine geringe Chance das Implantat zu retten. Dazu musste der Experte aber alle soeben gemessenen Daten auswerten und wollte weitere Fachleute zu einer Entscheidungsfindung hinzuziehen. Eine Woche müssten wir jetzt Geduld aufbringen, dann würden wir mehr wissen. Bis dahin durfte das Implantat auf keinen Fall genutzt werden. Das hieß Schulalltag mit nur einem Ohr! Mittlerweile war es Freitag kurz vor 18 Uhr – also keine Chance diesbezüglich noch irgendetwas für Montag erreichen zu können.

Nach dem Wochenende erklärte ich der Schule die Situation und bat um Nachsicht in der nächsten Woche. Beim Amt beantragte ich für unsere Integrationshelferin vorübergehend mehr Stunden, damit Rafael in allen Stunden eine Unterstützung erfuhr. Ohne Probleme und umgehend erhielten wir die Zusage. Als ich ihn am Nachmittag abholte, zierten reichlich Zettel die Eingangstür der Schule: Scharlach, Läuse und Noroviren waren nur einige davon. Da hatte sich doch allerhand angesammelt über das Wochenende. Typisch für diese Jahreszeit, allerdings mit einer möglichen Operation in den nächsten zwei Wochen nicht optimal. So beschlossen wir, Rafael vorübergehend aus der Schule zu nehmen, um eine etwaige Reimplantation nicht zu gefährden. Die Schule hatte dafür vollstes Verständnis und wir haben in einer tollen Zusammenarbeit erreicht, dass wir zu Hause parallel mitarbeiten konnten. Der Spagat zwischen Arbeit und Kind für mindestens eine Woche zu Hause zu unterrichten war zwar wieder einmal eine Herausforderung, aber alles eine Frage der Organisation.

Da sich die Experten auch nicht so leicht einigen konnten, hat es etwas länger gedauert, ehe eine Entscheidung getroffen wurde: Es soll eine Einstellung probiert werde, bei der alle sechs noch verfügbaren Elektroden angesteuert werden. Anschließend soll beobachtet werden, ob und wie Rafael damit zurechtkomme. Sollte kein Erfolg zu verzeichnen sein, stände immer noch die Möglichkeit der Reimplantation. Begründet wurde es auch damit, dass mit einer OP nicht garantiert werden könne, dass er dann so wie vorher hören würde. Natürlich bestand genauso die Möglichkeit, dass er anschließend besser hören könnte. Da es aber ein großer Eingriff wäre, waren wir mit der Variante, es wenigstens über eine Neueinstellung zu probieren, einverstanden.

Nikolaus war der Tag der Tage, über Deutschland tobten seit zwei Tagen schwere Stürme und Rafael war seit mittlerweile zwei Wochen mit nur einem CI zu hause. Gerade an dem Nikolaustag wurde jeder gewarnt, nur weite Strecken zu fahren, wenn es wirklich notwendig war. So erhielt ich früh einen Anruf vom CI-Zentrum, ob wir kommen würden oder verschieben wollten. Wir würden kommen, wenn auch der Fachmann von unserem Hersteller kommen könne. Aus seiner Region wurde von vielen Schäden, blockierten Straßen und unterbrochenen Bahnstrecken berichtet. Nein, er wäre nicht betroffen und würde da sein. Dann hielt auch uns nichts auf! So trafen wir uns – es war wieder ein Freitag – am frühen Nachmittag. Rafael hatte Angst. Angst es könne wieder so weh tun im Kopf. Dass dies nicht eingetreten ist, hat ihn zwar erleichtert, aber es ist auch so ziemlich die einzige gute Nachricht gewesen, mit der wir nach Hause gefahren sind. Sicher war nach diesem Termin lediglich, dass er vor Weihnachten nicht mehr operiert werden würde. Wirklich glücklich hat uns das aber nach den letzten Wochen nicht gemacht. Denn ob er jetzt hört, war ungewiss. So richtig konnte er das leider selbst nicht sagen. Klingt verwirrend? War es auch, aber wie man uns erklärte, unter diesen Umständen allerdings nicht so ungewöhnlich. Es wäre auch zu schön für Rafael gewesen, wenn einfach mal etwas problemlos funktioniert hätte. Wie schon so oft in der Vergangenheit, war die benötigte Ladung auf dieser Seite, die er meinte zu brauchen um zu hören, umstritten. So sind wir an jenem Tag, als wir schon auf dem Rückweg waren, noch einmal zurückgefahren, weil ich auf plötzlich im Auto nicht mehr sprechen durfte. Es war ihm zu unangenehm. Er wollte aber – verständlicherweise – nur noch nach Hause. In Ruhe habe ich ihm erklärt, wie wichtig es aber ist, dass er sich mit seinen Ohren wohlfühlt, aber auch, dass es sein kann, dass jetzt erst einmal alles anders ist und klingt. Man hatte uns darauf vorbereitet, dass er wahrscheinlich mit der neuen Einstellung „neu lernen muss zu hören", da nunmehr nur noch sechs Elektroden zur Verfügung standen, zumal diese alles andere als optimal zueinander lagen. Das bedeutete, dass alle Höreindrücke – Geräusche wie Sprache – anders für ihn klangen als bisher und er diese erst lernen musste zuzuordnen. Unsere große Sorge war nun, wie es im Alltag funktionieren würde. Für alle sichtbar waren zwei Ohren, gesichert gehört hat er aber nur mit einem und die Entwicklung im Zusammenspiel beider war ungewiss. Wer würde darauf Rücksicht nehmen? Die Frage wollten wir uns nicht ehrlich beantworten, sondern waren stattdessen optimistisch, dass wir das gemeinsam schaffen würden.

Die Situation wurde auch psychisch immer schwerer für Rafael und erforderte sehr viel Feingefühl und Geduld. Er brauchte in dieser Zeit unendlich viel Energie zum Verstehen und Kompensieren. Aber er wollte! Er hat viel mit sich selbst geübt und versucht ein Gefühl für das neue Hören zu bekommen. Er hat das ganze Wochenende trainiert und am Ende auch gestrahlt, weil er meinte, uns wieder zu hören. Nicht verstanden, aber gehört. Allein gesehen zu haben, wie glücklich ihn das schon gemacht hat, ließ die Augen feucht werden. Dass wir diese Momente miterleben durften, hatten wir vor allem dem unermesslichen Einfühlungsvermögen der Einstellerin zu verdanken. Mit engelsgleicher Geduld und dem richtigen Gespür für jede einzelne Situation, hatte sie mit Rafael gearbeitet.

Sechs Wochen später hatten wir den nächsten Termin, um zu sehen, wie er zum einen mit der Einstellung im Alltag zurechtkommt und zum anderen, ob und möglicherweise wie sich die Werte der Elektroden verändert haben. Das Ergebnis war völlig anders als erwartet. Es wurde nicht nur eine Stabilität bei den Messungen festgestellt, was schon gereicht hätte, um die Operation fürs Erste vom Tisch zu wischen – die Werte hatten sich sogar verbessert. Das allerdings war eben so ungewöhnlich wie deren Verschlechterung im November. Diese Tatsache hat unsere Freude etwas gedämpft, weil somit keinerlei Tendenz für die Zukunft abzusehen war. Über dieses Rätsel wollten sich nun die Experten den Kopf zerbrechen. Wir waren froh, dass wir nun vielleicht nach

den vielen Wochen wieder etwas zur Normalität zurückfinden konnten.
Und tatsächlich ist es Rafael gelungen, nicht nur in einer unglaublichen Geschwindigkeit mit den neuen Höreindrücken umzugehen, sondern er hat unserem Empfinden nach auch besser gehört als vorher. Nach dem Geschmack seines Bruders sogar etwas zu gut. Jetzt war Rafael nämlich in der Lage sogar zu verstehen, was Paul sich mit seiner Freundin am Telefon zu erzählen hatte. Er war so stolz, nun noch einmal ganz anders am Leben teilhaben zu können, dass er uns von dem berichtete, was er so gehört hatte. Wir haben die Freude über den Erfolg mit ihm geteilt, ihm aber auch beibringen dürfen, dass er abwägen muss, an wen er seine Informationen weitergab. In diesem Fall waren wir die falschen Adressaten. Er hat es schnell verstanden und genießt deshalb auch in dieser für Paul interessanten Lebensphase weiterhin dessen vollstes Vertrauen. Rafael genoss die positiven Veränderungen in seinem Leben!

Es musste die geringe Wahrscheinlichkeit auch im positiven Sinne einmal auf Rafaels Seite sein. Oft genug hatten wir es bereits erlebt, dass wir in den unterschiedlichsten Zusammenhängen gehört hatten „das ist sehr selten", „das gibt es nicht oft", „das ist recht unwahrscheinlich". Wenn man sich im Freundes- oder Bekanntenkreis unterhalten hat und wir sagten, dass etwas eher selten ist, dann wurde schon geschmunzelt und geantwortet: „Also genau das Richtige für Rafael." Oft hat es für Erheiterung gesorgt, aber manchmal war es auch zum Verzweifeln.
Das Positive daran war, wir brauchten gar nicht versuchen Lotto zu spielen, denn gewinnen würden wir sowieso nicht. Wir hatten unseren Lotto-Gewinn schon — wenigstens der Wahrscheinlichkeit nach. Es ist nicht so, dass alles Seltenheitswert hat, was Rafael erlebt hat, aber die Summe aller Ereignisse, haben es interessant gemacht. Langweilig war und wird es uns wahrscheinlich nie mit ihm werden.

Gebärdensprache für Rafael?

Schon oft habe ich versucht mich in Rafaels Lage zu versetzen. Wie fühlt er sich zwischen uns Hörenden. Es ist richtig, er kennt es nicht anders, aber nun, wo er älter wird, nimmt er doch sehr bewusst wahr, dass er anders ist. Um es vielleicht vergleichbar nachempfinden zu können, habe ich mir vorgestellt, müsste ich mich in einer Gruppe Menschen bewegen, die sich nur gebärdend verständigt.

Ich bekam die Gelegenheit genau diese Situation zu erleben. Unser ehemaliger Integrationshelfer lud uns zu einer Zirkusvorstellung ein, die von Gebärdendolmetschern übersetzt wurde. Da es recht kurzfristig war, konnten weder mein Mann noch einige befreundete Familien, an die ich die Information noch weitergeleitet hatte, mitkommen. Viele Zuschauer waren gehörlos und wir mitten unter ihnen. Einerseits freute ich mich, mal die schwerhörigen Eltern unseres ehemaligen Integrationshelfers kennenlernen zu können, andererseits hatte ich genau davor auch ein bisschen Angst – genauer gesagt Berührungsangst. Wie würden wir in diesem akustischen Umfeld kommunizieren, würde überhaupt irgendeine Verständigung funktionieren? Auch hatte ich meine Befürchtungen, sie mit falschen Reaktionen vielleicht verletzen zu können. So war ich letztendlich über mein eigenes Verhalten erschrocken. Ging ich doch sonst offen und direkt auf meine Mitmenschen zu, war ich in der Situation einfach wie gelähmt.

Wie mein Verhalten auf die jeweiligen Gesprächpartner gewirkt hat, kann ich nicht einschätzen. Selbst habe ich mich nicht nur verunsichert, sondern auch ein bisschen hilflos gefühlt. Eine Bekannte begann zum Beispiel über mehrere Bänke entfernt ein Gespräch mit mir. Da sie gebärdete ging ich aber davon aus, dass sie gar nicht mich meint. Sie wusste, dass ich es nicht kann. Irgendwann merkte ich, dass sie schon mich ansprach. Überfordert mit der Situation, wandte ich mich an unseren ehemaligen Integrationshelfer, der Gott sei Dank neben mir saß, und bat ihn zu übersetzen. Er dolmetschte eine ganze Weile. So spielte sich wahrscheinlich das ab, was tagtäglich passiert, nur diesmal umgedreht:

Sie kommunizierte, wie sie es gewöhnt war und ging davon aus, dass das Umfeld damit klar kam. Ich für meinen Teil war damit überfordert und versuchte angestrengt, den Inhalt zu verstehen. Das Bisschen, was ich erfasste, ergab keinen Sinn. Zusätzlich studierte ich die Mimik und Gestik. Mein Körper schien komplett auf Hochleistung geschaltet zu sein, aber das half nichts. Die Lücken und vor allem die Geschwindigkeit der Kommunikation nahmen mir jede Chance zum wirklichen Verstehen. Wie ergeht es Rafael im Alltag? Gerade in akustisch für ihn schwierigen Situationen zumindest ebenso. Es war eine schmerzliche Erfahrung, aber eine auch mindestens genauso wertvolle.

Interessant war ebenfalls zu beobachten, dass es Rafael nicht viel anders erging als mir. Denn die Gebärdensprache beherrscht er nicht. So wurde mir wieder einmal bewusst, dass er sich zwischen den Welten bewegt. Er gehört nicht richtig zu den Hörenden und zu den Gehörlosen, die gebärden, hat er auch wenig Kontaktmöglichkeit. Dabei ist es vermutlich seine natürlich Form der Kommunikation, da er schwerhörig geboren wurde und so auch das Lippenlesen exzellent beherrscht. Gespannt verfolgte er nicht nur die Gebärdendolmetscher während der Zirkusvorstellung, sondern auch wie sich unser Integrationshelfer mit seinen Eltern unterhielt. Er war einerseits fasziniert, andererseits spürte ich aber auch bei ihm ein gewisses Unbehagen, so gar nichts zu verstehen. Hinterher erzählte er mir jedenfalls, dass es ihn sehr beeindruckt hat und er auch gern so sprechen lernen möchte. Das gefiel mir, denn seit dem Ausfall des Implantates gingen mir diese Gedanken immer wieder durch den Kopf. Zum einen, dass er in dem Moment als die Technik ausfiel, kommunikativ nahezu hilflos war, obwohl es nur ein Ohr betraf. Zum anderen, was würde geschehen, wenn sich die Technik einmal nicht mehr reaktivieren ließ oder für längere Zeit ausfällt?

So begannen wir das Thema, was uns schon öfters durch den Kopf spukte, intensiver zu verfolgen. Auch erzählten wir beim nächsten Treffen der Selbsthilfegruppe davon. Mehrere Eltern fanden die Idee, die Kinder über Veranstaltungen wie den Zirkus in Kontakt mit der Gebärdensprache zu bringen, gut. Deshalb wollten wir solche Events künftig in unserem Jahresplan mit aufnehmen.

Auf der Suche nach Informationen zum Erlernen der Gebärdensprache als auch nach praktikablen Lösungsmöglichkeiten, habe ich unter anderem eine Bekannte kontaktiert, die als Jugendliche schwerhörig geworden ist und deshalb auch gebärdet. Ich erzählte ihr von unserem Vorhaben und dem, was wir bereits selbst in die Wege geleitet hatten. So standen wir zum Beispiel mit der Volkshochschule in Kontakt, die erstmals einen Gebärdensprachkurs in ihrem Programm hatten. Sie waren sehr engagiert und taten alles in ihrer Macht stehende, um auch einen Eltern-Kind-Kurs zu einer für die Kinder möglichen Zeit zu organisieren. Um die Mindestteilnehmerzahl hatte ich mich gekümmert und mittlerweile erreicht. Besonders gefreut hat mich – nein, ehrlich berührt ist das treffendere Wort - dass unsere Integrationslehrerin der Schule, die mit Rafael die Förderstunden absolvierte, dabei sein wollte, um vielleicht einen weiteren Baustein in die Hand zu bekommen, mit dem sie ihm besser weiterhelfen konnte. Für unsere Integrationshelferin hatten wir es bei ihrem Dienstgeber als Weiterbildung beantragt. Leider kam der Kurs mangels Dozenten dann nicht zustande. Die nächstmögliche Volkshochschule ist allerdings soweit entfernt, dass es im Alltag nicht umsetzbar gewesen wäre. Der somit nötige Zeitaufwand überschritt das zumutbare Maß deutlich. Damit war auch keinem geholfen.

Eine andere Idee war noch, einen Gebärdensprachkurs als GTA (Ganztagsangebot) in der Schule anzubieten. Seit einigen Jahren prägten Ganztagsangebote den Schulalltag am Nachmittag. Es ist eine tolle Möglichkeit, wo die Kinder auch gezielte Freizeitaktivitäten gemeinsam erleben können. Ich war der Meinung, dass gerade die kindliche Neugier dafür gesorgt hätte, dass insbesondere aus unserer Klasse einige Kinder das Angebot angenommen hätten. Von heute Erwachsenen, die in Kindertagen mit Gebärdensprache oder Fingeralphabet in Berührung gekommen sind, hört man immer wieder, wie toll sie es fanden, eine „Geheimsprache" zu kennen. Außerdem hätte es den Vorteil gehabt, dass die Sprache nicht nur erlernt, sondern von Rafael auch täglich und spielerisch hätte angewandt werden können. Zusätzlich hätte er wahrscheinlich gerade in Ermüdungssituationen weniger Kommunikationsstress erfahren. Das erste Halbjahr der dritten Klasse war so gut wie vorbei und es gelang uns nicht mehr dieses verlockend klingende Projekt bis zum Ende der Grundschulzeit zu verwirklichen.

Nun war es eben jene Bekannte, die in diesem Zusammenhang ein Treffen mit einer gehörlosen Familie vorschlug, die ihr Kind mit einem

Gebärdendolmetscher an einer Regelschule integriert hatten. Das klang spannend und es interessierte mich brennend, wie deren Praxis aussah. Ich fragte unsere Integrationshelferin, ob sie auch gern dabei sein möchte und sie nahm das Angebot dankend an. Meine Bekannte würde ebenfalls anwesend sein, zusätzlich aber auch ein Gebärdendolmetscher, später würde ein Zweiter hinzukommen. Es war wieder einmal völliges Neuland, aber diesmal war es eher freudige Erwartung, die wir fühlten, denn Dank der Dolmetscher sollte einer reibungslosen Kommunikation nichts im Wege stehen. In Wirklichkeit brauchten wir auch dafür eine Eingewöhnungszeit. Wir Hörenden schauen automatisch unseren Gesprächspartner an, sowohl wenn wir mit ihm sprechen als auch wenn wir seinen Worten lauschen. Das Erfassen der Mimik und Gestik, die Reaktionen auf das Gesagte sind Bestandteil erfolgreicher Kommunikation. Das funktionierte nun nur noch bedingt. Automatisch schauten wir auf die Dolmetscherin, weil wir sie hörten anstatt auf die Eltern, die eigentlich sprachen. Aber nach kurzer Zeit hatten wir diese Hürde überwunden.

Meine Bekannte wusste, dass wir mit der Selbsthilfegruppe seit einigen Jahren den Begegnungstag organisieren. In der Vergangenheit hatte ich ihr schon erzählt, dass einige Eltern in unserem Selbsthilfegruppe der gleichen Auffassung sind wie wir, dass es gut wäre, wenn die CI-Kinder mit der Gebärdensprache in Berührung kämen. Auch wenn sie sich mit Hilfe der technischen Ausstattungen gut in ihrem hörenden Alltag zurechtfanden, so kann gerade die Gebärdensprache ein wichtiger Bestandteil sein, sich mit der eigenen Behinderung auseinanderzusetzen und zu identifizieren. Von mittlerweile Erwachsenen hatten wir schon gehört, dass gerade in der Pubertät – die Phase des Suchens nach dem eigenen ICH – ein Umbruch stattfand. Vorher noch nie mit Gebärden in Berührung gekommen, schien sie plötzlich der Weg der Wege zu sein. Deshalb wollten wir gern, dass unsere Kinder schon vorher wissen, dass die Gebärde auch zu ihnen gehören kann. Es war ein umstrittenes und viel diskutiertes Thema und auch bei uns sprachen sich bei Weitem nicht alle Eltern für ein Pro-Gebärden aus. Deshalb hatte ich schon lange den Traum, einmal bei einem Begegnungstag die Kinder spielerisch und ungezwungen mit Gebärden in Kontakt kommen zu lassen. Dass das gar nicht so schwer zu sein scheint, haben mir Rafaels Reaktionen in der

Vergangenheit gezeigt. Die kindliche Neugier macht das Leben bunt, während wir Erwachsenen es oft schwarz-weiß sehen. Nun überlegten wir gemeinsam: die gehörlose Familie, meine Bekannte, die Dolmetscher und wir, wie man das Vorhaben verwirklichen könnten. Der Termin für den nächsten Begegnungstag stand. Ich hatte bereits für das Rahmenprogramm unseren Akustiker engagiert, den Vorsitzenden unseres Regionalverbandes gebeten, etwas über die aktuellen Entwicklungen im Bereich Umsetzung der UN-Behindertenrechtskonvention zu berichten und für die Kinder stand ein großes Außengelände sowie bei schlechtem Wetter mehrere Räume in der gemieteten Anlage zur Verfügung. Auf dieser Grundlage meinten wir, dass es das einfachste ist, erst einmal den ersten Schritt zur Sensibilisierung auf beiden Seiten zu tun. So aktivierten wir jeder unsere eigenen Kontakte, um sie für die Begegnung zu begeistern. Wir erreichten in kurzer Zeit ein Ergebnis, das keiner zu hoffen gewagt hatte.

Stürze dich kühn in die Fülle des Lebens. (Johann Wolfgang von Goethe)

Erster Begegnungstag mit Gebärdendolmetschern zu dem Thema "Inklusion - Wie wird sie heute für Kinder und Jugendliche gelebt?"

Vor drei Jahren haben wir mit der Selbsthilfegruppe den Begegnungstag ins Leben gerufen, um mit der Begegnung etwas Bewegen zu können. Mit dem diesjährigen Thema betraten wir sensibles Terrain, hatten aber den Mut es anzupacken. Wir hofften, mit dem Rahmenprogramm den Nerv aller Interessengruppen zu treffen und somit einen Einstieg zu schaffen. Wir schickten die Veranstaltungshinweise an alle Selbsthilfegruppen und Initiativen, mit denen wir in Kontakt standen. Bis zu dem vereinbarten Anmeldetermin erreichten uns kaum Rückmeldungen und so stellten wir uns mit den konkreten Vorbereitungen darauf ein, dass wir ein kleiner Kreis werden – ein paar Nachzügler noch einkalkuliert. Es war einen Versuch wert gewesen, aber vielleicht ist die Zeit einfach für so ein Projekt noch nicht reif gewesen. Umso überraschter waren wir, als ungefähr eine Woche vor der Veranstaltung plötzlich eine Anmeldung nach der anderen bei mir einging. So musste einiges spontan umorganisiert werden. Dabei erinnerte ich mich an eine e-mail, die vom Landeselternrat zu einer Kundgebung vor dem Landtag zum Thema Inklusion aufgerufen hatte. Wir waren dem Aufruf gefolgt und mit einigen Eltern der Selbsthilfegruppe dort vertreten. An der e-mail hing das Video „Blind Foundation – Inklusion". Das, was dieses Video zum Ausdruck bringt, lässt sich schwer in Worte fassen (www.netzwerk-inklusion-frankfurt.de). Es war ein Video, in dem Menschen mit unterschiedlichsten Behinderungen zum Thema Inklusion getextet, gesungen, getanzt, gelebt und gebärdet haben. Es war nicht nur ein Video, es war ein Erlebnis – eins, das unter die Haut ging. Als Rafael es sah, lief es für längere Zeit bei uns zu hause in der Dauerschleife und er versuchte, die Texte ebenfalls zu gebärden. Auch Paul fand es cool und wippte im Takt mit. So trafen wir die Entscheidung, dieses Video als Motto und gleichzeitig als Auftrag für den Begegnungstag zu nehmen.

Als die mehr als 70 Gäste eingetroffen waren, begannen wir unseren Begegnungstag, der von Gebärdendolmetschern begleitet und übersetzt wurde. Das Inklusionsvideo ließen wir nach der Begrüßung als Einstieg laufen. Es diente als Brücke zwischen den Hörenden und Gehörlosen – ein Video, dass alle gleichzeitig erleben und genießen konnten. Keiner war dabei auf die Hilfe eines anderen angewiesen! Den offiziellen Teil hatten wir bewusst kurz gehalten. Sowohl der Akustiker als auch der Vorsitzende des Regionalverbandes haben sich nur kurz vorgestellt und was sie alles für Techniken und Themen dabei haben. Sie würden während der gesamten Veranstaltung für jeden individuell zur Verfügung stehen, denn das Hauptanliegen des Begegnungstages war die Begegnung und nicht das Verfolgen von Vorträgen. Auch die Gebärdendolmetscher blieben während der gesamten Veranstaltung dabei, um eben diese Begegnungen zu begleiten. Während sich die Kinder aufgrund des schönen Wetters draußen auf dem großzügigen Freigelände beschäftigten und den Fußball rollen ließen, konnten sich die Eltern drinnen kennenlernen, austauschen und gegenseitig weiterhelfen. Die mitgebrachte Technik wurde je nach Bedarf vorgestellt, konnte getestet werden und für so manches technische Problem wurden Lösungen gefunden.

Als die Ersten sich langsam verabschiedeten, ließen wir noch einmal das Video laufen. Einige Kinder fingen an, das Lied mitzugebärden und es wurden immer mehr. Am Ende konnten sie den Refrain gemeinsam schon richtig gut.

Wie die große Resonanz gezeigt hat, haben wir zwar ein sensibles Thema aufgegriffen, aber gleichzeitig eines mit viel Potential. Es hat die Offenheit und die Bereitschaft gezeigt, durchaus auch gemeinsame Wege zu gehen. Der Begegnungstag war ein Anfang, den es gilt weiterzuverfolgen und bei dem jeder einzelne mitwirken und mitgestalten kann.

Heutzutage kennen die Leute von allem den Preis und nicht den Wert.
(Oscar Wilde)

Kompetenztest Deutsch

Gegen Ende des Schuljahres wurden unsere Lehrer und die Integrationshelferin von der Bildungsagentur zum Gespräch geladen – den Kompetenztest Deutsch Klasse 3 im Gepäck. Anschließend wurden wir zur Auswertung in die Schule gebeten.

Wie bereits in Klasse zwei hat man sich nicht die Teile angeschaut, die Rafael konnte, sondern nur die, die nicht gelöst waren. Bei einigen Aufgaben hatte er Schwierigkeiten, andere konnte er nicht lösen, weil er die Aufgabenstellung nicht verstanden hatte. Das einfachste Beispiel war „Sortiere nach dem Alphabet". Ich wusste, dass er das kann. Warum hatte es nicht in dem Test funktioniert? Wir machten gemeinsam eine Berichtigung, weil ich es schon für wichtig für unsere weitere Arbeit hielt zu sehen, wo genau seine Probleme lagen. Also fragte ich ihn, worin denn bei der Aufgabe die Schwierigkeit bestand. Er meinte, er verstehe es nicht. Da sagte ich, dass er nach dem ABC ordnen solle. Ach so, war seine Reaktion. Ich habe mir daraufhin die Mühe gemacht und in den Deutschheften und -büchern nachgeschaut. Es stand wirklich überall „Ordne nach dem ABC". Das verbal vielleicht auch andere Formulierungen genutzt wurden, half ihm wenig. Er war an dem Unterschied zwischen „Ordne nach dem ABC" und „Sortiere nach dem Alphabet" gescheitert, nicht an der Aufgabe selbst.

Die Grundaussage des Gesprächs bei der Bildungsagentur war, dass Rafael nur weiter eine Chance in der Integration hätte, wenn er die Klasse wiederholen würde. Zugegebenermaßen hatten auch wir vor Kurzem diesen theoretischen Gedanken gehabt. Da wir viel Zeit zu Hause darauf verwendet haben, ihm Mathe noch einmal zu erklären, war die Idealvorstellung, Mathe zu festigen und sich ein Jahr voll und ganz auf die Entwicklung in Deutsch konzentrieren zu können. Theoretisch - praktisch hatten wir aus mehreren Gründen unsere Zweifel. Nicht nur, dass Rafael seine langjährigen Wegbegleiter verlassen und in einem neuen Klassenverband seinen Platz finden müsste, es war auch fraglich, ob die Wiederholung wirklich etwas bringen würde. Diesbezüglich bat uns die Direktorin um eine Entscheidung bis zwei Wochen vor Schuljahresende. Bei unseren Überlegungen sollten wir allerdings berücksichtigen, dass es in Klasse 4 auch nicht mehr den gewohnten Nachteilsausgleich gäbe. Der Kompetenztest hätte gezeigt, dass sich durch den Nachteilsausgleich nicht Rafaels Leistungsvermögen in seinen Noten widerspiegeln würde. Wieso sollte ihm kein Nachteilsausgleich mehr gewährt werden? Die Beeinträchtigung bestand doch nach wie vor! Die Dame von der Bildungsagentur hätte gesagt, er müsse das nun auch ohne schaffen. Auch die Regel „gleiche Zeit - weniger Umfang" oder „mehr Zeit - gleicher Umfang" würde nicht mehr greifen. Nur für Englisch gilt weiterhin die Visualisierung und in Deutsch müssten keine Diktate geschrieben werden. Ich war sprachlos. So würde Rafael tatsächlich nicht den Hauch einer Chance in Klasse 4 besitzen. Von anderen Schulen wussten wir, dass Arbeiten für Hörgeschädigte in der gleichen Klassenstufe adaptiert wurden - mitunter sogar soweit, dass z. B. keine langen Antworten geschrieben werden mussten, sondern das Wissen stattdessen als „Kreuzeltest" abgefragt wurde. Deshalb wies ich daraufhin, dass die Dame in der Bildungsagentur zwar ihre persönliche Meinung dazu haben dürfe, aber die Schule dennoch das Recht und auch die Pflicht hat, den Nachteilsausgleich, den das Kultusministerium zur Verfügung stellt, auszuschöpfen.

Diese drastischen Aussagen hatten mich schon getroffen, wirklich schockiert hat mich dann allerdings der Kommentar, dass man uns von der Dame der Bildungsagentur ausrichten solle, dass wir sie auch an der weiterführenden Schule nicht los wären. Wir sollten nicht glauben, dass wir mit dem Wechsel an eine Privatschule nicht mehr unter Beobachtung stehen würden. Sie hätte nächste Woche sowieso wieder einen Termin in der betreffenden Schule und da werde sie das Thema gleich einmal mit der Schulleiterin besprechen.

Findet der Mensch Worte? Wir hatten uns geschworen, so lange wie möglich nicht Preis zu geben, um welche weiterführenden Schulen wir uns bemühten. Uns wurde von anderen Eltern größerer Kinder nämlich genau das berichtet, was jetzt eingetreten war. Allerdings bin ich kurz vorher in einem vertraulichen Gespräch von unserer Direktorin direkt darauf angesprochen worden. Ich war enttäuscht. Aber das brachte uns nicht weiter. So blieb uns jetzt, über eine mögliche Rückstufung nachzudenken.

Ein weiterer Rückschlag

Zeit zum Nachdenken bekamen wir reichlich. Leider blieb Rafael nun auch noch ein Krankenhausaufenthalt nicht erspart. Karfreitag dieses Jahres fiel mir auf, dass er nicht mehr richtig reagierte. Auch die Tage darauf wurde es nicht besser. Erst vermuteten wir wieder eines seiner typischen Leistungstiefs und mahnten uns zur Geduld. Darin bestärkte uns auch die Kinderärztin. Allerdings wurde es nach der üblichen Zeit nicht besser. Gut, der nächste Termin im CI-Zentrum stand an und wir waren es mittlerweile gewöhnt, dass meistens kurz vorher die Hörleistung nachließ und wir oft sagten, man merke, dass der nächste Termin wieder fällig ist. Irgendwie kämpften wir uns durch die nächsten zwei Wochen, aber Rafael war abends immer völlig fertig, was wir von ihm so nicht kannten. Im CI-Zentrum sagte er bei der Anpassung, dass es ihm zu leise ist. Immer noch zu leise. Aber mehr Ladung wollte die Technikerin nicht verantworten. Nach zwei Tagen begann er über starke Kopfschmerzen zu klagen, mit denen auch ein Schulbesuch vorübergehend nicht möglich war. Nach Rücksprache mit dem CI-Zentrum wurde vereinbart, zur Abklärung der Ursachen und als Grundlage für die weiteren technischen Einstellungen, einige Untersuchungen im Krankenhaus durchführen zu lassen. Es wurde vermutet, dass er Ostern einen Hörsturz gehabt haben könnte und die Kopfschmerzen nun die Folge der Überforderung waren: Schulstoff aus den Fehltagen nacharbeiten, im Unterricht kaum etwas verstehen und trotzdem dem Inhalt versuchen zu folgen, verpasste Arbeiten nachschreiben sowie aktuelle Arbeiten bewältigen. Die Ärzte beschlossen eine Cortisonbehandlung. Unsere Begeisterung darüber hielt sich in Grenzen, aber Hauptsache es würde helfen. Diese eine Woche in der Klinik habe ich auch dafür genutzt, mit den Ärzten, insbesondere mit der Psychologin, über Rafaels aktuelle Situation zu sprechen und bat sie um Empfehlungen aus ihrer Sicht. Unabhängig voneinander waren sie der Meinung, dass Rafael richtig zu sein scheint, wo er ist. Für die schulischen Probleme, die uns über eine Rückstufung nachdenken ließen, gäbe es den Nachteilsausgleich. Beide Seiten hegten Zweifel, ob die Rückstufung die damit angestrebten schulischen Verbesserungen tatsächlich bewirken würde. Besonders der soziale Bereich wurde betrachtet und gerade in der aktuellen Situation wären zusätzliche Veränderungen nicht gut. Sollte das Hörvermögen nicht wieder zu seiner alten Leistung zurückfinden, war uns klar, dass Rafael ohnehin die Schule wechseln müsste.

Bis Ende dieser Woche erwartete die Direktorin unsere Entscheidung. Also rief ich aus dem Krankenhaus an und erklärte sowohl die aktuelle Situation als auch die Aussagen der Ärzte, die uns dazu bewogen hatten, vorerst der freiwilligen Rückstufung nicht zuzustimmen. Unser Einverständnis wurde aber benötigt, da Rafael nur zweien und dreien auf dem Zeugnis haben würde. Nun trat leider ein, was ich befürchtet hatte: Unsere Entscheidung wurde nicht akzeptiert, und sobald wir wieder zu Hause wären, wurde ich in die Schule gebeten.

Bevor ich den Termin wahrnehmen konnte, erhielt ich nun endlich - zwei Wochen vor Schuljahresschluss – den Bescheid von Sozialamt zu unserem Widerspruch aus dem September. Wahrscheinlich auch nur, weil ich mich die letzten Wochen durch die Hierarchie nach oben weiter gewandt hatte. Der Bescheid besagte doch tatsächlich, dass für Rafael ein höherer Bedarf festgestellt wurde, als der, den er über das gesamte Schuljahr erhalten hatte. Super, und was half das jetzt Rafael? Telefonisch versuchte ich einen Kompromiss auszuhandeln, diese zwei nicht geleisteten Stunden pro Wochen mit in die vierte Klasse nehmen zu können. Dabei kam heraus, dass der Herr vom Amt, der die Hospitationen durchgeführt hatte, berichtet hatte, dass Rafael versetzungsgefährdet ist. Sollte er nicht versetzt werden, würde die Integration für nicht gelungen befunden werden. Moment. Ich erklärte, dass zurzeit eine freiwillige Wiederholung zur Diskussion stand. Dass Rafael keine vier oder fünf auf dem Zeugnis haben wird, überraschte sie. Mit den Fakten war für sie Rafaels Weg – als Integrationskind an der Regelschule unterrichtet zu werden - weiterhin in Ordnung. Unabhängig davon, fand ich es verwunderlich, die Integration als nichtgelungen zu erklären, wenn er ein Jahr wiederholen würde. Musste man nicht auch sehen, was für ein Schüler Rafael ohne Hörschädigung wäre? Dann müsste er auch nicht die Schule wechseln, falls er ein Schuljahr nicht schaffen würde. So erfuhr ich, dass es sich bei einem Integrationskind anders verhält – egal, ob das Kind aufgrund der Zensuren nicht versetzt werden kann oder ob es aufgrund von nicht so guten Leistungen ein Jahr freiwillig wiederholt. Es folgte das Gespräch mit der Schule. Ich begründete unsere Entscheidung damit, dass wir aktuell nicht wissen, wie es mit Rafaels Hörleistung überhaupt weitergeht und dass gegebenenfalls auch ein Wechsel an die Gehörlosenschule eine Option sein wird. Wie auch die Psychologin zu bedenken gab, ist sein soziales Umfeld in der Klasse. Außerdem sei es fraglich, wie er emotional die Rückstufung bei den Zensuren empfindet, zumal er sich selbst in der Klasse wohlfühlte und gern dort bleiben wollte. Die Befürchtung, dass er sich bei einer Wiederholung verschließt, wurde geäußert. Darüber hinaus wäre er durch die Rückstellung im Vorschulalter beim Verlassen der Grundschule bereits zwei Jahre älter als seine Mitschüler. Das könnte in künftigen Klassenstufen zu weiteren sozialen Konflikten führen. Trotz all dieser aufgeführten Gründe unsererseits beharrte die Direktorin auf einer Rückstellung. Da sie dafür unsere Zustimmung brauchte, hätte ich das Verfahren abkürzen und einfach gehen können. Aus meiner Sicht stellte das allerdings keine Lösung dar. Auch in Zukunft waren wir auf die Unterstützung der Lehrer angewiesen. Das konnte ich nicht erreichen, indem ich einfach ging, sondern nur, wenn sie unsere Vorgehensweise nachvollziehen konnten. Verständnis habe ich gar keins mehr erwartet. Aufgrund des Telefonates mit dem Amt stellte ich deshalb die alles entscheidende Frage, ob aus Sicht der Lehrer eine Rückstufung ohne Integrationshelferin denkbar sei. Das wurde stark bezweifelt. Ich erklärte, dass mit der Entscheidung zur Rückstufung der Integrationshelfer nicht mehr genehmigt werden würde. Diese Chance der Begleitung, die dann auch für die weiterführende Schule wichtig wäre, wollten sie ihm - nach gefühlt endlosem Zögern - nicht nehmen. So fanden wir den Kompromiss, uns im Herbst noch mal zusammenzusetzen, wenn sich offenbart hat, wie sich die Krankenhausbehandlung ausgewirkt hat.

Ergänzend zu dem Krankenhausbesuch stand noch ein Arzttermin im September bei einem Kinderneurologen an, an dessen Urteil wir uns alle für weitere Entscheidungen orientieren wollten.

Krankenhausaufenthalte sind selten etwas Schönes und so nervig es einerseits war, so sehr hatten diese Tage doch auch etwas Erhellendes. In den letzten Monaten blieb wenig Zeit, wirklich einmal Ruhe zu finden. Es ging in vielen Lebensbereichen Schlag auf Schlag und die Pausen dazwischen haben wir zum Luftholen genutzt. Viel mehr blieb nicht. Deshalb erschienen die Tage, die nun vor uns lagen, anfangs quälend lang. Denn wir hatten plötzlich Zeit, viel Zeit und mussten lernen, diese zu nutzen. Trotz zahlreichen Hausaufgaben, Fußball-WM, selbst Fußball spielen und kuscheln blieb noch viel vom Tag übrig, zumindest verglichen mit dem Alltag. So konnten sich die Gedanken sortieren und plötzlich war da diese Erkenntnis, die mich unvermittelt in einem Gespräch mit einem Arzt traf: Es ist eigentlich ein Wahnsinn, was Rafael mit seinen Möglichkeiten bis jetzt alles erreicht hatte. An diesem Gedanken hielt ich fest und führte mir die einzelnen Herausforderungen, die er Tag für Tag bewältigen musste vor Augen. Es ist wirklich eine Leistung, die ihm so manch Normalhörender erst einmal nachmachen muss. Trotz allen Steinen, die ihm immer wieder in den Weg gelegt wurden, gab er nicht auf. Er geht weiter und strahlt dabei allen noch mit seinem überaus charmanten Lächeln ins Gesicht. Wieder einmal wird auch deutlich, was für ein Potential noch in ihm steckt. Wie oft haben wir schon den Wunsch gehabt, dass man uns einfach nur kontinuierlich mit ihm arbeiten lassen würde. Da wäre ihm soviel mehr geholfen, als mit dem Überwinden der zahlreichen Hürden. Eine Feststellung, die im Übrigen nicht nur von uns Eltern stammt, sondern auch von seinen Partnern, die ihm gewogen sind und an ihn glauben. Er geht seinen Weg eben nur anders als andere, und das ist leider im Alltag nur schwer oder gar nicht möglich – vor allem nicht in Sachsen. Wie oft habe ich in diesen Tagen den Satz gehört: „Sie wohnen mit Rafael wahrscheinlich einfach nur im falschen Bundesland." Ja, vielleicht.

Vielleicht aber auch nicht. In unserer näheren Umgebung gab es noch eine private Grundschule, die gerade in Bezug auf Integrationskinder einen sehr guten Ruf genoss. Außerdem schien deren Unterrichtsgestaltung optimal für Rafaels Bedürfnisse zu sein. In der Theorie sprach vieles auch für einen möglichen Schulwechsel – der natürlich erst einmal genehmigt werden müsste. In der Praxis hätte aber auch dieser Schritt einen nicht ganz unerheblichen Einschnitt in sein soziales Umfeld bedeutet. Deshalb haben wir dieses Thema ebenso offen mit ihm besprochen, wie zuvor die Möglichkeit der Rückstufung. Die klare und nachvollziehbare Aussage von Rafael lautete, wie schon in der Vergangenheit, dass er in seiner Klasse bei seinen Freunden bleiben möchte. Er hat eingeräumt, dass das Lernen für ihn sehr schwer sei. Gleichzeitig vertrat er aber die Meinung, dass er stark ist und das schaffen würde. Eine Einschätzung, die auch wir teilten – wenn man uns endlich in Ruhe ließe und wir uns somit voll und ganz auf das Wesentliche konzentrieren könnten.

Es waren Tage und Wochen, die zermürbten und wir merkten, wie auch unsere eigenen Kräfte schwanden. Ich war an einem Punkt angekommen, wo ich mir nicht sicher war, wie lange ich das noch durchhalten würde. Das bezog sich allerdings nicht auf Rafaels Gesundheitszustand. Das war nicht schön, beunruhigte und ließ auch Zukunftsängste aufkommen, aber es gab immer Lösungsmöglichkeiten. Auch der straffe tägliche Zeitplan, der unumgänglich war, um alles unter einen Hut zu bekommen, war zwar eine Herausforderung, aber durchaus machbar: Arbeit, ein großes pubertierendes Kind am Gymnasium, ein Integrativkind, Absprachen mit der Integrationshelferin, tägliche (Haus)aufgaben bzw. gezielte Unterrichtsvorbereitung inkl. Vokabeln abfragen, familiäre Verpflichtungen ... wer kennt das nicht? Was wirklich kaputt machte und uns an den Rand unserer Kräfte brachte, war der Nervenkrieg, der nun schon so lange geführt wurde. Stand das Ego einzelner über dem Wohl und der Zukunft eines Kindes? Es war für uns nicht nachvollziehbar, warum man keine Ruhe aufkommen lassen wollte. Ruhe, die wir immer versucht haben der Schule gegenüber zu gewähren, weil wir der Meinung waren, dass sie nötig ist – auch für die Lehrer und deren Arbeit, weil Rafael nicht das einzige Kind ist, weil theoretisch nur auf deren Basis eine gute Zusammenarbeit möglich ist. Ruhe, die Rafael gebraucht hätte, um sich kontinuierlich mit der Zeit zu entwickeln. Ruhe, die in seiner aktuellen Situation besonders wichtig gewesen wäre, um den Gesundheitszustand zu verbessern und um damit perspektivisch vielleicht zur Normalität zurückkehren zu können. Ruhe, die wir ebenfalls nötig gehabt hätten, um ihn dabei zu unterstützen. Diese anhaltende Ungewissheit, was wird als nächstes passieren, wann und in welcher Form, stellte uns nunmehr seit vielen, vielen Monaten unter eine ständige Anspannung, die auf Dauer keiner aushält. Die Frage, wie lange wir die Energie dafür noch aufbringen konnten, drängte sich in dieser Zeit immer wieder auf.

Vergiss nicht: Man benötigt nur wenig, um ein glückliches Leben zu führen.
(Marc Aurel)

Mit Hoffnung in die Zukunft

Wie es weitergehen würde, stand völlig in den Sternen. Um uns nicht von dieser Ungewissheit zermürben zu lassen, haben wir uns auf die beiden Wochen konzentriert, die es bis zu den Sommerferien noch zu überstehen galt. Uns blieb auch wieder einmal nicht viel Zeit, uns Gedanken zu machen – die Gegenwart hatte uns fest im Griff. Da in der Schule bereits Zensurenschluss war, lief der Alltag diesbezüglich recht entspannt. Dafür kamen unerwartet andere Herausforderungen auf uns zu. Durch das Cortison hatte Rafael relativ schnell ordentlich zugelegt. Besonders im Gesicht hat man die Veränderungen deutlich gesehen. Und scheinbar gehörte es auch zu den Nebenwirkungen, dass Rafael nun unglaublich viel schwitzte. Irgendwie kam einmal wieder alles zusammen: es waren heiße Sommertage, Rafael schwitzt prinzipiell schon beim Gedanken an Bewegung, liebt es sich auszupowern und nun noch die Medikamente. Somit war unser Sohn nicht einfach nur durchgeschwitzt, sondern sah schon nach wenig Anstrengung aus, als hätte er geduscht und hinterher vergessen, sich die Haare abzutrocknen. Zu diesem Zeitpunkt gab es bei unserem CI-Hersteller noch keine spritzschutzsicheren Sprachprozessoren geschweige denn wasserfeste. Aber genau die wären nötig gewesen, um aktuell eine Überlebenschance bei Rafael zu haben. Die logische Konsequenz war, dass technische Ausfälle gehäuft auftraten. Einige kündigten sich an, manchmal hörte er von jetzt auf gleich nichts mehr. Den Kurierfahrer kannten wir nach einer Woche schon sehr gut. Und als wenn das nicht ausgereicht hätte, gab es wieder ein Erlebnis, dass von den Worten „so etwas ist ganz selten" begleitet wurde. Wir erhielten einen neuen Sprachprozessor, mittlerweile geübte Handgriffe beim Synchronisieren des CIs, ein zufriedenes Nicken bei Rafael und fertig. Gefühlte 10 Sekunden später. Verwunderter Blick – geht nicht. Was war das? Also noch einmal von vorn. Gefühlte 10 Sekunden okay – dann wieder nichts. Mittlerweile nicht mehr ganz unerfahren mit technischen Ausfällen, haben wir im Ausschlussverfahren versucht, die Fehlerquelle herauszufinden oder wenigstens einzugrenzen. Von dem funktionierenden CI tausche man immer ein Teil beim nichtfunktionierenden CI aus. Auf der einen Seite ging es, ausgetauscht an der anderen immer wieder das gleiche Spiel: Gefühlte 10 Sekunden hören – dann nichts. Also probierten wir es noch mit den Teilen, die uns unsere kleine Schatzkammer an Ersatzteilen bot. Erfolglos. Das einzige Teil, was wir auf diese Art nicht testen konnten, war der Sprachprozessor selbst. Aber der war vor gerade einmal einer Stunde neu geliefert worden. So langsam schwand meine Gelassenheit und auch Rafael wurde zusehends unruhiger. Die betroffene Seite war nämlich jene, die vor einem halben Jahr soviel Ärger verursacht hatte. Mir wurde immer heißer, während die Hände eiskalt waren. Sollte wieder etwas mit dem Implantat sein? Ich griff zum Hörer und rief im CI-Zentrum an. Einen Defekt am Implantat schloss man aus. Es galt den Sprachprozessor zu prüfen, denn auch wenn er neu geliefert war, kam es schon vor, dass er nicht einwandfrei lief. Selten, aber möglich - gut, also prinzipiell etwas, das zu Rafael passen würde. Hoffnung keimte auf und gleichzeitig trat Ernüchterung bei der Erkenntnis ein, dass der Sprachprozessor nur in einem CI-Zentrum getestet werden kann und unseres mal eben 300 km entfernt ist. Unser CI-Zentrum bot uns an, mit dem CI-Zentrum Kontakt aufzunehmen, dass sozusagen vor unserer Haustür lag, von dem wir uns aber vor einigen Jahren verabschiedet hatten. Dennoch gingen wir auf den Vorschlag ein und so bekamen wir am Nachmittag dort einen Termin. Die Technikerin vollführte nichts anderes als ich am Vormittag – mit dem gleichen Ergebnis. Gefühlte 10 Sekunden hören – dann nichts. Sie hatte den Vorteil, zusätzlich noch einen Sprachprozessor zum Tausch zur Verfügung zu haben. Ich hielt die Luft an. 10 Sekunden – nichts. Da war sie wieder diese Wärme, die in mir hoch kroch, während die Hände immer kälter wurden. Auch Rafael schaute irritiert. So zuversichtlich ich konnte, lächelte ich ihn an. Dass unser neuer Sprachprozessor kaputt sein könnte, war schon recht unwahrscheinlich – dass dieser hier aber gleichfalls kaputt ist, konnte die Technikerin ausschließen. Sie hatte aber noch eine Idee. Mit Hilfe unserer kleinen Schatzkammer an Ersatzteilen, tauschten wir dann noch große gegen kleine Batteriefächer, neue Spulen gegen alte Spulen – immer schön ein Teil nach dem anderen. Anschließend wurde auf die ursprünglichen Teile zurückgetauscht. Keine Ahnung wie viel Zeit wir mit diesem Puzzlespiel zugebracht haben. Warum ich das hier so ausführlich schildere? Im Endeffekt war ein Spulenkabel kaputt. Ein Spulen-kabel! Ich weiß nicht, wie viele ich davon in der Vergangenheit schon getauscht hatte. Es waren jedenfalls unzählige und jetzt hatte ich es nicht erkannt? Das kratze schon leicht an meinem Ego, zumal wir dafür fast 600 km gefahren wären. Mein einziger Trost war, dass die Technike-rin mir versicherte, dass es in diesem Fall eine unglückliche Verkettung war, weshalb auch sie dafür über eine Stunde gebraucht hat und letzt-endlich noch einen Sprachprozessor hatte, der sie auf die richtige „Fähr-te" bringen konnte. Das hatte selbst sie noch nicht oft erlebt, aber es kommt eben leider immer mal wieder vor – wenn auch sehr selten. Wa-rum wunderte mich dieser Satz nicht mehr? Jedenfalls waren wir alle erleichtert, dass es im Endeffekt so banal war und Rafael strahlte, dass er wieder hörte. So richtig hat er dem Frieden am Anfang nicht getraut. Er saß immer da und meinte auf die Frage, ob er hört: ja, aber warte. Und wir warteten bis er überzeugt war, dass der Zustand von Dauer sein könnte. Ende gut – alles gut. Aber dieser Tag gehörte definitiv wieder einmal in die Rubrik „Darauf hätten wir auch verzichten können." Es ist schön Erfahrungen zu sammeln, aber alle braucht man nun wirklich nicht.

Mal abgesehen von den spannenden technischen Ereignissen boten diese beiden Wochen reichlich Grund zur berechtigten Hoffnung. Mit stiller Freude und möglichst wenig Erwartung beobachteten wir, wie Rafael scheinbar immer besser zu hören schien. Bis zum Ferienbeginn sah er auch im Gesicht wieder aus wie vor dem Krankenhaus. In der ersten Ferienwoche zeigten sich weitere Fortschritte. Kommunikation fand nicht nur wieder statt, sondern mittlerweile auch auf einem ent-spannten Niveau. Die zweite Ferienwoche verbrachten wir im Urlaub. Dort bestand unsere größte Sorge darin, dass die Technik durchhält, denn der anhaltende Dauerregen unterzog sie einem Härtetest. Von schlechtem Wetter lassen wir uns nicht aufhalten – erst recht nicht im Urlaub. So waren wir trotzdem viel draußen und die Kapuze gehörte zur Standardausrüstung in diesen Tagen. Bewegen, schwitzen, hohe Luft-feuchte - wie lange würde das gut gehen? Zwar waren wir aufgrund der vielen Ausfälle unmittelbar nach dem Krankenhaus auf sogenannte Neopren- Überzieher aufmerksam geworden, aber was konnten diese wirklich abhalten? Viel! Seitdem Rafael sie getragen hat, funktionierte die Technik reibungslos. Es sah zwar alles andere als schön aus, aber das war ihm egal. Das kommunizierte er auch offen: damit kann ich hören, da wird nichts nass. Daran haben wir auch wieder gesehen, wie wichtig ihm die hörende Welt ist.

Endgültig überzeugt, dass sein Gehör wieder funktioniert und die Therapie im Krankenhaus erfolgreich gewesen ist, war ich, als er mich auf Arbeit anrief. Er erzählte nicht nur, sondern hörte auch zu. Und zu meiner großen Verblüffung verstand er auch, was ich geantwortet habe. Das war neu! Das Telefon liebte er schon lange. Wenn es klingelte ging er ran, meldete sich mit dem Namen und ohne dem Gesprächspartner eine Chance zu lassen etwas zu sagen, erklärte er, dass er das Telefon an uns oder Paul weitergibt. Wenn er mich bisher am Telefon hatte, hatte er für kurze Zeit die Konzentration aufgebracht, mir zuzuhören. Ich wiederum musste sehr langsam und in ganz kurzen Sätzen sprechen. Aber dieses Telefonat verlief so ganz anders. Zufall? Das wollte ich auch herausfinden. Es gibt immer einen Grund seine Kinder zu Hause anzurufen, also griff ich unter einem Vorwand zum Hörer und rief ihn zurück. Es war kein Zufall, dass er mich vorhin verstanden hatte, freute ich mich, während ich mich nun köstlich amüsierte, wie er sich beschwerte, warum er den Hof kehren solle, er hätte doch schon den Geschirrspüler ausgeräumt.

Um fremden Wert willig und frei anzuerkennen, muss man eigenen haben.
(Arthur Schopenhauer)

Beginn Klasse 4

Mit dem guten Hören war für uns auch klar, dass wir erst einmal entspannt in Klasse 4 starten können. Nun waren die einstigen Schulanfänger schon die Großen. Traditionell begrüßt die vierte Klasse die neuen Erstklässler mit einem tollen Programm. Wie im reellen Schulalltag fand Rafael auch darin seinen Platz. Mit viel Feingefühl wurden alle Rollen ausgewählt und so erhielt Rafael solche, die er meistern konnte. Zwar musste er keine Texte lernen bzw. nicht vor dem großen Publikum sprechen, aber den richtigen Einsatz bei der Musik finden, als Buchstabe mittanzen und sich an der richtigen Stelle platzieren, sich als Leichtmatrose Kuddel zu gesprochenen Texten pantomimisch genau bewegen, brauchte schon seine volle Konzentration. Förmlich vergessen hat er sich dann als rockender Gitarrist. Im Rhythmus der Musik wurde die Gitarre „gespielt" und der Kopf geschüttelt, damit die Haare auch ordentlich im Takt mitschwangen. Deshalb durften die über die Sommerferien reichlich gewachsenen Haare auch erst nach der Schuleinführung wieder gekürzt werden! Es war für die ganze Klasse, die Hortnerin, die Lehrerin und die Integrationshelferin ein wahnsinniger Erfolg, dass dieser Auftritt so grandios gelungen ist, an dem sie seit Januar gefeilt, getüftelt und geprobt hatten. Der Abschluss des Programms war für die neuen Schulanfänger natürlich der wichtigste Teil: die Übergabe der Zuckertüten. Nach kurzer Zeit standen alle 24 Kinder strahlend auf der Bühne. „Na mal sehen, wie viele davon Ende der Klasse 3 noch in der Schule sind", hörte ich die Mutti eines Mitschülers neben mir murmeln. Überrascht drehte mich zu ihr und sah in das Gesicht einer Frau, deren Kind eigentlich keine Probleme in der Schule zu haben schien. Bis jetzt dachten wir immer, dass es nur unserem subjektiven Empfinden entsprach, dass Kinder in der Schule, speziell in unserer Klasse, aussortiert wurden. Was aber veranlasste diese Mutti sich so zu äußern oder hatte ich mich vielleicht verhört? Neugierig geworden fragte ich nach. Ihre Antwort, dass doch unsere Klasse ganz offensichtlich und durch zielgerichtetes Handeln immer kleiner wird, tröstete mich im ersten Moment -

wurde doch soeben bestätigt, dass wir uns das nicht alles einbildeten. Doch schnell verflog dieses Gefühl und Unbehagen machte sich breit: Wie schlimm musste es eigentlich wirklich sein, wenn selbst Eltern, deren Kinder scheinbar keine Probleme in der Schule hatten, so empfanden? Blieb der stille Wunsch, dass die Grundschulzeit der strahlenden Zuckertütenträger glücklicher verlaufen möge, als die einiger Kinder in unserer Klasse!

Mit dem Ende des Programms begann das neue Schuljahr. Eines unserer großen Ziele für dieses Jahr war es, Rafaels soziale Kompetenzen weiter zu stärken und vor allem in der Schule auch zu äußern, wenn er etwas nicht verstanden hat. Neben den schulischen Herausforderungen in unseren Augen ein ganz wichtiger Aspekt für seine Persönlichkeitsentwicklung. Mit der Integrationshelferin hatten wir dazu bereits in der letzten Ferienwoche gemeinsame Vorgehensweisen besprochen, da man aus Erfahrung nach der langen Pause durch die Sommerferien immer eine gute Chance hat, neu anzusetzen und Eingeschliffenes gar nicht erst wieder aufkommen zu lassen.

Soziale Kompetenzen wurden bereits schon im letzten Jahr in ganz anderen Bereichen ausgetestet. Und zwar in Form von Liebesbriefen. Wer kennt das nicht aus seiner Schulzeit und erinnert sich gern schmunzelnd daran zurück. So konnten wir seinen eigenen Schmerz auch gut nachempfinden, als Rafael am zweiten Tag etwas frustriert nach Hause kam und uns erklärte, dass nun in der Hausordnung steht, dass kein Liebesbrief mehr geschrieben werden dürfe, weil er die falsche Person glücklich machen könnte, wenn der Brief in die falschen Hände gerät. Wir fühlten mit ihm, zumal die schriftliche Kommunikation ihm auch die Möglichkeit bot, mit den Aktivitäten der anderen mitzuhalten und zu verstehen, was beim Hören nicht immer der Fall war.

Gleich in der ersten Woche fand auch das Gespräch mit der Schulleiterin und der Integrationslehrerin statt. Am Ende des vergangenen Schuljahres waren wir so verblieben, dass wir seine Entwicklung nach der Krankenhausbehandlung und den daran angeschlossenen Termin Ende September abwarten und uns anschließend nochmals zu möglichen weiteren Vorgehensweisen abstimmen wollten. So berichtete ich erst einmal über Rafaels positive Fortschritte beim Hören, Verstehen und Sprechen. Eigentlich wollte ich noch anfügen, dass wir aufgrund dessen, dass nun endlich wieder Ruhe in Rafaels Leben eingezogen war, wir ihm diese nicht unnötig nehmen wollten. Mit anderen Worten: wir hatten vor den anstehenden Termin bei dem Kinderneurologen zu verschieben - am besten in die Ferien, damit er nicht wieder aus der Schule rausgenommen werden muss und daraus resultierend erneut unter einer Doppelbelastung stehen würde. Das wäre aber nötig, weil der Arzt eine kleine Deutschlandreise bedeutete. Für seine Entwicklung brauchte er vor allem nach dem letzten Jahr im Moment unserer Meinung nach Ruhe und Kontinuität. Aber gut, dass ich das nicht erwähnt hatte, denn die Schule signalisierte mir ganz deutlich, dass sie Rafael am liebsten sofort schon in Klasse 3 zurück gesetzt hätte, nun aber noch auf das Gutachten des Arztes warten würden. Leise stellte ich mir die Frage, was wäre, wenn der Arzt sagen würde, dass Rafael bleiben soll, wo er ist – sowohl in der Regelschule als auch in der 4. Klasse? Wahrscheinlich wäre es ähnlich wie am Ende der 3. Klasse, als wir der Rückstufung nicht zugestimmt haben: Unverständnis und die Androhung die Unterstützung nicht weiter leisten zu können. Wir hofften, dass ich mich irrte, denn wie lange wir diesem Druck noch standhalten konnten, vermochten wir nicht zu sagen. Dabei war gerade mal eine Schulwoche vergangen – gefühlt haben wir uns wie kurz vor den nächsten Ferien.

Ende September machten wir uns also auf den Weg – mit bangen Gefühlen im Bauch. Die erste Station war das CI-Zentrum. Rafael hörte zwar super, aber die Elektroden am linken Ohr hatten sich wieder einmal völlig verändert – unerklärlich. Das hieß, es musste erst einmal in kurzen Abständen beobachtet werden. Konkret bedeutete das, das wir ca. aller 4 Wochen zur Kontrolle kommen mussten. Wenn es Rafael hilft, richten wir das gern ein, aber was würde die Schule dazu sagen? Wenigstens hatten wir nun einen Bericht im Gepäck, in dem nochmals auf Rafaels Besonderheiten und auf den damit verbundenen nötigen Nachteilsausgleich hingewiesen wurde. Mal sehen, was es helfen würde. Wert legte die Schule vor allem auf das Gutachten des Kinderneurologen. Bei ihm waren wir am folgenden Tag. Es kann sich keiner vorstellen, wie erleichtert wir ihn verließen, nachdem wir seine Meinung gehört hatten: Rafael solle so lange wie möglich an einer Regelschule bleiben, damit er weiterhin gute lautsprachliche Vorbilder hat. Lediglich, wenn er Probleme bei der sozialen Integration bekommt, müsse man die Lage neu entscheiden. Aber selbst dann empfahl er uns, erst erneut einen

Kollegen hinzuzuziehen, da es ein sehr sensibles Feld ist. Auch er wies darauf hin, dass Rafael ein angemessener Nachteilsausgleich zusteht. Soweit zur überaus positiven Theorie! Wie würde das unsere tägliche Arbeit tangieren und beeinflussen? Leider reagierte die Schule ähnlich, wie ich es erwartet hatte.

Friede beginnt mit einem Lächeln. Lächle fünfmal am Tag einem
Menschen zu, dem du gar nicht zulächeln willst: Tue es um des Friedens
willen. (Mutter Teresa)

Bürokratie

Auch für die 4. Klasse beantragten wir den Einsatz eines Integrationshelfers. Der Antrag musste allerdings zu einer Zeit eingereicht sein, als wir noch nicht einmal eine Antwort auf unseren Widerspruch für Klasse 3 hatten. Wir wussten also nicht, wie und vor allem mit welcher Begründung entschieden werden würde. Um den erneuten Antrag so formulieren zu können, dass er erfolgreich ist, wären diese Fakten sehr hilfreich gewesen. Also mussten wir ein wenig nach dem Motto „no risk - no fun" agieren - wobei „fun" in diesem Zusammenhang schon eines großzügigen Humors bedurfte:

[...]
seit der 1. Klasse haben wir für Rafael einen Integrationshelfer bewilligt
bekommen. Nunmehr sind es fast drei Jahre, in denen Rafael Dank dieser
Assistenz für die Kommunikation seinen Alltag in der Grundschule meistern kann.
Wochenunterrichtsstunden für das beantragte Schuljahr
Für das Schuljahr 2014/15 beantragen wir wieder die Leistungen eines
Integrationshelfers. Dann wird Rafael bereits die 4. Klasse besuchen. Diese
*umfasst **27 Unterrichtsstunden pro Woche**. Die Zusammensetzung können*
nen Sie der beigefügten Aufstellung der Grundschule entnehmen (Anlage
1).
Unterstützungsbedarf
Dass Rafael theoretisch einen Unterstützungsbedarf in allen Unterrichtsstunden hat, in denen kommuniziert wird, ist unseres Erachtens in den
beiden Gesamtplangesprächen im November 2013 und Mai 2014 sowie in
dem Gespräch bei Frau XXX im Regionalschulamt im Juni 2014 deutlich
geworden. Der Bericht des betreuenden Reha-Zentrums vom November
2013 (seit Mai 2014 im Amt vorliegend, hier Anlage 2) untermauert die
Gespräche.
Gründe für die Höhe des Unterstützungsbedarfs
Unterstützung benötigt Rafael aufgrund seiner Hörschädigung und der

daraus entstandenen Entwicklungsverzögerung im aktiven wie passiven Wortschatz vor allem bei der Kommunikation. Das bedeutet, dass der Integrationshelfer als Kommunikationsassistent fungiert. Da in jedem Unterrichtsfach die Grundlage das Verstehen des Gesagten und Gelesenen ist, wäre es für eine erfolgreiche schulische Integration sinnvoll, wenn der Einsatz eines Kommunikationsassistenten während des gesamten Unterrichts möglich ist.

Um seine Selbstständigkeit weiter zu verbessern liegt ein Schwerpunkt in der Förderung ebenfalls in der Stärkung der kommunikativen Kompetenzen.

Um die Komplexität des Einsatzgebietes und die Notwendigkeit des Umfangs zu verdeutlichen, fügen wir die Stellenbeschreibung für den Integrationshelfer bei (bereits mit dem Antrag auf Integrationshilfe für das laufende Schuljahr eingereicht, hier Anlage 3).

<u>Unterstützung und trotzdem zunehmend selbstständiger arbeiten</u>
Uns ist bewusst, dass die Bitte nach gleichbleibendem Leistungsumfang nicht nach steigender Selbstständigkeit klingen mag. Wenn man allerdings die Entwicklung der zu absolvierenden Wochenunterrichtsstunden ins Verhältnis zu den genehmigten Wochenstunden für den Integrationshelfer setzt, erhält man folgendes Ergebnis:

1. Klasse

20 Unterrichtsstunden	20 h Integrationshelfer	100 % Unterstützung

2. Klasse

22 Unterrichtstunden	20 h Integrationshelfer	91 % Unterstützung

3. Klasse

24 Unterrichtstunden	20 h Integrationshelfer	83 % Unterstützung

Gleichbleibende Wochenstunden entsprechen demzufolge nicht unselbstständigem Arbeiten, sondern sollen eine angemessene Unterstützung bei den deutlich steigenden Anforderungen und Umfängen gewährleisten und fördern gleichzeitig auch das selbstständige Arbeiten.

<u>Fortführung der Integration mit Integrationshelfer</u>
Rafael bewältigt nunmehr seit fast drei Jahren den Schulalltag gemeinsam mit einem Integrationshelfer. Gestartet ist er mit einem Defizit in der Hör-Sprach-Entwicklung von 4 Jahren. Diese Spanne ist nicht in drei Jahren aufzuholen. Aber die positiven Entwicklungen, die er sowohl sprachlich als auch in seiner Persönlichkeit genommen hat, zeigen wie wichtig die tägli-

che Normalität für ihn ist, um zunehmend eigenständiger und später einmal selbstbestimmt leben zu können. Auch innerhalb der einzelnen Unterrichtsfächer ist es gerade in Klasse 3 gelungen, behinderungsbedingte Defizite weiter zu verringern (Deutsch) und teilweise auch ganz aufzuholen (Mathe). Gerade bei der Verringerung der Defizite war und ist der Einsatz des Integrationshelfers essentiell. Da es das Ziel ist die noch vorhandenen Defizite weiter zu minimieren und um Rafael weiterhin einen erfolgreichen integrativen Weg gehen lassen zu können, bitten wir Sie, die Leistung eines Kommunikationsassistenten zu bewilligen.

[...]

Zu unserer großen Überraschung wurden uns diesmal sofort alle beantragten Stunden bewilligt. Dagegen nicht nachvollziehbar war, dass gleichzeitig mit der Zusage für Klasse 4 unser Widerspruch aus Klasse 3 abgewiesen wurde. Jetzt hätte man sagen können, dass dies egal ist, da Klasse 3 der Geschichte angehört, aber von der Bearbeiterin, mit der ich Ende Klasse 3 verhandelt hatte, lag uns eine schriftliche Bewilligung über die 22 Stunden vor. Wir hatten uns auf damals auf einen Kompromiss geeinigt: Die bewilligten, aber nicht geleisteten Stunden aus Klasse 3 werden in Klasse 4 übertragen. Wie kann eine Bearbeiterin eine schriftliche Bewilligung per e-mail verfassen und ein knappes Vierteljahr später wird der Bescheid von einer anderen Bearbeiterin (der Nachfolgerin) angefertigt, in dem der Widerspruch abgewiesen wird? Sollte die Bewilligung via e-mail keine Gültigkeit haben? Aus Zeitnot unternahm ich den Versuch, es vorerst telefonisch zu klären und nur das Ergebnis schriftlich festzuhalten. Es war ein - vorsichtig formuliert – sehr emotionales Telefonat, da wir beide recht beharrlich unsere doch zugegebenermaßen sehr unterschiedlichen Standpunkte vertraten. Am Ende meinte die Bearbeiterin, dass sie uns schon verstehen könne und wir wahrscheinlich andere Probleme hätten, als uns nun auch noch um den Bescheid für den Integrationshelfer sorgen zu müssen. Sie wollte gern für uns, dass wir nach dem zähen und auch aus ihrer Sicht sehr umstrittenen letzten Jahr zur Ruhe kämen. Ich war wirklich überrascht, hielt meine Freude aber im Zaum, denn noch lag uns der Bescheid nicht schriftlich vor. Erst dann würden wir uns freuen und entspannen.

Es war in diesen Tagen allerdings nicht das einzige Telefonat, in dem es mir schwerfiel, immer kühl und sachlich zu bleiben. Völlig unerwartet traf uns eine Nachricht von unserem sozialen Leistungsträger, die gerade jetzt für unseren Sohn nicht ohne Auswirkungen geblieben wäre. Wir wurden informiert, dass unsere Integrationshelferin zu viele Überstunden hatte, die dringend abgebaut werden mussten. Deshalb sollte sie in Kürze für eine Woche durch eine andere Person ersetzt werden. Wie bitte? Ich glaubte mich verhört zu haben, als mir unsere Integrationshelferin das offenbarte. Etwas irritiert fragte ich, wann sie in ihrer Arbeit mit Rafael auf so viele Überstunden gekommen sei. Es wurde doch eigentlich sehr genau abgerechnet und aufgepasst, dass wirklich nur die bewilligten Stunden pro Woche geleistet wurden. Da erklärte sie mir, dass diese Überstunden nicht bei Rafael entstanden sind, sondern als ihr Dienstgeber sie in den Ferienzeiten anderweitig eingesetzt hatte. Einerseits froh, dass uns bei den Abrechnungen kein Fehler unterlaufen war, war ich über dieses Vorgehen völlig sprachlos. Die Chefin unserer Integrationshelferin wusste um die Brisanz in Rafaels Fall und ausgerechnet der soziale Leistungsträger, der Betroffene wie Eltern unterstützen soll, fiel uns in den Rücken? Ich griff zum Telefonhörer, um mir Klarheit zu verschaffen. Tatsächlich, es ging darum, dass Überstunden abgebaut werden sollten, die nicht bei Rafael entstanden waren, er aber jetzt sozusagen der Leidtragende sein würde. Man wollte uns aber eine Aushilfe schicken. Die wäre auch qualifiziert und könne unserer jetzigen Integrationshelferin gute Tipps im täglichen Umgang mit Rafael geben. Außerdem wurde die Aushilfe derzeit als Krankheitsvertretung angelernt, d. h. wenn ein Integrationshelfer mal krank ist, sollte sie einspringen. Wen hat die Krankheit unserer beiden Integrationshelfer in der Vergangenheit interessiert? Niemanden. Auch da hat Rafael sich allein behaupten müssen und dürfen, was in unseren Augen gar nicht so schlecht war. Auf jeden Fall besser als wenn jemand anderes dabei ist, der weder das Kind noch dessen Besonderheiten kennt und überhaupt nicht in der Lage ist mit ihm zu kommunizieren. Der Meinung war übrigens auch die Schule. Die Chefin argumentierte weiter, dass die betreffende Aushilfe ihn bereits aus dem letzten Gesamtplangespräch kennen würde. Hatte ich da was verpasst? Meines Erachtens war damals nur eine Frau zu dem Gespräch gekommen und bei der Hospitation nicht anwesend. Rafael hatte diese Frau nie gesehen. Ich versuchte nun ihren Standpunkt nachzuvollziehen. Auf meine Frage, welches Kind den Vorzug bekäme, wenn beispielsweise zwei Integrationshelfer gleichzeitig erkrankt wären, meinte sie, dass dann andere Kinder wichtiger wären als Rafael. Moment, wir sollen jetzt hier ein Experiment wagen, von dem Rafael definitiv nie profitieren würde? Dagegen wehrte ich mich entschieden. Rafael war in der 4. Klasse. Sie selber hatte Kinder und wusste genau, dass das erste Halbjahr für die Bildungsempfehlung entscheidend war. Dabei ging es bei Rafael um wesentlich mehr als nur die Entscheidung Gymnasium oder Oberschule - ohne deren Stellenwert für andere Kinder herunterspielen zu wollen. Wer die Empfehlung für die Oberschule bekommt, hat trotzdem noch mehrere Möglichkeiten, den vielleicht ursprünglich angestrebten Weg des Abiturs zu gehen. Wenn Rafael einmal an der Förderschule sein würde, würde er dort nicht mehr wegkommen. Wir wollten nach wie vor den Weg dieser Schule für Rafael nicht ausschließen. Aber wenn wir diesen gehen, dann nur weil wir es für richtig halten und nicht weil jemand Personalkarussell spielen will. Es ging dabei letztendlich nicht nur um die Zusammenarbeit von Rafael mit der Aushilfe, sondern auch um die Lehrer. Man arbeitete gut in der Schule miteinander und war auch auf die Hilfe unserer Integrationshelfer in vielen Bereichen wie zum Beispiel beim Adaptieren von Arbeiten angewiesen. Deshalb war die Schule von dieser möglichen Vorgehensweise ebenso entsetzt wie wir. Da wir auf diesem Wege nicht weiterkamen, erklärte ich der Chefin dann, dass ich zwar verstehen kann, wenn sie ihr Konzept umstellen und neue Wege gehen möchten – das ist ja auch ihr gutes Recht – und wir akzeptieren es, erlauben uns aber auch unsere Konsequenzen daraus ziehen.

Wege entstehen dadurch, dass man sie geht. (Franz Kafka)

Die Fortführung der Integration – Teil 1

Deutschland hat 2009 die UN-Behindertenrechtskonvention (UN-BRK) ratifiziert. Deren Umsetzung insbesondere im Schulrecht oblag den Bundesländern. Während sich in anderen Bundesländern daraufhin einiges änderte, blieb in Sachsen alles beim Alten. Ob alles gut war, was in den anderen Bundesländern unternommen wurde, um die UN-BRK umzusetzen, wollen und können wir nicht beurteilen. Das Wichtigste ist, dass überhaupt etwas getan wurde. In Sachsen blieb alles wie es war. Zu dem Zeitpunkt, als Rafael in die Schule kam, waren zumindest die Menschen mittlerweile etwas sensibilisiert auf das Thema, so dass Eltern mit viel Engagement die Rechte, die ihren Kindern eigentlich selbstverständlich zugestanden hätten, durchsetzen konnten. Dazu brauchten sie Lehrer, Erzieher und Partner, die unabhängig von der Gesetzeslage und aus Überzeugung sich der Herausforderung stellen wollten. Glücklicherweise wurden es immer mehr, zumal viele auch glaubten, dass sich die Politik um Änderungen bemühte. Diese waren dringend erforderlich, damit Voraussetzungen geschaffen werden konnten, um die Integration und Inklusion erfolgreich gestalten zu können. Gerade bei der Inklusion können die Lehrer sich noch so sehr engagieren, an einer bestimmten Stelle scheinen Grenzen erreicht zu sein. Leider haben wir genau diese Grenzen oft zu spüren bekommen.

In vielen Diskussionen, in denen wir nach Lösungen für Rafaels Situation gesucht haben, sind Sätze gefallen wir „Das können die mit euch nicht machen, es gibt schließlich die UN-BRK" oder „Dazu haben die aufgrund der UN-BRK gar kein Recht". Doch - in unserem Bundesland leider schon, denn hier wurden die UN-BRK (noch) nicht im Schulgesetz verankert!

So kam es in einem Gespräch mit einer sehr guten Freundin auch dazu, dass ich, wieder einmal der Verzweiflung nahe, leicht ungehalten reagierte, als auch sie meinte „[...] aber laut der UN-BRK [...]". Ich konnte nur noch sagen, dass ich diesen Satz nicht mehr hören kann, denn er nützt uns nichts!! Er schildert die Theorie, die Praxis sieht aber leider ganz anders aus. In der täglichen Realität interessiert die UN-BRK niemanden, da hält man sich an die gültigen Gesetze, in denen die UN-BRK nicht vorkommen. Wir müssen also nach Lösungen suchen, die innerhalb der aktuellen Gesetzgebung und den vorhandenen Richtlinien umsetzbar sind. An dieser Stelle sei zu erwähnen, dass bei der Integration sehr viele Kann-Bestimmungen existieren. Somit hängen alle Möglichkeiten wiederum von den Menschen ab, mit denen man zusammenarbeitet. Da diese aber auch wechseln, wird es so etwas wie Kontinuität auf lange Sicht nicht geben können. Es platzte förmlich aus mir heraus, und ich habe mich auch dafür entschuldigt. Im Endeffekt konnte sie es aber am besten nachvollziehen, da sie aus eigener Erfahrung weiß, was Integration bedeutet, mit welchen Herausforderungen man sich tagtäglich herumschlagen muss und wie diese uns immer wieder an unsere Grenzen bringen.

Zurück zur Realität in den ersten Schulwochen der 4. Klasse. Von anderen Eltern wussten wir, dass wir nun für den bevorstehenden Schulwechsel die Fortführung der Integration neu beantragen mussten. Das funktionierte aber nur mit Unterstützung der Gehörlosenschule. Ein Paradox, aber eben die Realität. Als ich bei unserer Grundschule nachfragte, ob sie schon etwas gehört hätten, wer unsere neue Beratungslehrerin wäre (die Hoffnung stirbt ja bekanntlich zuletzt) und wann sie kommen würde, erfuhr ich, dass weiterhin unsere bisherige Beratungslehrerin die Schule begleiten wird und bereits in der Schule war – und zwar als wir im CI-Zentrum weilten. Sie hatten es wieder einmal nicht für nötig befunden, uns wenigstens zu informieren. Dabei sind sie dazu verpflichtet. Es ist sicher überflüssig zu erwähnen, dass natürlich auch keine Unterlagen oder wenigstens Informationen für die Fortführung der Integration für uns abgegeben wurden.

Seit Mitte der dritten Klasse waren wir auf der Suche nach einer für Rafael geeigneten weiterführende Schule, die gleichzeitig auch bereit war, ihn künftig zu integrieren. Bei einer nahegelegenen Privatschule haben wir ihn gleich anmelden können. Sie hatte einen sehr guten Ruf vor allem in Bezug auf Integrationskinder. Gleichzeitig hatten sie bereits Erfahrungen mit hörgeschädigten Schülern. Einer der nächsten Wege führte mich in eine staatliche Schule in der Nähe. Nachdem ich dem Direktor unsere Situation geschildert hatte, fragte er mich, wo mein Problem sei. Etwas irritiert erwiderte ich, dass wir eine Schule suchen, die Rafael gern bei sich aufnehmen möchte. Auch hier hatte man bereits hörgeschädigte Kinder unterrichtet und signalisiert, dass man sich auf Rafaels Bewerbung freue. Nach vielen anderen Telefonaten, in denen man uns gleich offen sagte, die Herausforderungen nicht bewältigen zu können oder uns gar fragte, warum wir ihn nicht an die Gehörlosenschule schicken – dafür gäbe es sie ja schließlich – war ich erleichtert, auch eine mögliche staatliche Schule gefunden zu haben. Einziger bitterer Beigeschmack: Der Direktor erzählte von der guten Zusammenarbeit mit der Gehörlosenschule und der Beratungslehrerin. Als er ihren Namen nannte, hoffte ich inständig, dass mir meine Gesichtszüge nicht offensichtlich entglitten sind und er mir meine Fassungslosigkeit nicht angesehen hat.

Bei der Suche nach einer geeigneten Schule haben wir bei allem Willen, Rafael weiter an einer Regelschule lernen zu lassen, trotzdem den Entschluss gefasst, uns - wie auch vor der ersten Klasse - die Gehörlosenschule anzuschauen. In unserem Bundesland galten nun einmal sehr eingeschränkte Möglichkeiten bei der Integration und bei allem Idealismus, muss man auch realistisch bleiben. Als erstes telefonierte ich mit der Direktorin. Es war nicht mehr die aus Zeiten des Sonderpädagogischen Förderbedarfs. Zu meiner großen Überraschung stellte sie mir die Frage, warum wir unser Kind nicht weiter in der Integration belassen möchten, wenn es schon so weit gekommen ist. Sie wies darauf hin, dass an der Gehörlosenschule gerade die lautsprachlichen Vorbilder fehlten und die Kinder deshalb oft sprachlich nicht die gewünschten Fortschritte erzielten und bei vielen auch die Hemmschwelle steigt, im Alltag mit Normalhörenden umzugehen. Sie bot mir an, statt in einer jetzigen fünften Klasse lieber in Rafaels möglicher künftiger Klasse zu hospitieren, um zu sehen, ob es aus unserer Sicht auch sozial funktionieren kann. Da hatten wir uns bemüht, alle unsere Erfahrungen - von kritischen Stimmen auch gern Vorurteile genannt - auszublenden und jetzt wurden diese von der Direktorin selbst bestätigt? Wir hielten trotzdem an unserem Plan fest, Valentin einen Tag in der Gehörlosenschule schnuppern zu lassen. In dem Telefonat mit der betreffenden Klassenlehrerin verdeutlichten sich leider genau die Erfahrungen, die wir sowohl im Vorschuljahr als auch in den letzten Jahren der Zusammenarbeit mit der Gehörlosenschule sammeln mussten.

Wenige Tage später wollte es der Zufall, dass ich eine Bekannte traf, deren Kind an der Gehörlosenschule lernte. Zur Vorgeschichte muss vielleicht erwähnt werden, dass auch diese Familie versucht hatte, ihr Kind integrativ an einer Regelschule unterrichten zu lassen. Leider hatte wohl bei deren Schulleiter die Maßnahme der Gehörlosenschule mehr Erfolg als bei unserer damaligen Direktorin. Die Grundschule zog zurück und erklärte, die Integration nicht leisten zu können. So standen sie kurz vor dem Schulanfang ohne Schule da und fanden in der Kürze der Zeit auch keine, die bereit war, ihr Kind aufzunehmen. Schon letztes Jahr, als wir uns einmal unterhielten, berichtete sie, dass ihr Kind gerade mit dem langen Schulweg völlig überfordert und auch insgesamt sehr unglücklich sei, aber sie aus der Situation das Beste machen würden. Nun erzählte sie, dass es in der Klasse mit nur fünf Kindern nicht möglich ist, auf die Bedürfnisse der Einzelnen einzugehen. Die Mutter hatte das Gefühl, die Kinder mussten – egal mit welchem Handicap sie dort am Start waren – das gleiche Niveau schaffen und zwar auch auf dem gleichen Weg. Dabei hätte doch jedes Kind einen individuellen gebraucht. Auf meine resignierte Frage, ob nicht gerade dafür Förderschulen da wären, um auf die individuellen Bedürfnissen einzugehen, antwortete sie nur matt, dass auch sie das gedacht hätte.

Also schienen unsere bisherigen Eindrücke im Zusammenhang mit der Gehörlosenschule nicht nur reine Einbildung gewesen zu sein, wie man uns immer glauben machen wollte. Es waren schließlich mittlerweile keine Einzelfälle mehr. Zur Hospitation bzw. zum Schnuppern für Rafael meldeten wir uns trotzdem an.

Bevor es soweit war, standen noch ganz andere Termine an. Der erste war das Gespräch mit der Beratungslehrerin und unserer jetzigen Direktorin, um das ich bezüglich des Verfahrens zur Weiterführung der Integration gebeten hatte. Die Terminvereinbarung dazu verlief allerdings alles andere als reibungslos. So erfuhr ich von unserer Integrationshelferin den nächsten Termin, an dem die Beratungslehrerin kommen würde. Wer jetzt glaubt, unsere Direktorin hätte ihr den Auftrag gegeben, uns Eltern diesen weiterzugeben, irrt leider gewaltig. Unsere Klassenlehrerin hielt es für fair, unsere Integrationshelferin und auch uns darüber in Kenntnis zu setzen. Wie konnte ich jetzt von dem Termin wissen, ohne unserer Klassenlehrerin in den Rücken zu fallen? Ich beschloss, unserer

Direktorin die Chance zu geben, von dem Termin zu erzählen. So rief ich in der Schule an und fragte, ob sie denn wisse, wann die Beratungslehrerin wieder komme, da ich gern mit ihr sprechen würde und auch die Gehörlosenschule ein solches Gespräch empfohlen hat. Ich hatte ihr eine Brücke gebaut und nahm an, sie würde mir sagen, dass sie vor zwei Tagen einen Anruf mit dem nächsten Termin bekommen hatte Doch was dann an mein Ohr drang, hat mich erschüttert: Sie hätte gerade den Anrufbeantworter abgehört, welch ein Zufall, und dort von dem nächsten Termin erfahren. Es war nicht die Frage, warum sie mit Unwahrheiten agierte, die mich erschütterte, sondern die Erkenntnis, dass sie sich scheinbar über Ihr Fehlverhalten bewusst war und sich deshalb solcher Maßnahmen bediente, um zu kaschieren, dass sie uns wissentlich und bewusst Informationen vorenthielt. Das bisschen Vertrauen, das noch da war und von dem wir für eine erfolgreiche Zusammenarbeit noch viel mehr gebraucht hätten, bröckelte weiter. Die Frage nach dem Warum stellte sich uns nicht mehr. Aber auch mit der darauf gefunden Antwort, haben wir leider keine Möglichkeit erkannt, den künftigen Verlauf der Dinge positiv zu beeinflussen. Nachhaltig blieb die Frage im Raum stehen, wie weit sie uns mit Ihrem Verhalten noch enttäuschen oder auch schaden konnte.

Nervös sah ich nun dem Gespräch entgegen, aber weniger wegen des Inhaltes, sondern eher wegen der Beratungslehrerin. Es war das erste Zusammentreffen nach dem Termin vor 1 ½ Jahren bei der Bildungsagentur und dem anschließenden Diktat am Ende der Klasse 2. Jedes Mal, wenn wir uns im Anschluss gesehen hatten, hat man sich gegrüßt und ging dann seiner Wege. Wie würde sie sich verhalten? Mit welchen Möglichkeiten könnte sie uns das Leben weiter schwer machen? Da wir in der Vergangenheit leider schon zu oft erlebt hatten, dass getroffene Aussagen später nicht mehr galten oder Widersprüche entstanden, wollte ich gern einen Zeugen dabei haben. Deshalb bat ich unsere Integrationshelferin anwesend zu sein. Sie protokollierte und ich konnte mich voll und ganz auf das Gespräch konzentrieren. Soweit ich das mit den uns schon vorliegenden Informationen beurteilen konnte, erklärte die Beratungslehrerin uns offen alle Details. Völlig irritiert hat mich unsere Direktorin. Eigentlich wollte sie nur anwesend sein, um anschließend auch über den Ablauf Bescheid zu wissen. Alles, was sie aber tat, war das Gespräch zu torpedieren. Es waren nicht nur die Sätze, die sie mir förmlich an den Kopf schmiss, sondern vor allem der Ton, mit dem sie das tat. Sie äußerte, dass sie auf dem Formular definitiv „Integration beenden, weil nicht gelungen" ankreuzen wird. Alles andere ist für sie indiskutabel. Bei dem Punkt, welche weiterführende Schule wir angeben wollten, platzte sie gereizt heraus, dass wir uns nicht einbilden bräuchten, dass wir – nur weil wir ein Integrationskind haben – eher als alle anderen Elternhäuser von der Schule über deren Entscheidung in Kenntnis gesetzt werden. Wir würden es ebenfalls erst kurz vor Schuljahresende erfahren. Der Ausbruch überraschte mich, aber ich mahnte mich zur Ruhe. Als der Zeitplan für das weitere Vorgehen besprochen wurde, fragte ich an die Beratungslehrerin gewandt nach, ob sie schon die konkreten Termine wüsste, damit wir uns die Zeiten dienstlich einrichten können. Darauf hin fuhr die Direktorin mich an, dass mich das nicht interessieren bräuchte. Stopp! Es geht um unser Kind, wir sollen unterschreiben, aber es geht uns nichts an? Es kam noch besser: Als nächstes erklärte die Direktorin mir, dass sie Rafael die bevorstehenden Schnuppertage an einer weiterführenden Privatschule nicht genehmigen kann. Das müsse die Bildungsagentur machen und dafür wäre es nun zu spät. Irritiert meinte ich, dass sie mir die Zustimmung bereits vor einem Vierteljahr mündlich gegeben hatte und bis fünf Tage doch sie unterzeichnen dürfe. Ersteres ignorierte sie, Letzteres bejahte sie. Gut, da es sich dank eines Feiertages in der betreffenden Woche nur um vier freizustellende Tage handelt, wäre es doch kein Problem, oder? Und ob es eins wäre, fuhr sie aufgebracht fort. Er wäre dort nicht versichert. Außerdem hat er einer Schulpflicht nachzukommen und das geht alles nicht so einfach, wie wir uns das vorstellen würden. Jetzt mal ganz langsam. Ich zeigte Verständnis für Ihre Aufregung und fragte, ob sie nicht mit der Genehmigung der Freistellung auch von der Haftung für diese Zeit entbunden sei. Dass Rafael seiner Schulpflicht nachkommt, könne man an dem in dem Freistellungsantrag angegebenen Grund ersehen. Das wollte sie über die Ferien nochmals prüfen. Na das war ja nun ganz klasse: Wir hatten eine Schule, die sich auf Rafael freute und unsere jetzige Schule blockierte den Weg, weil sie ihn nicht zu den notwendigen Schnuppertagen ließ, die die weiterführende Schule aber als Bedingung für eine mögliche Aufnahme gestellt hatte. Auch ein Punkt über den sich unsere Direktorin zum wiederholten Mal sehr abfällig auslieβ. Schnuppertage, damit sich die Schule die Kinder aussuchen kann – und dann noch eine Woche. Ich bestätigte ihr, dass ich eine Woche auch lang finde, weil er in dieser Zeit viel hier in der Grundschule verpasst. Es ist für einen Viertklässler sicher schon schwer in einer Fünften mitzuhalten und nachmittags parallel den Stoff seiner eigenen Schule aufzuholen. Für ein Integrationskind erschien es uns als ultimative Herausforderung. Gleichzeitig – und das wurde ich auch nicht müde unserer Direktorin gegenüber zu erwähnen – ist es einerseits die Bedingung der Schule und die gelten auch für uns. Andererseits vertrauten wir der Privatschule. Sie hatten sicher sowohl Gründe für das Verfahren als auch ausreichend Erfahrungen, um die Schnupperkinder nicht zu überfordern. Schließlich war Rafael nicht das erste Integrationskind, das den Spagat bewältigen sollte. Ich hielt es für anmaßend darüber zu diskutieren. Wir hofften jetzt einfach nur, dass wir die Freistellung bekommen würden. Nach den Herbstferien klärte mich die Direktorin auf, dass wir von der Privatschule noch ein Formular einreichen müssen. Falls sie ein solches nicht haben, kann ich gern selbst eins entwerfen. Aber ohne das geht es nicht. Wie bitte? Das klang seltsam. Also rief ich in der Privatschule an, schilderte mein Anliegen und erhielt die erwartete Antwort: Ein solches Formular gibt es nicht und versicherungstechnisch spielte es auch keine Rolle, da alle Schulen unseres Bundeslandes bei der gleichen Unfallkasse sind – egal, ob Privatschule oder staatliche Schule. Wir vereinbarten, dass ich das gewünscht Formular entwerfe und ihr maile:

Ergänzung zum Freistellungsantrag von Rafael

Freistellungsantrag	*mündlich angezeigt seit Mai 2014*
	schriftlich eingereicht am 03.11.2014
Grund	*Schnuppertage in der möglichen weiterfüh-*
	renden Mittelschule
Zeitraum	*17.11 - 21.11.2014*
freizustellende Schultage	*4 (Mittwoch ist Feiertag: Buß- und Bettag)*

Mittelschule in der freien Trägerschaft*(aufnehmende Schule)*
Bestätigung der Einladung zu den oben genannten Schnuppertagen

_____	_____
Datum	*Unterschrift Schulleitung*

Stammschule - staatl. Grundschule (abgebende Schule)
Bestätigung der Freistellung für die Schnuppertage

_____ _____

Datum   Unterschrift Schulleitung

Nun sollte dem Schnuppern nichts mehr im Wege stehen.

Da berühren sich Himmel und Erde, dass Frieden werde unter uns ...
(Thomas Laubach)

Rafael ist für eine Woche Fünftklässler

Keine Ahnung, wer mehr aufgeregt war: Rafael, die Integrationshelferin oder wir Eltern. Mit Zuversicht und Freude haben wir den Tagen an der vielleicht künftigen Schule von Rafael entgegengesehen. Als wir die Schule betraten, wussten scheinbar alle Lehrer Bescheid. Rafael wurde mit Namen angesprochen und herzlich willkommen geheißen. Bevor es richtig losgehen konnte, bin ich mit der Lehrerin noch zu dem anderen hörgeschädigten Kind in der Schule gegangen. Wir haben die FM-Anlagen abgeglichen. Das war auch gut so, da beide auf der gleichen Frequenz liefen. Also habe ich Rafaels Kanal geändert, die CIs noch synchronisiert und habe dann den beiden viel Spaß und Erfolg gewünscht.

Das, was wir und vor allem Rafael in der Woche erleben durften, war fast zu schön um wahr zu sein. Es begann damit, dass der Lehrer der ersten Stunde die Kinder im Stuhlkreis zusammengenommen und Rafael vorgestellt hat. Dabei wies er darauf hin, was die Kinder im Umgang mit ihm zu beachten haben. Nach Aussagen der Integrationshelferin haben die Kinder das auch sofort erfolgreich umgesetzt und als ich ihn nach den vereinbarten fünf Stunden abgeholt habe, schien er schon ganz da-zuzugehören. Er fragte auch, ob er nicht noch bleiben und die sechste Stunde Deutsch mitmachen dürfe. Die Direktorin hatte angeboten, da er noch Viertklässler war, dass er wie fast alle Kinder, die schnuppern kommen, nur an fünf Stunden Unterricht teilnimmt und dann für ihn Schluss ist. Da wir nicht wussten, wie viel Kraft ihn der Unterricht in Klasse 5 kosten würde, hatten wir dankend angenommen. Dieses Einfühlungsvermögen stand stellvertretend für so viele andere Dinge in dieser Woche. Ausnahmslos jeder Lehrer wusste um Rafaels Besonderheit und ging darauf mit Selbstverständnis ein und zwar ohne ihm dabei das Gefühl zu geben, anders oder etwas Besonderes zu sein. Für uns erstaunlich war, wie gut er mitgekommen ist. Überraschend war das für uns vor allem in Mathe. Das war in der Grundschule aktuell sprichwörtlich unser Brennpunkt. Umso erstaunlicher, dass er hier mit Spaß dabei war. Als am Ende der Woche ein kleiner Test geschrieben wurde, hatte er nur einen Fehler. Das gleiche Thema wie in der Grundschule, nur eben auf Niveau Klasse 5. Er war so stolz auf sich und das zu Recht! Am liebsten wäre er in der Schule geblieben. Auch Lehrer fragten vereinzelt unsere Integrationshelferin, wie es uns gefällt und ob wir bleiben wollen. Ja, würden wir gern, aber erst müssen wir Klasse 4 beenden. Dieser Herausforderung schauten wir nun mit gemischten Gefühlen entgegen, denn wir hatten eine Woche erlebt, die uns vorkam wie im Paradies. Hier wurde mit einer Selbstverständlichkeit das gelebt, worum wir in unserer Grundschule seit knapp vier Jahren kämpften, es regelmäßig besprachen, Fragen beantworteten, auf mögliche Knackpunkte hinwiesen und im Endeffekt mit dem Gefühl zurückblieben, überzogene Anforderungen zu stellen. Daran hatten wir mittlerweile fast schon selbst geglaubt. Umso wohltuender waren die Erlebnisse an der Privatschule. Auch falls wir dort nicht angenommen werden sollten, so waren diese Tage doch ein Lichtblick, der uns gezeigt hat, dass das, was wir für unser Kind erhoffen, möglich ist. Das hat uns auch für das Kommende Zuversicht gegeben. Zu sehen, dass Rafael mit Spaß und Freude Schule erleben kann, war ein unbeschreibliches Gefühl und alles, was mir immer wieder in den Sinn kam, war das Lied:

Wo Menschen sich vergessen, die Wege verlassen,
und neu beginnen, ganz neu,
da berühren sich Himmel und Erde, dass Frieden werde unter uns, ...
Wo Menschen sich verschenken, die Liebe bedenken,
und neu beginnen, ganz neu,
da berühren sich Himmel und Erde, dass Frieden werde unter uns, ...
Wo Menschen sich verbünden, den Hass überwinden,
und neu beginnen, ganz neu,
da berühren sich Himmel und Erde, dass Frieden werde unter uns,...

Text: Thomas Laubach   Melodie: Christoph Lehmann

Als wir in dieser Woche im Sonntagsgottesdienst saßen, wurde das Lied angestimmt. Zufall? Ein Zeichen? Ich bekam eine Gänsehaut, war überrumpelt von meinen Gefühlen und für den Augenblick unfähig mitzusingen.

Dass wir zurück in unserer Grundschule auf die bekannten Widerstände stoßen würden, war uns bewusst. Was wir erlebt haben, war allerdings sehr ernüchternd. Aus vielen Richtungen hatten wir die letzten Tage gehört: „Noch ein halbes Jahr, dann habt ihr es geschafft." Ja, das stimmte – nur schien das im Moment eine schier unüberwindliche Ewigkeit darzustellen. Rafael hatte die Unterrichtmaterialien der letzten Woche ergänzt mit Fotos in einem Tagebuch zusammengetragen und mit in die Schule genommen. Die Klassenlehrerin war sehr interessiert und hat sich auch ehrlich mit ihm gefreut, wie er es bewältigt hat. Deshalb wollte sie auch, dass unsere Direktorin – unsere Mathelehrerin - es sich ansieht. Sie aber schaute es sich wortlos an und gab es Rafael mit dem Kommentar zurück: „In Englisch hast du aber wenig geschrieben." Rafael war ganz enttäuscht, als er es uns zu Hause erzählt hat. Da konnte ich ihn beruhigt trösten: Wir hatten eine e-mail von der Privatschule erhalten, in der stand, dass Rafael einen tollen und hochmotivierten Eindruck hinterlassen hatte und wir ihm dafür bitte ein großes Lob aussprechen sollten!

Ein Déjà-vu

Der Schnuppertag an der Gehörlosenschule fand eine knappe Woche später statt. Um die Bedingungen wie im kommenden Schuljahr zu simulieren, sollte Rafael den Unterricht hier ohne Begleitung absolvieren. Dennoch setzten wir durch, dass unsere Integrationshelferin wenigstens hospitieren durfte. Dass war uns wichtig, weil sie Rafael sowohl in der Grundschule als auch in der Privatschule erlebt hat. So konnte nur sie einen direkten Vergleich ziehen und auch Rafaels Aussagen fundieren bzw. dolmetschen. Letztendlich wurde uns der Kompromiss angeboten, dass wir beide – die Integrationshelferin und ich – für eine Stunde mit in den Unterricht durften und Rafael anschließend den Rest des Tages allein absolvierte. Damit waren wir einverstanden.

Bestellt wurden wir zur zweiten Unterrichtsstunden. Es empfing uns die Co-Klassenlehrerin mit einem unentspannten Gesichtsausdruck und den Worten, dass es doch heute ein sehr ungünstiger Tag zum Hospitieren wäre, aber wahrscheinlich wollten wir nun bleiben. Mit dieser Vermutung lag sie sehr richtig! So gingen wir in eine Klasse mit sechs Kindern plus Rafael. In der Stunde der Freiarbeit ließ sich zwar leider nicht nachempfinden, wie Rafael in einer normalen Unterrichtsstunden, in der Stoff vermittelt wird, zurechtkommen würde, aber dafür konnten wir beobachten, wie er im Vergleich zu den anderen Kindern arbeitete. Während alle Kinder von der Lehrerin Aufgaben zugeteilt bekamen, durfte er sich selbst etwas raussuchen. Das Material war ihm unbekannt, dennoch konnte er nach einer kurzen Erklärung der Lehrerin damit arbeiten. Zielstrebig erledigte er seine Aufgaben. Die Lehrerin zeigte sich über das Ergebnis positiv überrascht, weil er sich recht schwere Aufgaben herausgesucht hatte.

In der nächsten Stunde sollte er allein in der Klasse arbeiten. Wir erhielten in dieser Zeit Gesellschaft von der eigentlichen Klassenlehrerin. Jetzt erfuhren wir, dass das gleichzeitig auch die letzte Stunde war, denn man bat uns eher zu gehen, weil mehr der Lehrerin heute aus gesundheitlichen Gründen nicht zuzumuten wäre. Sehr bedauerlich fand ich auch, dass wir in der ersten Unterrichtsstunde bewusst ausgeladen wurden: Es war das Fach „Gebärden" und die Klassenlehrerin wollte die Dozentin, die das Fach unterrichtete, nicht mit uns überfordern. Sie hüte sie wie einen Schatz. Schade, denn genau das war das Fach, was Rafael erleben sollte und wollte. Die Aussage der Klassenlehrerin erhielt gleichzeitig etwas Widersprüchliches, da eben jene Dozentin für Gebärdensprache in der Pause den Kontakt zu uns gesucht hat! Als nächstes erfuhren wir von der Klassenlehrerin, dass der Gebärdenunterricht künftig sowieso eher unwahrscheinlich ist, da das eine gebärdende Kind die Klasse verlassen werde, weil man ihren Ansprüchen nicht mehr gerecht werden könne. Sie war als einzige Gebärdende isoliert unter den anderen Hörgeschädigten. Aber sie besäße einen wesentlich größeren Wortschatz, der gerade für ein gehörloses Kind eigentlich nicht erklärbar ist. Wie bitte? Diese Aussage schockierte mich. Nicht nur, dass wir in den vergangenen Minuten sehr viel über alle Schüler der Klasse erfahren hatten: deren Herkunft, deren gesundheitliche Entwicklung, deren Defizite – nein, es fand auch weiterhin diese anmaßende Diskriminierung statt, die wir schon von dem letzten Besuch kannten - vom mangelnden Datenschutz ganz zu schweigen. Den erlebten wir bereits während unserer Zeit in der Frühförderung auf sehr unangenehme Weise und es setzte sich in der Schule für Gehörlose fort. Ausdrücklich ausnehmen möchte ich an dieser Stelle unsere Frühförderin, die uns in der Vorschulzeit betreut hat.

Jetzt wussten wir über die Kinder der Klasse Bescheid, aber es war noch viel Zeit der Stunde übrig. So erfuhren wir von den Kindern und Kindeskindern der Klassenlehrerin, deren Problemen und wie sie diese bewältigt hatten. Als wir wieder im Auto saßen stellte unsere Integrationshelferin die berechtigte Frage, ob es hier wirklich um Rafael ging. Mich erschütterte es nicht mehr, es bestätigte eher die Erlebnisse der Vergangenheit. Noch gut erinnerte ich mich zum Beispiel daran, als ich Rafael für die Vorschule in der Frühförderung angemeldet hatte. Wir waren noch keine fünf Minuten in der Einrichtung, da stand das Urteil der Leiterin der Frühförderung bereits fest: Den Zahn, das Rafael an eine Regelschule gehen würde, könne sie mir gleich ziehen – das würde ja wohl jeder sehen und sofort erkennen!

Vorurteile, kein Datenschutz und keine für mich erkennbare individuelle Förderung - aber vielleicht bin ich auch nur zu blind diese zu sehen. Jedenfalls gelangte ich zu der Überzeugung, dass nach wie vor nicht hier der richtige Platz für Rafael ist. Das behielt ich aber für mich. Schließlich interessierte mich sowohl der Eindruck der Integrationshelferin als auch Rafaels Entscheidung, die er frei von meinen Einflüssen treffen sollte.

Als wir allein waren, zeigte sich die Integrationshelferin ähnlich betroffen von dem Erlebten. Natürlich sah auch sie die Details, die Rafael im Schulalltag wirklich gut tun würden, aber in der Summe der Eindrücke kam auch sie zu dem Ergebnis, dass er an der Privatschule die mit Abstand besten Leistungen gezeigt hat, was letztendlich auch daran lag, dass man dort am individuellsten auf ihn eingegangen ist. Das allerdings, ohne ihm eine Sonderrolle zukommen zu lassen!

Und wie empfand es Rafael?

Die Kunst ist, einmal mehr aufzustehen, als man umgeworfen wird.
(Winston Churchill)

Diskriminiert und scheinbar entmündigt

Nach dem Rafael sowohl den Unterricht an der Privatschule als auch an der Gehörlosenschule miterlebt hatte, stand seine Entscheidung fest: Ich möchte in der Schule mit Hörenden lernen und ich möchte weiterhin von einem Integrationshelfer unterstützt werden. Am besten hat es mir an der [Privatschule] gefallen.

Gleichaltrige Kinder werden in die Entscheidung, welche weiterführende Schule sie besuchen möchten, mit einbezogen und treffen diese dann gemeinsam mit ihren Eltern. Sowohl Rafael als auch uns wurde das Recht auf freie Schulwahl entzogen. Bei uns hing alles von dem Urteil der Direktorin der Grundschule und der Bildungsagentur ab. Erstere hatte deutlich formuliert, eine weiterführende Integration abzulehnen. Wir hätten zwar das Recht, der Einschätzung nicht zuzustimmen, aber die Chance dadurch einen Bescheid, der sich gegen die Empfehlung der Grundschuldirektorin richtet, zu erwirken, war verschwindend gering. Damit würde uns keine Wahl bleiben, sondern wir würden vor vollendete Tatsachen gestellt werden.

Ob die Ereignisse im Schulalltag im ersten Halbjahr der 4. Klasse damit im Zusammenhang standen, dass die Direktorin mit allen Mitteln beweisen wollten, dass die Integration zu Recht aufgehoben werden sollte, konnten wir nicht belegen, aber die Vermutung lag sehr nahe. Einfach betrachtet erlebten wir das, was uns bereits in den letzten beiden Jahren irritiert hatte: Schlechte Noten galten als Beweis für die nicht gelungene Integration und gute Leistungen wurden angezweifelt mit der Begründung, dass sie nur mit Nachteilsausgleich erreicht wurden. Immer öfter passierte es nun, dass er gute Ergebnisse bestätigen musste. So wurde er zum Beispiel beim gemeinsamen Berichtigen einer Deutscharbeit an die Tafel geholt und musste die Aufgaben komplett noch einmal vor der Klasse zeigen. Reaktion der Lehrerin: da kann ich ja der Direktorin sagen, dass er es wirklich kann. Ein anderes Mal bestand sein Nachteilsausgleich in Englisch darin, dass eine Aufgabe gestrichen wurde, da ihm aus Zeitmangel keine längere Arbeitszeit eingeräumt werden konnte. Dort hatte er ein sehr gutes Ergebnis abgeliefert, wesentlich besser als in der ersten Englischarbeit. Deshalb wurde die noch fehlende Aufgabe ohne Ankündigung ein paar Tage später mündlich abgefragt. An diesem Tag war ich zum Elterngespräch in der Schule. Da berichtete mir die Lehrerin, dass sie ganz verblüfft sei, dass er es wirklich konnte. Noch etwas drastischer war eine Reaktion auf einen Deutschtest, in dem Rafael eine eins verdient hätte: Ich kann ihm doch keine eins geben – wie soll ich das der Direktorin erklären? Immer öfter wurde der Druck, den die Direktorin offensichtlich auf die Lehrer ausübte, erkennbar.

Bekamen gute Schüler, die eine Leistung erreichten, die unter ihrem sonstigen Niveau lag, die Möglichkeit, die Fehler zu korrigieren, hieß es bei Leistungsschwächeren im Allgemeinen und bei Rafael im Besonderen, das man ja wieder einmal sähe, was er nicht kann. Manche Schüler bekamen auch die Chance Arbeiten erneut zu schreiben, wenn offensichtlich war, dass sie weit unter ihren möglichen Leistungen geblieben waren. Rafael bekam so eine Chance nur, wenn wir wirklich nachweisen konnten, dass er sprachlich gar nicht in der Lage gewesen war, die Aufgaben zu lösen, weil der Nachteilsausgleich keine Anwendung fand. Ebenso wenig erhielt er nie die Gelegenheit eine schlechte Note durch eine zusätzliche Aufgabe auszubessern. Bei anderen, insbesondere guten Schülern, war das selbstverständlich - bei Rafael unmöglich.

Es schien offensichtlich, dass man ihn scheitern sehen wollte. Umso unentspannter sahen wir dem Gespräch entgegen, in dem wir die Unterlagen für die weiterführende Integration erhalten bzw. unterzeichnen sollten. Würde die Direktorin dabei bleiben und „Aufhebung" ankreuzen? Letztendlich war sie gar nicht anwesend bei dem Gespräch, sondern nur die Beratungslehrerin der Gehörlosenschule, unsere Klassenlehrerin, die Integrationshelfer und ich. Mein Mann wäre gern dabei gewesen, da aber im Vorfeld ein anderer Termin genannt wurde, konnte er kurzfristig dienstlich nicht mehr frei bekommen. Die offene Freundlichkeit der Beratungslehrerin aus dem letzten Treffen war verschwunden. Sie legte mir ein Papier vor, das ich unterschreiben sollte. Entschuldigung, was ist das? Der Entwicklungsbericht, den ich nur unten rechts unterschreiben müsse, erwiderte sie knapp. Entgegen ihrer Ansage nahm ich mir die Zeit und las den Bericht. Da zeigten sich einige

Ungereimtheiten. Also fragte ich nach den Hintergründen. Die bräuchten mich nicht zu interessieren. Es handle sich um ein pädagogisches Dokument, da sei meine Meinung nicht gefragt. Ich hätte es nur zur Kenntnis zu nehmen und zu unterschreiben, reagierte sie jetzt schon leicht gereizt. Nochmals hob ich zum Widerspruch an, dass ich nichts unterschreibe, was offensichtlicht nicht ganz korrekt ist. Die dokumentierten Stärken und Schwächen wichen von den verbalen Einschätzungen der Klassenlehrerin uns gegenüber ab. Auch war ich mir unsicher, ob es bei einem solchen Bericht einen vergleichbaren Codex wie beim Arbeitszeugnis gab. Resigniert, weil ich nicht unterschrieb, griff sie zum nächsten Blatt – dem Formular der Formulare: dem Antrag auf Fortführung der Integration. Eigenartig, der Entwicklungsbericht war vollständig ausgefüllt und sogar schon von unserer Direktorin unterschrieben, ebenso von allen anderen notwendigen Personen – außer uns Eltern. Der Antrag dagegen war noch jungfräulich. Nun begann sie ihn ausfüllen. Provozierend langsam schrieb sie. Beim Förderschwerpunkt angekommen registrierte ich, wie sie „Höhren" notierte. Was hatte das zu bedeuten? Ich zweifelte nicht daran, dass sie in der Lage gewesen wäre, ihren seit Jahren zu betreuenden Förderschwerpunkt orthographisch korrekt zu schreiben. Vielmehr hatte ich in den letzten Jahren genug erlebt, um ihr zuzutrauen, dass dies ein Mittel zum Zweck sein könnte. Also stutzte ich, schwieg aber. Schließlich würden wir den Antrag noch einmal gemeinsam durchgehen, und dabei würde es entweder ihr selbst oder der Lehrerin auffallen. Bei den anzukreuzenden Optionen hielt sie inne und fragte an die Klassenlehrerin gewandt, ob es bei „Aufhebung" bliebe. Ich hielt die Luft an. Etwas irritiert fragte die Klassenlehrerin, ob es hier nicht darum ginge, dass für Rafael der integrative Weg in Klasse 5 weiter gehen soll. Die Beratungslehrerin rutschte unruhig auf ihrem Stuhl hin und her, als die Integrationshelferin das Wort ergriff und unserer Klassenlehrerin eine Brücke trat, in dem sie noch einmal schilderte, wie gut er bei den Schnuppertagen in der Privatschule zurechtkam und auch die Lehrer dort sich positiv über Rafael geäußert haben. An dieser Stelle übernahm ich den Staffelstab, um der Beratungslehrerin den Wind aus den Segeln zu nehmen: Die entscheidende Frage, wo er am besten gefördert wird, begleitet uns Eltern seit Rafael zur Schule geht: In einer kleinen Klasse, wo jeder ein individuelles Handicap hat oder in einer größeren Klasse, aber mit einem Integrationshelfer an seiner Seite, der optimal auf seine Bedürfnisse eingehen kann? Nach den Schnuppertagen sowohl an der Privatschule als auch an der Gehörlosenschule hat die Integrationshelferin berichtet, dass aus ihrer Sicht eine gezieltere Förderung an der Privatschule stattgefunden hat. Unsere Klassenlehrerin nickte nur und die Beratungslehrerin formulierte gepresst, dass man dann wohl „Fortführung" ankreuzen muss. Hatte ich das richtig verstanden? Aufmerksam bleiben, mahnte ich mich - noch waren wir nicht durch. Salopp rauschte sie durch den Rest des Formulars: Weiterführende Schule müssen wir ja nicht angeben - gut dann wäre das alles. Das wiederum hatte ich vom letzten Gespräch anders in Erinnerung. Was ist mit dem Einverständnis, das wir Eltern ankreuzen müssen? Das hatte sie bereits für uns getan. Interessant! Muss es nicht noch unterschreiben werden? Nein, das muss es nicht, reagierte sie mit schnippischem Ton. Ich bat um eine Kopie der Papiere. Darauf hätte ich kein Recht, war ihre lapidare Antwort. Entschuldigung, laut dem geltenden sächsischen Datenschutzgesetz mit dem Gesetz auf informelle Selbstbestimmung habe ich schon das Recht darauf! Ihrer Meinung nach verhielt sich das in diesem Fall anders. Da es ein pädagogisches Schreiben ist, stehe mir keine Kopie zu. Wenn ich eine wollte, könnte ich eine beim Schulamt beantragen. Ich versicherte ihr, dass ich genau das umgehend tun werde. Nach der knappen Verabschiedung hatte ich ein ganz ungutes Gefühl: Das Kreuz war zwar an der richtigen Stelle, aber das Dokument trug keine Unterschrift – weder unsere noch die unserer Direktorin. Hatte der Antrag überhaupt eine rechtliche Wirksamkeit? Es war wohl Zeit, unsere Anwältin zu kontaktieren. So mailte ich ihr alle offenen Fragen zu dem Vorgang und bat möglichst um eine Rückmeldung vor den Weihnachtsferien.

**Weihnachten - das sind nicht die Geschenke,
sondern die kleinen und großen Wunder**

Mit einer guten Freundin war ich in der letzten Woche vor Weihnachten in der Stadt bummeln – einen Luxus, den wir uns einmal im Jahr gönnten. Mittendrin rief mein Mann mich an und sagte mir, ich solle mich festhalten. Wie bitte? So kündige eigentlich nur ich unerwartete Nachrichten an. Was war passiert? Hältst du dich fest, fragte er erneut. Irritiert hielt ich mich an meiner Freundin fest und versicherte ihm das. Er erzählte, er habe gerade einen Anruf von der Privatschule bekommen. Oh nein, dachte ich, einen Anruf jetzt statt im Februar konnte wohl nur heißen, dass sie sich schon sicher waren, Rafael abzulehnen. Nun hielt ich mich wirklich an meiner Freundin fest. Da hört ich meinen Mann sagen, sie haben uns mitgeteilt, dass sie sich entschieden haben, ihn anzunehmen. „WAS?!", rief ich ungläubig und für die Umgebung, in der ich mich befand, sicher etwas zu laut in den Hörer. Mein Mann wiederholte alles, während mir die ersten Tränen über die Wangen liefen. Meiner Freundin konnte ich noch zuflüstern „Sie nehmen ihn". Dann versagte meine Stimme ihren Dienst und wir fielen uns in die Arme. Wenn jemand nachempfinden konnte, was jetzt in mir vorging, dann sie. In den letzten Monaten und Jahren haben wir in der Integration unserer Kinder so viel gemeinsam erlebt und auch durchlitten, dass wir diesen Moment umso intensiver gemeinsam genießen konnten.

Dass es keinen Weihnachtsmann gibt, wissen unsere Kinder. Aber es gibt das Christkind! Darüber haben wir erst zu Beginn des Advents gesprochen. Geschenke, die man kaufen kann, gehören zu Weihnachten, aber es gibt auch Geschenke, die man für kein Geld der Welt erhalten kann. Wenn man aufmerksam durch die Weihnachtszeit geht, kann man manchmal kleine wie große Weihnachtswunder erleben und spürt die Gegenwart des Christkindes. Für Kinder schwer zu begreifen, aber von Jahr zu Jahr verstanden sie die Botschaft besser. Seit diesem Tag weiß Rafael, was wir im seit Jahren versucht haben zu erklären, denn nun hatten wir unser eigenes Weihnachtswunder.

Das Geheimnis des Erfolges ist, den Standpunkt des anderen zu verstehen.
(Henry Ford)

Fortführung der Integration – Teil 2

Die Freude über das Unglaubliche hielt leider nicht lange an. Nach der mündlichen Zusage durch die Privatschule, fehlte uns nun nur noch das Kreuz an der richtigen Stelle auf dem Formular. Gestärkt von der guten Nachricht ging ich am nächsten Tag zur Direktorin der Grundschule und bat erneut um die Kopie der Antragsunterlagen. Nach kurzer Diskussion, dass mir diese nicht zuständе, erhielt ich wenigstens eine Kopie des Entwicklungsberichts. Was war mit dem Antrag? Den hätte bis jetzt nur die Beratungslehrerin der Förderschule unterschrieben und deshalb bräuchte ich davon keine Kopie. Nachdem ich das negierte, nahm sie das Schriftstück, zerriss es vor meinen Augen begleitet von gepressten Worten, dass sich ein Rechtschreibfehler eingeschlichen hätte. Argumente halfen hier nichts mehr. So holte ich tief Luft und sagte leise mit möglichst ruhiger Stimme, dass ich erwarte, dass das eben vernichtete Dokument bis zum kommenden Morgen wieder vollständig hergestellt sein wird. Mein Mann würde, wie ursprünglich vereinbart, unterschreiben kommen. Seine Unterschrift sollte eigentlich die letzte sein, die es noch zu ergänzen galt. Nun sah die Situation anders aus.

Wir waren uns einig, dass er nur unterzeichnet, wenn der Antrag wenigstens noch eine andere Unterschrift trägt. Es ist weniger Überraschung als mehr Enttäuschung gewesen, dass mein Mann kopfschüttelnd nach Hause kam. Was wollte unsere Direktorin damit bezwecken? Sie führte hier einen irrsinnigen Nervenkrieg und das wenige Tage vor Weihnachten.

Am Nachmittag erhielten wir den Rückruf von der Anwältin. Sie bestätigte, dass das Vorgehen sowohl der Schulleiterin als auch der Beratungslehrerin nicht nur unkorrekt, sondern auch nicht rechtens sei. Die Frage, warum unsere Direktorin so handelte, konnten wir nur mit Vermutungen belegen, die ihrer Meinung nach aber einleuchtend waren. Deshalb fragte sie uns, ob wir schon in Erwägung gezogen hätten, eine Dienstaufsichtsbeschwerde gegen die betreffenden Personen einzureichen. Wir bejahten, erklärten aber gleichzeitig, warum wir bis jetzt davon abgesehen hatten. Unsere Befürchtung, dass sich dies in den verbleibenden Monaten – besonders für Rafael – nachteilig auswirken könnte, teilte sie. Abschließend gab sie uns noch einige hilfreiche Tipps für die kommenden Monate, zum Beispiel wie wir verhindern könnten, den Schulfeststellungsbescheid erst wenige Tage vor Beginn des neuen Schuljahres zu erhalten. Sie erzählte, dass sie leider mehrere Verfahren diesbezüglich anhängig habe und bestätigte damit einmal mehr meine Vermutungen, welche Steine man uns noch in den Weg legen könnte.

Die Versuchung, dieses „besonderes Geschenk" der Dienstaufsichtsbeschwerde doch unter den Weihnachtsbaum der betreffenden Personen zu legen, war nach all den Schikanen schon ein wenig verlockend. Wie viele Ferien und Wochenenden hatte man uns schon verdorben, selbst die Freude über die Zusage der Privatschule erhielt sofort durch diesen Irrsinn einen so großen Dämpfer, dass sie sich nur noch wie Schall und Rauch anfühlte. Aber Weihnachten? Nein. Das wären nicht wirklich wir und schließlich soll man nicht Gleiches mit Gleichem vergelten.

Es folgte der letzte Schultag vor den Weihnachtsferien, an dem traditionell das Kirchkonzert stattfand. Die Direktorin verabschiedete Kinder und Eltern mit den Worten in die Feiertage, dass es oft nicht die Geschenke sind, die Weihnachten ausmachen, sondern meist reicht ein gutes oder ein freundliches Wort. Nach den Erlebnissen der letzten Tage war dies der blanke Hohn. Aber würden wir es ändern können? Nein – also ließen wir das alles hinter uns und konzentrierten uns auf die bevorstehende Zeit, die wir mit lieben Menschen verbringen würden.

Das neue Jahr startete allerdings so, wie das alte aufgehört hatte. Nur war es diesmal Rafael, der kämpfen musste. Bei jeder sich bietenden Gelegenheit bekam er suggeriert, dass er sowieso nichts kann. Es begann im Unterricht, setzte sich im Förderunterricht fort und gipfelte in Förderungen, die er freiwillig besuchte. Das Wort Nachteilsaugleich schien nicht mehr zu existieren. Zwar erhielten wir noch Zuarbeiten, diese hatten aber leider wenig mit einer Unterstützung zur sinnvollen Steuerung des häuslichen Aufwandes zu tun. Oft wurde eher das Gegenteil damit bewirkt.

In diesen Tagen stand auch der nächste Besuch im CI-Zentrum an.

Leider gab es nur teilweise gute Neuigkeiten. Zwar zeigte die Umstellung vom letzten Mal erste positive Auswirkungen, allerdings hatten sich die Werte der Elektroden auf der linken Seite nach einem Jahr Pause wieder unerklärlich und nicht nachvollziehbar verändert. Deshalb mussten die Frequenzbereiche anders auf aktuell zur Verfügung stehenden Elektroden verteilt werden, was Rafael erneut abverlangte „neu" hören zu lernen. Todunglücklich saß er da und verstand die Welt nicht mehr. Behutsam haben wir ihm die Notwendigkeit erklärt. Tapfer stellte er sich wieder einmal seinem Alltag. Normalerweise wäre ich tags darauf mit in der Schule gewesen, hätte die Situation erklärt und um Nachsicht gebeten. Was würde das bringen? Die traurige Antwort lautete: nichts. In der Konsequenz meldeten wir Rafael bis zum Wochenende krank, um ihm Zeit zu geben, sich mit den neuen Höreindrücken zu arrangieren.

Zurück in der Schule musste er wieder sofort alles aufgearbeitet haben und alle noch so kleinen Tests nachschreiben. Wir versuchten den Druck soweit es ging auf einem erträglichen Maß zu halten - noch die Ereignisse des letzten Sommers im Hinterkopf, die uns immer dazu mahnten aufzupassen, ihn nicht zu überfordern. Auch die Integrationshelferin versuchte Rafael zu schützen, wo es ihr möglich war: zum Beispiel nachträgliche Leistungsüberprüfungen nicht in der Pause oder weit nach dem Unterricht erbringen zu lassen und ihm wenigstens gleiche Vorbereitungszeiten einzuräumen wie anderen Kindern. Auch ihr war aufgefallen, dass Rafael neuerdings schon von vornherein unterstellt wurde, es nicht zu können. Wie ein Gespräch mit anderen Eltern zeigte, entpuppte sich dies allerdings als grundlegendes Problem.

Noch ein halbes Jahr durchhalten – dann lassen wir die Grundschule hinter uns. Womit wir wieder bei dem eigentlichen Dilemma angelangt wären: wir hatten eine Schule für Rafael, aber uns fehlte das notwendige Kreuz, damit die Integration fortgesetzt werden kann. Der endgültige Termin zur Unterzeichnung des Dokuments stand an. Um diesmal zu zweit anwesend sein zu können, hatten wir beide Urlaub genommen. Wie schon so oft in der Vergangenheit hatten wir mögliche Strategien durchgesprochen. Obwohl wir überpünktlich ankamen, saßen alle Beteiligten bereits am Tisch. Auf diesem ausgebreitet befanden sich die Unterlagen und wie ich mit einem ersten prüfenden Blick erhaschen konnte, fehlten nur noch unsere Unterschriften! Ausladend ging die Direktorin noch einmal auf das zerrissene Dokument ein, dessen Vernichtung wegen einem Schreibfehler in Rafaels Geburtsdatum notwendig gewesen sei. Ich verkniff mir an dieser Stelle darauf hinzuweisen, dass es wohl eher an dem falsch geschriebenen Förderschwerpunkt „Höhren" lag. Mein Mann drückte später sein Bedauern über meine Entscheidung aus, es nicht angesprochen zu haben. Wir unterschrieben und beim Datum angelangt, sah ich, dass unsere Direktorin ihre Unterschrift auf 365 Tage vordatiert hatte. Da entschlüpften mir dann doch die Worte „Oh, jetzt ist wieder ein Fehler drin. Nun muss es noch mal neu geschrieben werden." Zugegeben, wir genossen ihre Verlegenheit kurz. Als sie den peinlichen Moment überspielt hatte, erhielten wir unaufgefordert eine Kopie des Antrages. Abschließend strich sie über das Dokument und meinte, dass es nun Sache des Amtes sei, darüber zu befinden, ob die Privatschule Rafael integrieren kann. Dabei hatte ihre Stimme etwas bedrohlich Wissendes, was sogleich in Bedauern getarnte Schadenfreude umschlug: Wenn das nicht der Fall ist, dann müssten wir sehen, an welche Schule Rafael künftig gehen könne.

Erschüttern konnten uns die Worte nicht mehr. Sie bestätigten nur, wovon wir ausgingen. Keine der zuständigen Stellen würde eine Gelegenheit auslassen, Rafael noch den Weg an die weiterführende Regelschule zu verwehren. Verschiedenste Szenarien spukten seit Wochen ebenso durch meinen Kopf wie mögliche Auswege.

Tags darauf fand an der Privatschule der Tag der offenen Tür statt. Diese Gelegenheit nutzten wir auch, um der Schulleiterin von den Ereignissen des Vortages zu berichten. Sie konnte uns damit beruhigen, dass sie die Verfahrensweisen kenne und um denen entgegenzuwirken, die Kinder auch die Schnupperwoche durchlaufen lässt. Somit wissen sowohl die Schule als auch die Eltern und Kinder worauf sie sich einlassen. Und das sollte letztendlich entscheidend sein.

Dass wir unser Ziel noch nicht erreicht hatten, wussten wir, aber die wahrscheinlich schwierigsten Hürden hatten wir genommen.

Sei du selbst die Veränderung, die du dir wünschst für diese Welt.
(Mahatma Gandhi)

Wie wird es weitergehen?

Darf Rafael wie alle Kinder dort lernen, wo er sich wohlfühlt? Wir wünschen es ihm, aber wir werden es erst wissen, wenn wir den Schulfeststellungsbescheid in unseren Händen halten. Bis dahin werden wir sicher noch die ein oder andere nervenaufreibende Begebenheit erleben.

Ich glaube, dass alles im Leben seinen Sinn hat,
auch wenn man ihn nicht gleich oder vielleicht nie sieht.
Wir sind viel zu klein, um immer Gottes Wege erkennen zu können.
Aber das Vertrauen, dass es (s)einen Sinn hat, gibt Hoffnung.
Suche mit dem Mut des (Ver)zweifelten in den Ereignissen
nach etwas Positivem.
Vor allem die scheinbar negativen Erlebnisse
tragen meist ein Licht in sich.
Gib die Suche und den Glauben an das Licht nicht auf!
Höre auf deine innere Stimme und lass dich leiten. Gott führt dich!

Mit dieser inneren Einstellung habe ich in den letzten Monaten und Jahren versucht, immer wieder Ordnung in meinen Kopf und die Ereignisse zu bringen. Bei allem Engagement gilt es immer wieder innezuhalten und Zeichen zu erkennen. Auch zukünftig werde ich daran festhalten und so nach Antworten auf unsere Fragen suchen: Befinden wir uns wirklich auf dem richtigen Weg? Manchmal ist es hilfreicher die Dinge einfach laufen zu lassen, weil sich nur so neue Wege aufzeigen. Wann ist also konsequentes Handeln gefragt und wann sollte man loslassen?

Ebenso habe ich mich in der Vergangenheit bei unseren Überlegungen versucht in die Lage der anderen zu versetzen. Warum handeln sie wie sie es tun? Haben wir vielleicht etwas übersehen und es gilt unseren Kurs zu korrigieren? Am Ende konnte ich oft deren jeweiligen Standpunkt zwar nachvollziehen, habe aber keine überzeugenden Kriterien für einen Richtungswechsel unseres Handels erkennen können. Stattdessen drängte sich die traurige Erkenntnis auf, dass es scheinbar vielen nur um die Durchsetzung ihrer eigenen Interessen und nicht wirklich um das Wohl des Kindes ging.

Es scheint unsere Aufgabe zu sein, neue oder bisher nur selten benutzte Wege in der schulischen Inklusion zu gehen und dabei besonders vielen Widerständen trotzen zu dürfen. Also vertrauen wir darauf, dass die Dinge, so wie sie passierten, ihren Sinn haben und wir auch künftig– das Ziel vor Augen – ausreichend Geduld und innere Gelassenheit aufbringen, um die Herausforderungen angehen zu können. Als Zeichen, dass unser Weg der richtige ist, habe ich auch gedeutet, dass uns immer zur richtigen Zeit Menschen an die Seite gestellt worden, mit deren Unterstützung wir selbst die aussichtslosesten Situationen letztendlich meistern konnten. Besonders in den bedrängten Phasen, als wir auch Zweifel an unseren Zielen bekamen und nach Balance gesucht haben, waren sie für uns da. Die meisten von ihnen streiften unser Leben, begleitet von jenen Erlebnissen, von denen man sagt, dass man Engel erst erkennt, wenn sie vorüber sind. Andere sind sehr gute Freunde geworden, mit denen wir gemeinsam in vielen Lebenssituationen durch Dick und Dünn gehen.

Familie
Meine ältesten Vertrauten sind meine Eltern. Bei den Problemen, die sich uns stellten, bedauerte meine Mutter zwar immer wieder, uns nicht wirklich unterstützen zu können, doch alleine zu wissen, dass sie hinter uns standen und dabei uns und unseren Entscheidungen vertrauten, fühlte sich an wie das Fundament, auf dem ein Haus steht. Mit den Worten, unserer Intuition zu folgen, bestärkte uns vor allem meine Mutter. Zuversicht gab mein Vater von Anfang an, in dem er immer an Rafaels Zukunft geglaubt hat: er braucht Zeit? Dann soll er sie bekommen, denn am Ende überholt er uns alle!

Gute Freunde sind Psychologen ohne Sprechzeiten
Dieser Spruch passt perfekt auf meine Freundschaft zu einer sehr guten Schulfreundin. Nach dem Abitur haben wir uns aus den Augen verloren, aber kurz nach Rafaels Geburt kreuzten sich unsere Wege erneut. Seither haben wir uns gegenseitig oft mit Rat und Tat zur Seite gestanden.

Sie war mittlerweile von Beruf Psychologin und hat in so manches Gespräch ihre Professionalität einfließen lassen. Dabei war sie sehr kritisch, hat hartnäckig hinterfragt, mich auch mit unliebsamen Details konfrontiert und damit meinen Gedanken so manches Mal auch einen Schubs in andere mögliche Richtungen gegeben und sei es, um zu erkennen, dass der eingeschlagene Weg der Richtige war.

Erfahrungen
Ein Kind mit einer Hörschädigung durch die einzelnen Lebensphasen zu begleiten ist schon eine interessante Herausforderung. Wir haben allgemein recht hohe Ansprüche an uns. Waren diese jetzt im Bezug auf Rafael zu hoch? Was konnten wir von der Schule im Allgemeinen und von den Lehrern im Besonderen erwarten? Wie viel muss im (Schul)alltag toleriert werden, wo gilt es sich hartnäckig durchzusetzen? Mit wem kann man diese Fragen besser ausdiskutieren, als mit einer Mutter, die ebenfalls ein schulpflichtiges Kind mit Hörschädigung hat. Wir kennen uns seit unsere Kinder ein Jahr alt waren. Mittlerweile gehört der beinahe tägliche telefonische Erfahrungsaustausch zum Alltag. Selten kommt es vor, dass wir keinen Kontakt haben – nicht selten fällt das dann sogar unseren Männern oder Kindern auf.

Pädagogischer Kompass
Über unsere langjährige Zeit in der Grundschule ist auch Pauls ehemalige Klassenlehrerin zu einer engen Vertrauten geworden. Bereits vor Rafaels Einschulung haben wir uns bei ihr sowohl pädagogisch als auch menschlich Rat geholt, ob wir Rafael in eine Regelschule gehen lassen und auch gemeinsam das Für und Wider einer Rückstellung im Vorschulalter diskutiert. Weitere Gespräche folgten während der Integration in der Grundschule. Vor allem als man uns den Boden unter den Füßen wegzog und Rafael in Klasse 2 die Schule wechseln sollte, stand sie uns zur Seite: Wie war die Situation pädagogisch zu bewerten – ohne Rücksicht auf Schülerzahlen, sondern nur mit dem Blick auf Rafaels Wohl? Auch als mögliche Rückstufungen in den Fokus rückten, konnten wir auf Ihre Beratung bauen. Dabei haben wir nicht immer das zu hören bekommen, was wir hören wollten. Aber gerade für diese aufrichtige Offenheit sind wir ihr dankbar. Besonders geschätzt haben wir, dass sie ihre Unterstützung nicht aufgegeben hat, als offensichtlich wurde, dass

die Schulleiterin dieses Engagement nicht tolerierte. So wurde sie in der Zeit, als sie Integrationslehrerin von Rafael war, nie einbezogen. Auch hat man ihr ebenso wie uns jegliche Informationen und Termine Rafael betreffend vorenthalten.

Wissen ist Macht

Das eine sind Emotionen und Diplomatie im Alltag, das andere sind Richtlinien und Gesetze. Aber wer sah zwischen der UN-Behinderten-rechtskonvention theoretisch, dem sächsischen Schulgesetz praktisch und der Grauzone mit den unzähligen Kann-Bestimmungen wirklich noch durch? Eine ehemalige Mitschülerin von mir! Die schulische Inklusion in Sachsen ist ihr ein großes Anliegen, für das sie sich mit viel Engagement einsetzt. Wenn wir wieder einmal nicht wussten, ob wir uns mit unseren Forderungen nicht nur theoretisch, sondern auch praktisch im Recht befanden, konnte ich zum Telefonhörer greifen und anschließend waren wir schlauer.

Von unschätzbarem Wert waren auch unsere beiden Integrationshelfer während der Grundschulzeit. Gegensätzlicher hätten beide nicht sein können, aber wahrscheinlich lag gerade in diesen Unterschieden der Schlüssel zum Erfolg.

Werte kann man nicht lehren, sondern nur vorleben. (Viktor Frankel)
Noch gut erinnere ich mich daran, als wir von unserem ersten Integrationshelfer Abschied nehmen mussten. Wir sollten einen Menschen ziehen lassen, der nicht nur Rafael, sondern auch uns und das Umfeld in der Schule so unwahrscheinlich bereichert und geprägt hat. Mit scheinbar nicht enden wollender Geduld und unerschütterlicher Gelassenheit war er wie ein Schatten von Rafael, richtete ihn aus, ließ ihn laufen und führte ihn zugleich - und das, wie es schien, ohne Worte, dafür aber umso gewaltiger. Auch als er in der Schule nicht mehr an Rafaels Seite weilte, trennten sich unsere Weg nicht und er stand uns weiter mit Rat und Tat zur Seite – besonders wenn es darum ging, Rafaels Handicap nachzuempfinden, ihn besser zu verstehen und damit auch Entscheidungen wirklich in seinem Interesse zu treffen. Er konnte sich auf eine Art und Weise in Rafael hineinversetzen, dass man das Gefühl hatte, sie kennen sich schon ewig. Das spürte auch Rafael, so dass der ehemalige Integra-

tionshelfer zu seinem Vorbild wurde.

Blindes Vertrauen
Alles hat seinen Sinn und so vertrauten wir schließlich auch darauf, als der gravierende Einschnitt offenbar wurde und die neue Integrationshelferin ihren Dienst an Rafaels Seite antrat. Bald wurde deutlich, dass es auch für sie nicht nur Beruf, sondern eine Berufung ist. Dabei gingen wir gemeinsam neue Wege, ganz anders als in den ersten beiden Schuljahren. Gerade in den Zeiten, als sich die Situation in der Schule zuspitzte und die Beratungslehrerin nicht mehr in der gewohnten Weise zur Verfügung stand, verteidigten wir gemeinsam Rafaels Interessen. Bald konnte sie situativ in der Schule eingreifen, wenn etwas nicht so umgesetzt wurde, wie in den grundlegenden Rahmenbedingungen für Rafael abgesprochen. Sie agierte, und das nicht nur für die Zeit in der Schule. Sie besorgte uns auch die notwenigen Materialien und Informationen, um die Arbeit mit Rafael zu Hause sinnvoll zu steuern. Selbst nach fast vier Jahren Zusammenarbeit mit den gleichen Lehrern war das weder Selbstverständnis noch Selbstläufer geworden, sondern bedurfte immer einer gewissen Hartnäckigkeit und einem nicht müde werden das Warum zu erklären. Ihr diplomatisches Geschick und Feingefühl für die Situation brachten Rafael voran.

Freunde sind Engel, die uns auf die Beine helfen,
wenn unsere Flügel vergessen haben wie man fliegt.
Dieser Rückhalt, den wir durch unseren engsten Familien- und Freundeskreis und von Rafaels Unterstützern, der Logopädin und dem CI-Zentrum erfahren haben, ist von unschätzbarem Wert und ihnen gilt für alles unser unermesslicher DANK! Gerade in den wuseligen bzw. besonders aufregenden Zeiten hat uns das geholfen, den Fitz im Kopf zu lösen und sprichwörtlich wieder klare Bilder zu sehen, um die Aufgaben anpacken zu können.

So wie sich in der Vergangenheit vieles gefügt hat, vertrauen wir darauf, dass Rafael weiterhin die Unterstützung erfährt, die er braucht, um seinen Weg zu finden und sind uns sicher, dass er vieles davon zurück- bzw. weitergeben wird.

Auch wenn wir nun noch nicht wissen, wo er ab dem nächsten Schuljahr lernen darf, so ist doch gewiss, dass mit der Pubertät der nächste spannende Abschnitt auf uns zukommt. Es sind die Situationen, in denen die Antworten unseres 10-Jährigen aus maulen, motzen und murren bestehen, die uns ganz schwer an die pubertären Anfänge unseres großen Sohnes erinnern. Auch sein Ordnungssinn scheint der altersbedingt veränderten Wahrnehmung zu unterliegen. Gleichzeitig schweben die Liebesbriefe durch die Klasse und der Kopf dient zeitweise nur der Dekoration.

Wir schauen uns an und wissen: Jetzt geht es also auch hier los! Kaum haben wir den ersten heftigen pubertären Schub unseres Großen hinter uns, wappnen wir uns nun erneut. Aber Dank ihm wissen wir auch, das nicht-reagieren oder nicht-verstehen in diesem Alter so gar nichts mit nicht-hören zu tun haben. Nur zu gut erinnern wir uns an nervenaufreibende Tage, Wochen, Monate, die eine gefühlte Ewigkeit waren, denn in denen hatte dieser Halbwüchsige für einige Zeit nichts mehr mit unserem Paul zu tun. Erfahrene Mütter beruhigten uns mit den Worten, dass wir „unseren" Jungen in ein paar Jahren wieder bekommen würden. Das nicht-reagieren und nicht-verstehen gehöre zu Phase 1 der Umbauaktion im Gehirn. So wird es definitiv auch bei Rafael auf uns zukommen und wir schwuren uns damals, dass - wenn es bei ihm soweit ist - wir uns bitte, bitte gegenseitig daran erinnern, dass auch Paul nicht gehört hat und dieses Phänomen nichts mit dem tatsächlichen Hörvermögen zu tun hatte. So zumindest müssen wir nicht mit aufsteigender Hitze die CIs mit der Befürchtung prüfen, dass etwas im Argen sein könnte, sondern können durchatmen und Normalität genießen.

Drei Fragen, die uns immer wieder gestellt werden

1. Jetzt, wo ihr wisst, was Integration in der Regelschule bedeutet, würdet ihr den gleichen Weg wieder wählen, wenn ihr euch noch einmal entscheiden müsstet?
Ja! Wir würden prinzipiell vorrangig wieder den Weg „weniger vom Besonderen und mehr vom Normalen" wählen. Trotz aller Widerstände ist soviel Positives für Rafael daraus gewachsen, so dass es den Aufwand wert war und immer bleiben wird. Auch wir als Familie sind an den Herausforderungen gereift und gehen gestärkt daraus hervor. Dennoch werden wir die Entwicklung unseres Sohnes weiter verfolgen und immer wieder neu abwägen, welcher Weg für ihn in Zukunft der sein wird, der ihn am meisten voranbringt. Für Rafael haben wir unser Ziel vor Augen, und wir werden alles in unserer Macht stehende tun, ihn soweit fit zu machen, dass er sich später in seinem Leben den Weg suchen kann, den er gehen möchte.

2. Man hört immer wieder, dass Kinder ihren Eltern später Vorwürfe machen. Habt ihr keine Angst davor, dass euch das auch passiert?
Angst – nein. Vorbereitet, dass es kommen wird – ja. Es ist doch nur zu natürlich, dass Kinder, wenn sie ihren eigenen Weg gehen, nicht mehr immer den wählen, den die Eltern gern für sie gesehen hätten oder in ihren Augen für den besseren halten. Viel wichtiger ist doch, dass wir ihm mit reinem Herzen sagen können, immer nach unserem besten Wissen und Gewissen gehandelt zu haben und weder den einfachsten Weg gewählt noch stur den eingeschlagenen verfolgt haben. Wir haben immer wieder neu abgewogen und dabei die Entwicklung unseres Kindes im Auge behalten. Ob die getroffenen Entscheidungen richtig oder falsch waren, wird an vielen Stellen offen bleiben, da man nicht sagen kann, wie die Entwicklung verlaufen wäre, wenn man anders vorgegangen wäre. Wenn man merkt, dass man mit der einen oder anderen Variante in der Vergangenheit nicht richtig lag, helfen keine Vorwürfe, denn ändern kann man es nicht mehr. Man kann nur für die Zukunft daraus lernen und den Kurs korrigieren. Es gibt nicht nur richtig oder falsch,

sondern unzählige Möglichkeiten dazwischen. Das Leben ist eben nicht schwarz-weiß, sondern bunt.

3. Bei euch kommt soviel zusammen. Wie könnt ihr da immer noch an Gott glauben?

Vieles kommt auch bei anderen zusammen und ja, wir glauben trotzdem und ich behaupte sogar mehr denn je.

Viele Situationen in der Vergangenheit schienen aussichtslos. Lange Strecken des Weges haben uns Freunde, Familie und das Netzwerk rund um die Selbsthilfegruppe geholfen. Trotzdem blieben vor allem die Nächte, in denen sich oft die Verzweiflung ihren Weg bahnte. Gleichzeitig waren es aber eben jene Nächte, in denen man Zeit hatte, in Ruhe nachzudenken, die Stille zu finden und auf das zu achten bzw. zu hören, was tagsüber untergegangen ist. Glauben ist, Gott blind zu vertrauen - so wie ein Kind seinen Eltern - und sich in diesem Vertrauen führen zu lassen. Ehrlich gesagt, klingt es leichter als es ist. Wie vieles im Leben ist es ein Prozess, der sich entwickelt und auch Zeit braucht. Letztendlich hätte uns ohne dieses Vertrauen manchmal die Kraft gefehlt durchzuhalten.

Mit Abstand betrachtet sind wir dankbar für Rafael und all die Herausforderungen, die wir mit ihm bekommen haben. Wir haben viel darüber gelernt, was wirklich wichtig ist im Leben und uns darauf zu konzentrieren. Rafael zeigt uns, da seine Sinne anders funktionieren als unsere, die Welt immer wieder aus einer anderen Perspektive. Das sind so wertvolle Erfahrungen, die wir ohne ihn nicht hätten!

Sind wir also wunschlos glücklich?
Nicht ganz. Dass ihm in seiner schulischen Laufbahn mit Verständnis begegnet wird, daran arbeiten wir weiter und hoffen, dabei auf offene Herzen bei den Lehrern zu treffen. Es wird uns nicht immer gelingen und in diesen Momenten wünsche ich uns Eltern - besonders mir - mehr Gelassenheit, damit umgehen zu können.

Dass Rafael sein Leben meistert, daran glaubt jeder, der ihn wirklich kennt. Mit seinem Witz und Charme gelingt es ihm immer wieder, sich auch durch schwierige Situationen zu manövrieren. Den Rest bewältigt er mit seinem Kampfgeist. Was wir ihm wünschen, sind auch in Zukunft treue und ehrliche Freunde, mit denen er das Leben gemeinsam genießen kann.

Nicht nur Rafael, allen Kindern mit einer Behinderung, insbesondere denen mit einer Hörschädigung wünschen wir, dass sich endlich etwas in unserem Bildungssystem und auch in den Köpfen der Menschen ändert. Wir werden alles in unserer Macht stehende tun, diesen Prozess mit voranzutreiben und zu gestalten. Oft brauchen Veränderungen Zeit, doch es hat angefangen, sich etwas zu bewegen – auch in Sachsen. Deshalb wagen wir zu hoffen, dass ich ein weiteres Buch mit dem Titel „MITTENDRIN – dazugehören!" schreiben werde, in dem ich schildere, wie auch in Sachsen nicht nur die Integration, sondern die Inklusion (hörgeschädigter) Kinder in Schule und Alltag funktionieren kann.

An dieser Stelle möchten wir noch einmal ausdrücklichen vielen Menschen danken: Angefangen bei denen, die sich im Buch bereits wiedererkannt haben. Fortfahren möchten wir mit denen, die sich nicht entdeckt haben, uns aber dennoch mit Verständnis, durch Zuhören oder mit Ideen beigestanden haben. Genauso gehören alle dazu, die den Gedanken dieses Buches begleitet und mich in den unterschiedlichsten Situationen unterstützt haben – von der Idee bis zur Veröffentlichung.

Ich danke meinem Mann für das grenzenlose Vertrauen, das er in mich gesetzt hat. Ohne ihn würde es zwar das Buch geben, aber er hat mich besonders in Zeiten des Zweifelns ermutigt, es auch zu veröffentlichen.

Bewusst bis zum Schluss habe ich mir ein besonderes Dankeschön aufgehoben und das gilt unserem Paul. Zwei Jahre war er alt, als er großer Bruder wurde. Er hatte sich so darauf gefreut und dann war doch vieles anders, als auch er sich das vorgestellt hatte. Natürlich ist er mit der Situation, einen Bruder zu haben, mit dem so manches anders ist als bei anderen Geschwistern, aufgewachsen. Ganz bewusst haben wir darauf geachtet, dass er - trotz der zwingend notwendigen Angelegenheiten bei Rafael - nicht zu kurz kam, dass er für die Situationen, in denen er zurückstecken musste, an anderen Stellen den Vorzug bekam. Sensibel haben wir selbstverständlich auch seine Entwicklung verfolgt und ihm Freiräume geschaffen. Dennoch war der Alltag für ihn nicht immer leicht. Aber er hat sich nie darüber beschwert! Er ist unglaublich geduldig mit seinem Bruder und trotz aller Schwierigkeiten immer für ihn da. Das ist für uns nicht selbstverständlich und wir wissen das sehr zu schätzen! Bei vielen Ereignissen hat er mit Rafael gefühlt, mit ihm gelitten und hätte sich am liebsten kämpferisch vor ihn gestellt, wenn er gespürt hat, dass Rafael Unrecht widerfuhr. Er hat wie wir vieles lernen dürfen und müssen.

Letztendlich sind wir als Familie gemeinsam an den Herausforderungen gewachsen und gereift!